U0617952

権威・前沿・原创

皮书系列为
"十二五""十三五"国家重点图书出版规划项目

BLUE BOOK

智库成果出版与传播平台

权威·前沿·原创

皮书系列为
"十二五""十三五"国家重点图书出版规划项目

科普蓝皮书

BLUE BOOK OF SCIENCE POPULARIZATION

中国科普基础设施发展报告（2020）

REPORT ON DEVELOPMENT OF SCIENCE POPULARIZATION
INFRASTRUCTURES IN CHINA (2020)

主　编／王　挺　郑　念
副主编／王丽慧　齐培潇

社会科学文献出版社
SOCIAL SCIENCES ACADEMIC PRESS（CHINA）

图书在版编目（CIP）数据

中国科普基础设施发展报告. 2020 / 王挺，郑念主
编. -- 北京：社会科学文献出版社，2021.10
（科普蓝皮书）
ISBN 978 - 7 - 5201 - 8825 - 8

Ⅰ.①中… Ⅱ.①王… ②郑… Ⅲ.①科学普及 - 基
础设施建设 - 研究报告 - 中国 - 2020 Ⅳ.①F294.9

中国版本图书馆 CIP 数据核字（2021）第 161330 号

科普蓝皮书
中国科普基础设施发展报告（2020）

主　　编／王　挺　郑　念
副 主 编／王丽慧　齐培潇

出 版 人／王利民
责任编辑／薛铭洁
责任印制／王京美

出　　版／社会科学文献出版社·皮书出版分社（010）59367127
　　　　　地址：北京市北三环中路甲 29 号院华龙大厦　邮编：100029
　　　　　网址：www. ssap. com. cn
发　　行／市场营销中心（010）59367081　　59367083
印　　装／天津千鹤文化传播有限公司

规　　格／开　本：787mm × 1092mm　1/16
　　　　　印　张：17.75　字　数：262 千字
版　　次／2021 年 10 月第 1 版　2021 年 10 月第 1 次印刷
书　　号／ISBN 978 - 7 - 5201 - 8825 - 8
定　　价／158.00 元

本书如有印装质量问题，请与读者服务中心（010 - 59367028）联系

科普基础设施蓝皮书编委会

顾　　问　孟庆海

主　　任　王　挺

副 主 任　郑　念

主　　编　王　挺　郑　念

副 主 编　王丽慧　齐培潇

本书作者　（按姓氏笔画排序）

于　洁　马　奎　王丽慧　王洪鹏　王晨玮

冯　羽　白　欣　任贺春　刘　娅　齐培潇

孙子晴　杨家英　郑　念　赵　菡　赵　铮

赵　璇　莫　扬　倪　杰　蒋　程　詹　琰

主编简介

王　挺　中国科普研究所所长，研究员。《科普研究》编委会常务副主任、主编。中国科普作家协会党委书记、副理事长。《国家科普能力发展报告》系列主编。曾任安徽省科协副秘书长，中国驻日本大使馆二等秘书、一等秘书，中国科协国际联络部双边合作处调研员、处长，中国国际科技会议中心副主任，中国国际科技交流中心副主任，中共鄂尔多斯市委常委、市政府副市长，中国科协调研宣传部副部长等职。先后从事对外科技交流合作、科学传播、科学文化建设等研究。

郑　念　中国科普研究所副所长，研究员（三级）。《科普研究》副主编。首都师范大学、中国科学技术大学人文学院兼职教授，中国科协－清华大学科技传播中心兼职研究员。中国无神论协会理事，中国技术经济学会理事，国际探索中心中国分部执行主任。曾在中国社会科学院办公厅调研处、中国社会科学院农村发展研究所、中央党校中国市场经济报社从事研究、采编、管理等工作。开拓性地创建了科普监测和效果评估理论，负责搭建了弘扬科学理性和科学精神的国际合作平台。主持并完成国家级、省部级研究课题30余项，编辑出版论著（专、合）20余部，发表论文100余篇，其中核心期刊40余篇，包括 EI、CSSCI、ISTP 等。出版成果总字数达到千余万字。目前主要研究领域为科技教育、科普评估理论、科普人才、科学理论、科学素养、防伪破迷等，承担的主要课题有科学文化建设、科普监测与评估理论及实践研究、科普人才研究、国家科普能力建设研究等。

前　言

新时代，党和国家把发展科普事业摆在前所未有的战略高度。习近平总书记深刻指出："科学技术从来没有像今天这样深刻影响着国家前途命运，从来没有像今天这样深刻影响着人民生活福祉。""科技创新、科学普及是实现创新发展的两翼，要把科学普及放在与科技创新同等重要的位置。"充分发挥科普在创新发展中的战略支撑性作用，扎实推进科普事业纵深发展，突出科普工作的大众性、基层性、基础性，不断提高我国公民科学素质，是落实习近平总书记的重要指示，为实现"两个一百年"宏伟目标奠定坚实的群众基础和社会基础的根本性工作。

《中共中央关于制定国民经济和社会发展第十四个五年规划和二〇三五年远景目标的建议》中提出要"统筹推进基础设施建设。构建系统完备、高效实用、智能绿色、安全可靠的现代化基础设施体系"。这为加速拓展和加快建设我国科普基础设施提供了强有力的政策支持。科普基础设施发展水平在一定程度上能够反映一个国家的科普供给和服务能力。我国科普基础设施覆盖面广泛，包括科技馆、科技类博物馆、基层科普设施以及其他具备科普展教功能的场所设施。作为科普的重要阵地及公共文化服务体系的基本组成部分，科普基础设施在培育科学文化、提升公众科学素质方面肩负着重要的责任与使命。

近年来，我国高度重视公共科普基础设施建设，不断加大投资力度，新建和改建多座科技馆、科技类博物馆，有力推动了科普宣传阵地的发展。各地加强基层社区科普设施建设，拓展城乡综合公共服务设施的科普功能，提

升了科普的公务服务能力，为全民科学素质工作提供了强有力的支撑。2021年是"十四五"开局之年，国务院颁布的《全民科学素质行动规划纲要（2021–2035年）》对新时期科普工作提出新要求，立足新发展阶段，科普基础设施建设应一方面继续完善基层设施的建设与利用，推动数字化资源和网络服务不断优化；另一方面提升教育服务水平，注重打通各类场馆间壁垒，实现科技、文化、教育等资源和服务的跨界融合，突出科普基础设施的精神文化引领功能。

中国科普研究所持续开展科普基础设施研究，已出版了一批相关著作，2020年联合所内外学术力量，集中开展科普基础设施发展状况研究。课题组综合分析了我国科普基础设施发展现状，分别对科技馆体系、应急科普基础设施、科普教育基地、植物园、数字科技馆、基层科普设施等开展案例研究，研究兼顾延续性与前瞻性，以期展现科普基础设施发展全貌，深入探讨各类设施的规模、结构、功能以及社会效果等，为相关研究和工作提供借鉴和参考。本书的出版既是对我国科普基础设施阶段性建设的评估和总结，也是推动"十四五"时期科普基础设施高质量发展的实践指导，对于不断推动全民科学素质建设工作，助力实现二〇三五年远景目标具有积极作用。

科普基础设施研究课题组

2021 年 7 月

摘　要

《科普蓝皮书：中国科普基础设施发展报告（2020）》是在中国科普研究所科普基础设施研究团队组织下由相关研究人员共同编撰完成，旨在落实中共中央政治局常务委员会"加快新型基础设施建设"的会议精神。加强科普基础设施建设是以新发展理念为引领，面向科普高质量发展的现实需要。该书在对中国科普基础设施发展现状进行分析的同时，对科普基础设施未来的全面、可持续发展提出对策建议。

《科普蓝皮书：中国科普基础设施发展报告（2020）》利用实地调研、案例分析、数据剖析等方式，分析我国科普基础设施的现有规模、发展程度、管理运营以及效果发挥情况等。本书分为总报告、专题报告和案例报告三个部分。总报告主要分析我国科普基础设施的总体情况，指出当前发展面临的困境、未来发展趋势以及今后发展的对策建议。专题报告主要针对"十二五"以来我国科技馆发展规模、北京市科普教育基地、应急科普设施、我国现代科技馆体系建设等内容进行详细分析，并给出相关发展建议。案例报告分别围绕博物馆未来发展趋势、植物园科普要素研究、数字科技馆发展、基层科普设施等主要方面展开，剖析典型案例。

完善科普基础设施体系是大幅提升我国公民科学素质的一项基础性、保障性工作。科普基础设施作为我国科普工作的重要物质载体，是为社会和公众提供科普服务的重要平台，是国家科普能力建设的重要基础要素，更是国家公共服务体系的重要组成部分。本书相关研究对我国科普基础设施今后的可持续发展具有重要的理论性、探索性意义。

关键词： 科普基础设施　高质量发展　服务平台

目 录 ⌐▨▨▨▨

皮书数据库阅读**使用指南**

总 报 告

General Report

B.1
中国科普基础设施发展报告（2020）

齐培潇[*]

摘　要： 科普基础设施作为一项非常重要的科普资源，是我国科学普及工作顺利开展的主要载体，其发展影响着国家科普能力的提升。科普基础设施的科普能力表现为其向社会和公众提供科普产品和服务的综合实力，发展科普基础设施是为了不断满足不同受众提升科学素质的需要。本报告在概述近年来我国科普基础设施发展状况的基础上，分析了我国科普基础设施发展面临的主要瓶颈、受限因素和未来发展趋势，结合社会主要矛盾变化以及未来发展需要，提出我国科普基础设施进一步发展的对策建议。

关键词： 科普基础设施　科普资源　高质量发展

---

* 齐培潇，中国科普研究所副研究员，研究方向为科普能力评估、科学文化等。

党和国家历来高度重视科普工作。习近平总书记强调，科学普及是实现创新发展的重要一翼。《中共中央关于制定国民经济和社会发展第十四个五年规划和二〇三五年远景目标的建议》中也指出，"弘扬科学精神和工匠精神，加强科普工作，营造崇尚创新的社会氛围"。科普工作是普及科学知识、提高全民科学素质的关键措施，事关经济振兴、科技进步和社会发展的全局，是一项宏大的、意义深远的社会工程。而科普基础设施作为科普工作的重要物质载体，是为社会和公众提供科普服务的重要平台，是国家科普能力建设的重要基础要素，更是国家公共服务体系的重要组成部分。科普基础设施的综合能力表现为其向社会和公众提供科普产品和科普服务的实力，例如科普基础设施的规模、布局、展教资源与设计、设施管理等。科普资源将依托科普基础设施这一平台得到充分展示，同时采用易于理解和双向互动的方式向公众传播与普及科学知识，帮助公众形成科学理性的思维观念，不断提升其科学文化素质。从一定意义上讲，科普基础设施的发展状况就是国家科普能力综合建设实力的一个缩影，对全民科学素质提升具有重要的现实意义和关键的推动作用。

一　引言

在我国，科普基础设施作为一个专业（行业）术语被广泛使用是在2008 年国家发展改革委、科技部、财政部和中国科协联合发布《科普基础设施发展规划（2008—2010—2015）》之后，但是该规划并没有对科普基础设施做出一个具体而明确的专业定义。相对正规的学校教育而言，科普则属于社会教育系统中的非正规教育体系。从广义上理解，只要是为科学知识、技能等的普及、宣传、教育以及活动提供物质载体的相关设施均可统称为科普基础设施。

近年来，我国科普基础设施建设取得了长足发展，根据《科普蓝皮书：国家科普能力发展报告（2020）》的分析，我国科普基础设施科普能力发展指数从 2006 年的 1.00 增长到 2018 年的 2.86，年均增速达 10.38%，其已经成为推动我国国家科普能力建设非常重要的要素。此外，科普基础设施的政策环境也得到逐步改善，各类科普基础设施（含网络平台）数量明显增加，服务能力不断提升，满足了不同人群提升科学素质的需要。但是，同时也要看到，由于我国人口众多，东、中、西部地区发展不平衡，有些地区科普基础设施建设的底子依然薄弱。在未来5～10年的发展中，要更加强化对科普基础设施建设的宏观指导，制定面向2035年远景目标科普基础设施发展规划；完善现代科技馆体系建设，大力加强科普基地建设，提升科普服务供给能力；进一步加快完善科普基础设施的政策制度保障。

科普基础设施作为一种重要的科普资源，是其他科普资源的承载之地，是实现科普功能的重要保障。经济越发展，社会和公众对科普基础设施的需求和要求就会越高，完善的科普基础设施对加速社会活动，促进国家平衡发展和区域协调发展以及可持续发展具有重要的推动作用。科普基础设施资源所具有的乘数效应，能带来数倍于其投资成本的社会需求和直接或间接收入。加强科普基础设施建设，能够助力大幅提升公众科学素质，从而促进公众生活质量的提高和国民经济与社会的高效发展。

我国科普基础设施分类复杂，类型众多。科技馆是发展较早的公共科普教育设施。随着科普基础设施内涵、外延的不断扩展，诸如社区或农村科普活动站（室）、科普宣传专用车、专业科技类博物馆、科普画廊等都被纳入了科普基础设施范畴。科技部的《中国科普统计》将科普基础设施主要分为科普场馆和公共场所科普宣传设施。其中，科普场馆主要包括科技馆、科学技术类博物馆和青少年科技馆站，公共场所科普宣传设施主要包括城市社区科普（技）专用活动室、农村科普（技）活动场地、科普画廊和科普宣传专用车。

科技馆主要是指以科技馆、科学中心等命名的，以展示教育、传播和普及科学知识为目的的科普场馆。通过展览教育的方式，用参与性、互动类、体验式的展品及辅助性展示手段对参观者进行科普教育。本书专题报告2专门详细分析了我国"十二五"以来科技馆的发展。

科学技术类博物馆主要包括天文馆、标本馆、地质馆、自然博物馆、

专业科技类博物馆、综合类博物馆等。其种类繁多、内容丰富，从多角度、多层次对公众进行科普展示教育。对于某些特定的专业科普场馆而言，可以针对某个重点方面提供更为深入的科普产品和科普服务。本书案例报告6基于博物馆定级和运行评估标准的变化谈及了博物馆未来发展的趋势与策略。

城市社区科普（技）专用活动室、农村科普（技）活动场地和科普画廊属于基层科普设施中的主要类型。城市社区科普（技）专用活动室是指在城市社区建立的、专门用于开展社区科普（技）活动的场所；农村科普（技）活动场地是指各类专门开展科普（技）活动的农村科技大院、农村科普（技）活动中心（站）和农村科普（技）活动室等场所；科普画廊是指固定用于向社会公众普及和宣传科普知识的橱窗（长10米以上）。

科普宣传专用车属于流动科普基础设施，主要指专门用于科普宣传和开展科普教育活动的交通工具，主要包括科普大篷车及其他专门用于科普活动的车辆。

二　中国科普基础设施发展现状

科普基础设施是重要的科普资源之一，是科普发挥其功能的重要载体。没有科普基础设施，其他科普资源将失去平台支撑，科普活动也将难以开展。利用科普基础设施，可以更好地向公众展现其他科普资源。除特别说明外，本报告所用基础数据均以《中国科普统计》为准。

（一）总体情况

科普基础设施是国家科普能力建设不可或缺的重要组成部分，也是国家科普能力综合发展指数稳步提升的重要支撑要素。根据《科普蓝皮书：国家科普能力发展报告（2020）》的分析，我国科普基础设施的发展指数呈逐年上升趋势，2018年，科普基础设施的发展指数达到2.86，同比增长2.88%，2006～2018年平均增长速度为10.38%。

根据《中国科普统计》，2018 年，全国 3 类科普场馆共计 2020 个，比 2017 年增加 32 个。其中：科技馆有 518 个，同比增长 6.15%；建筑面积 399.71 万平方米，同比增长 7.72%；展厅面积 201.94 万平方米，同比增长 12.16%；参观人数为 7636.51 万人次，同比增长 21.18%。科学技术类博物馆有 943 个，同比下降 0.84%，但是总建筑面积同比增长 7.69%，达 709.20 万平方米，展厅面积同比增长 1.18%，达 323.76 万平方米；参观人数为 14231.63 万人次，同比增长 0.27%。2018 年，每百万人拥有科技馆和科学技术类博物馆 1.05 座，同比增长 1.14%。科技馆和科学技术类博物馆单位展厅面积年接待人数 41.60 人次/平方米，同比增长 1.49%，2006～2018 年复合增长率 4.04%。在衡量国家科普能力综合发展指数的 39 项指标中，科技馆和科学技术类博物馆展厅面积之和对国家科普能力综合发展指数的贡献率 2018 年达到 4.63%，科技馆和科学技术类博物馆年参观人数对国家科普能力综合发展指数的贡献率为 7.53%。青少年科技馆站有 559 个，同比增长 1.82%，对国家科普能力综合发展指数的贡献率为 1.57%。

对于公共科普宣传设施，2018 年，全国共有城市社区科普（技）专用活动室、农村科普（技）活动场地、科普画廊和科普宣传专用车等 47.43 万个（辆），同比下降 19.21%。其中：城市社区科普（技）专用活动室有 58648 个，较上年减少 12797 个；农村科普（技）活动场地有 252747 个，较上年减少 89511 个；科普画廊有 161541 个，较上年减少 13856 个；科普宣传专用车有 1365 辆，较上年减少 329 辆。在衡量国家科普能力综合发展指数的 39 项指标中，科普画廊和科普宣传专用车对国家科普能力综合发展指数的贡献率分别为 0.91% 和 0.61%。

（二）发展规模

1. 科普场馆

2018 年，全国科技馆共计 518 个，同比增长 6.15%；建筑面积 399.71 万平方米，同比增长 7.72%；展厅面积 201.94 万平方米，同比增长

12.16%；参观人数为 7636.51 万人次，同比增长 21.18%。就相对量来看，全国每万人拥有科技馆展厅面积 14.47 平方米，同比增长 11.74%。表 1 为 2014～2018 年全国科技馆主要指标数据。

表 1　2014～2018 年我国科技馆主要指标数据

年份	科技馆(个)	建筑面积(万平方米)	展厅面积(万平方米)	展厅面积占建筑面积比例(%)
2014	409	304.24	144.61	47.53
2015	444(↑)	313.84(↑)	154.20(↑)	49.13(↑)
2016	473(↑)	320.61(↑)	157.22(↑)	49.04(↓0.09 个百分点)
2017	488(↑)	371.07(↑)	180.04(↑)	48.52(↓0.52 个百分点)
2018	518(↑)	399.71(↑)	201.94(↑)	50.52(↑)

注：括号中↑表示同比上升，↓表示同比下降。根据《中国科普统计》（2019 年版）整理。

根据我国《科学技术馆建设标准（建标 101－2007）》对科技馆建设规模的分类标准，2018 年我国共有特大型科技馆 26 个、大型科技馆 50 个、中型科技馆 43 个、小型科技馆 399 个。相比 2017 年各类型科技馆都有增加，其中小型科技馆同比增加最多。在参观人数方面，参观小型科技馆的人数最多，为 1546.35 万人次，中型科技馆的参观人数最少，为 806.90 万人次；但就相对量而言，特大型科技馆的平均参观人数还是最多，为每个馆 110.84 万人次，而小型科技馆平均每馆参观人数为 3.88 万人次。可见，虽然特大型科技馆数量不多，却承担了将近四成的参观人数。总体而言，各类型科技馆的参观人数均同比上升。在科技馆单位面积利用率方面，不同规模科技馆相差不大，单位建筑面积年均参观人数为 14～22 人次。这说明各类型科技馆在利用率方面都效果良好。就科技馆所属级别（中央部门级、省级、地市级和县级）而言，2018 年，其数量和所属级别成反比，省级和地市级科技馆的年参观人数最多，二者参观人数之和占总人数的 81.90%。在科技馆空间利用（展厅面积占建筑面积比例）方面，中央部门科技馆利用率最高，其次是县级科技馆。如表 2 所示。

表2　2018年我国不同级别科技馆主要指标数据

	中央部门	省级	地市级	县级
数量（个）	27	92	179	220
展厅面积占建筑面积比例（%）	58.97	48.51	49.83	53.57
参观人数（万人次）	494.17	2885.40	3368.76	888.17

资料来源：根据《中国科普统计》（2019年版）整理。

在科技馆人员方面，2018年，全部科技馆共拥有科普专职人员1.22万人，其中，科普讲解员有0.36万人，同比均有所上升。另外，科技馆科普兼职人员共计6.65万人。

在科技馆区域分布方面，2018年，东部地区①拥有科技馆数量超过全国科技馆总量的一半，共有262个；中部地区共有129个，西部地区共有127个。从全国平均水平来看，各省平均有17个科技馆，拥有科技馆数量排在前5位的省市依次是：湖北（49个）、广东（37个）、上海（31个）、福建和山东（均为29个）、北京（28个）。可以看出，除湖北属于中部地区外，其他5地均属东部地区。图1为2018年全国31个省（区、市）分别拥有科技馆的数量。

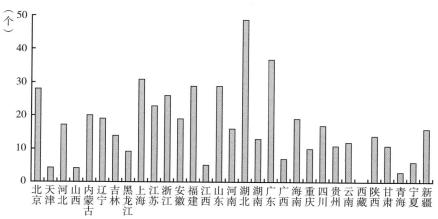

图1　2018年全国31个省（区、市）分别拥有科技馆数量

资料来源：《中国科普统计》（2019年版）。

---

① 东部地区包括北京、天津、河北、辽宁、上海、江苏、浙江、福建、山东、广东以及海南11个省；中部地区包括山西、吉林、黑龙江、安徽、江西、河南、湖北以及湖南8个省；西部地区包括内蒙古、广西、重庆、四川、贵州、云南、西藏、陕西、甘肃、青海、宁夏以及新疆12个省。

关于科学技术类博物馆的情况：2018年，全国科学技术类博物馆共943个，建筑面积共计709.20万平方米，同比增长7.69%，展厅面积合计323.76万平方米，同比增长1.18%；参观人数合计14231.63万人次，同比增长0.27%。2014~2018年我国科学技术类博物馆主要指标如表3所示。2018年，科学技术类博物馆的建筑面积在3000平方米及以上的占56.63%，在容纳观众方面具有一定优势。

表3 2014~2018年我国科学技术类博物馆主要指标数据

年份	科学技术类博物馆（个）	建筑面积（万平方米）	展厅面积（万平方米）	合计参观人数（万人次）
2014	724	517.85	239.87	9914.62
2015	814（↑）	574.63（↑）	269.73（↑）	10511.12（↑）
2016	920（↑）	609.08（↑）	282.49（↑）	11015.87（↑）
2017	951（↑）	658.58（↑）	319.99（↑）	14193.47（↑）
2018	943（↓）	709.20（↑）	323.76（↑）	14231.63（↑）

注：括号中↑表示同比上升，↓表示同比下降。

资料来源：根据《中国科普统计》（2019年版）整理。

2018年，在隶属级别上，大部分科学技术类博物馆属于地市级，占总数的32.56%，属于中央部门的数量最少，只有69个。在地域分布上，超过一半的科学技术类博物馆在东部地区，占52.92%；西部地区的拥有量比中部地区多，中部仅有160个。上海拥有的科学技术类博物馆最多，达138个，北京有81个；在前五名地区中，仅有四川（51个）一个西部地区，中部地区没有进入前五的省份。在建筑面积方面，北京的总建筑面积最大，达98.88万平方米，西部地区省份只有云南入围前五。在部门分布上，科协系统的科学技术类博物馆数量排在第5位，拥有数量最多的是文旅部门。

关于青少年科技馆站的情况，2018年，全国共有559个，虽然同比有所增长，但青少年科技馆站的数量规模在"十二五"期间最多，大致呈抛物线趋势，如图2所示。

2018年，从区域分布上看，东部地区占比最多，为36.31%，达203

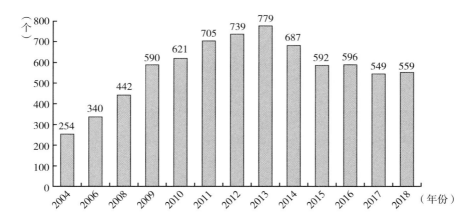

图 2   2004~2018 年全国青少年科技馆站数量规模

资料来源：《中国科普统计》（2019 年版）。2005 年和 2007 年此数据没有相关统计。

个，中部地区占比最少，为 28.62%。从隶属级别上看，大部分青少年科技馆站隶属于县级，占比达 74.96%。从省域分布看，四川拥有的青少年科技馆站最多，浙江次之。从分属部门看，教育部门拥有的最多，数量超过一半，达 313 个，科协系统次之，为 118 个，占 21.11%。

2. 公共场所科普宣传设施

近年来，我国公共场所科普宣传设施的数量整体上基本呈缓慢下降趋势。2018 年，城市社区科普（技）专用活动室 5.86 万个，农村科普（技）活动场地 25.27 万个，科普画廊 16.15 万个，科普宣传专用车 1365 辆，它们同比分别下降 17.91%、26.15%、7.90% 和 19.42%。

在城市社区科普（技）专用活动室发展方面，不管是东部地区的数量，还是中、西部地区的数量，均呈连续下降趋势。近 5 年状况如表 4 所示。

表 4   2014~2018 年分区域我国城市社区科普（技）专用活动室数量

单位：个

年份	东部地区	中部地区	西部地区
2014	41364	24881	19602
2015	43279（↑）	19674（↓）	19022（↓）

续表

年份	东部地区	中部地区	西部地区
2016	42166（↓）	24679（↑）	17979（↓）
2017	36336（↓）	18519（↓）	16590（↓）
2018	27908（↓）	16381（↓）	14359（↓）

注：括号中↑表示同比上升，↓表示同比下降。

资料来源：根据《中国科普统计》（2019年版）整理。

从隶属级别看，2018年，隶属地市级和县级的城市社区科普（技）专用活动室最多，两者合计达57342个，占97.77%，其中又以隶属县级单位的最多。从隶属部门看，科协系统建设的城市社区科普（技）专用活动室最多，达26224个，接近总数的一半（44.71%），卫生健康部门和科技管理部门建设的城市社区科普（技）专用活动室数量次之。从省域情况看，拥有城市社区科普（技）专用活动室数量排在前5的省市依次是湖北、江苏、浙江、山东和上海，除湖北外，其他4地均属于东部地区，如图3所示。

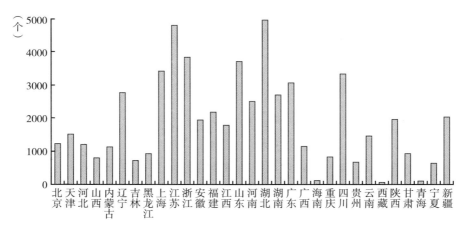

图3 2018年我国各省（区、市）城市社区科普（技）专用活动室数量

资料来源：《中国科普统计》（2019年版）。

在农村科普（技）活动场地发展方面，2014～2018年，东部地区农村科普（技）活动场地数量已连续4年呈下降趋势，西部地区农村科普（技）

活动场地数量连续 3 年下降，中部地区虽没有出现连续下降，但 2018 年较 2017 年下降明显，同比下降 44.26%，如表 5 所示。

表 5　2014～2018 年分区域我国农村科普（技）活动场地数量

单位：个

年份	东部地区	中部地区	西部地区
2014	190553	131527	93667
2015	187598（↓）	98284（↓）	100887（↑）
2016	141381（↓）	108135（↑）	97054（↓）
2017	123806（↓）	137470（↑）	80982（↓）
2018	105679（↓）	76621（↓）	70447（↓）

注：括号中↑表示同比上升，↓表示同比下降。

资料来源：根据《中国科普统计》（2019 年版）整理。

从隶属级别看，2018 年，隶属县级单位的农村科普（技）活动场地数量最多，为 206239 个，占全部数量的 81.60%，其次是隶属地市级，占 17.09%。从省域情况看，拥有农村科普（技）活动场地数量排在前 5 位的省份依次是山东、浙江、四川、湖北和江苏，其中西部和中部的省份各占一席。从隶属部门看，科协系统建设的农村科普（技）活动场地数量最多，达 106443 个，占总数的 42.11%。

在科普画廊发展方面，随着信息技术的不断发展，科普信息化手段不断介入，传统的科普画廊逐渐被科普大屏（电子屏）取代，近年来持续减少，2018 年较 2017 年其数量下降 7.09%。2014～2018 年全国科普画廊数量的变化趋势基本呈抛物线，以"十二五"期间数量最多，如图 4 所示。

从区域分布看，东、中、西部地区的科普画廊数量近年来均呈连续下降趋势。2018 年，东部地区的科普画廊最多，占近六成，西部地区最少，占比低于 20%。浙江、山东、江苏是拥有科普画廊最多的 3 个省份，明显多于其他省份，其他省份科普画廊的拥有量均在 1 万个以下，多数在 5000 个以下。科协系统拥有的科普画廊最多，达 81115 个，占 50.21%，其次是卫生健康部门、科技管理部门和教育部门，交通运输等其他部门科普画廊的拥有量都极少。

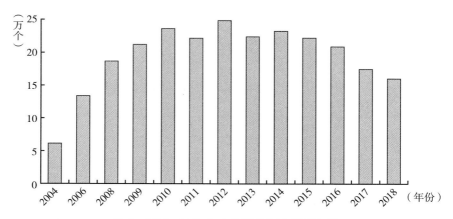

图4　2004～2018年全国科普画廊数量规模

资料来源：《中国科普统计》（2019年版）。2005年和2007年此数据没有相关统计。

在科普宣传专用车发展方面，由于可流动性较强，其成为偏远地区开展科普工作的主要载体。2018年，全国拥有1365辆科普宣传专用车，同比下降19.42%。浙江、北京、内蒙古、重庆以及新疆是拥有科普宣传专用车最多的5个省（区、市），其中西部地区的省（区、市）占三席，这在一定程度上表明科普宣传专用车在西部地区的作用和利用率高于其他区域。2018年各省（区、市）拥有的科普宣传专用车数量如图5所示。

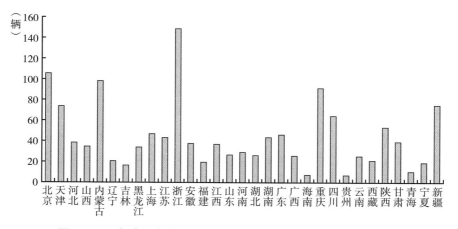

图5　2018年我国各省（区、市）拥有科普宣传专用车数量规模

资料来源：《中国科普统计》（2019年版）。

三 中国科普基础设施发展面临的主要瓶颈

（一）科普基础设施总体规模仍然不大且分布不平衡

2018年，我国每百万人拥有科技馆和科学技术类博物馆仅1.05座，这表明我国科普基础设施总体发展规模偏小，远不能辐射到所有公民。东、中、西三大区域科普基础设施发展失衡，分布不均。从统计数据看，就科技馆而言，经济相对落后、科教资源相对匮乏的西部地区拥有科技馆数量占全国科技馆总数的比例一直在25%以下，而东部11省市拥有超过全国一半的科技馆资源，其他科普基础设施的分布也面临同样的问题。西部地区和中部地区的科技馆建筑面积之和都远低于东部地区。建筑面积在3万平方米以上的特大型馆和1.5万~3万平方米的大型馆大部分在东部地区。西部地区的甘肃省到2017年才建成甘肃省科技馆这仅有的一个特大型馆。

（二）展教资源供给不足、内容趋同，科普教育功能发挥不够

我国科普基础设施的科普展教资源比较丰富。但大多科学技术类博物馆，特别是一些自然博物馆的大量标本等资源，还有待进一步转化才能成为科普展教资源。同时，不同类型的科普基础设施拥有的展教资源也存在比较严重的重复现象。目前，科普展教所呈现的展陈内容仍然多集中于对科学现象和科学技术等知识的宣传，而在科学精神的宣扬、科学思想的传播、科技文明的传承以及帮助公众树立正确的科学观念等方面缺乏新意。

我国科普基础设施的科普资源呈现倒三角分布状态。超大型城市和省会城市的科普资源相对较为丰富，也更为集中，其他地市以及县级科普场馆设施资源下沉不够。这对经济欠发达地区造成不良影响，如西部省市一些不发达地区的小型科技馆或科学技术类博物馆实际上常年处于无展状态，即使展出，所陈设的科普展教展品也存在陈设老旧、久未更新的问题，难以发挥科普辐射与科普教育的重要作用。大量中小型馆由于科普展教资源缺乏而成为

"僵尸"馆；相当一部分的县域科普教育基地实验、生产设备两用，缺乏专门用于科普教育的展教资源；科研机构、高等院校及企业拥有的大量科普资源主要服务于内部人员，向公众全面开放的科研院所等数量虽逐年增长，但开放力度仍然不够，远离普通公众，不利于全面提升公民科学素质的总要求。

部分科技馆等场馆，特别是地方的一些中、小型馆展陈内容陈旧，更新速度缓慢，布展设计雷同，互动式、沉浸式体验不足，多数展品处于"只能远观、请勿触摸"的状态，只"展"无"教"，不足以满足公众日益旺盛的科普需求。虽然有很多场馆已经利用现代科技手段升级了展陈物品和布展空间，但是在如何引导公众，特别是青少年，进一步探索科学知识的奥秘方面做得还不够深入。在展览设计时往往是把知识点的罗列和展品的堆砌当作展览设计的全部，忽视了科普展教品的深层次教育内涵，忽略了对展品背后潜在的科学思想或历史文化、科技发展与社会进步之间的关系等进行揭示。对比之下，发达国家诸多科普场馆开发了大量科学教育、科技传播、文化推广等活动，极大地拓展科普展教的教育功能，很好地发挥了科普赋能的作用。与发达国家相比，我国场馆类科普基础设施的科普展教能力还存在一定差距。

（三）对科普基础设施的管理不到位

管理好才能效益高。但当前仍然缺乏对科普基础设施的后期管理和科学运维。科学管理缺位，科普基础设施就无法发挥应有的效应，反而成了一种摆设，成为一种"政绩"任务。目前，从我国科普基础设施的管理实践看，管理理念落后于实践应用，缺规范、无标准。具体体现在缺管理科普基础设施的人、专项经费以及管理科普基础设施的工作绩效评估。

专业管理科普基础设施的高质量人才，既需要有社会学背景、自然科学背景，又需要有管理学背景，甚至设计学背景，是一种复合型人才。但是，我国在科普基础设施的管理上还没有形成一种合理有效的用人、管人制度和奖、评、罚的机制。此外，还存在管理岗位职责定位不明晰、缺乏对兼职管理人员的有效激励等问题，不能有效地帮助他们提升科普服务能力。至于经费方面，主要是没有对不同科普基础设施的管理及正常运行经费的明确规定，同时费用来源和费用支出相关规定也有待出台并细化。我国科普基础设施仍属于公益性事业范畴，绝大部分科普基础设施的运营和维护能力偏弱，拥有足够的经费是对科普基础设施进行科学管理的前提。

另外，对如何执行管理科普基础设施的工作绩效也没有明确规定。虽然近年来也出台或发布了一些科普基础设施建设标准和管理规范，但是，这些标准和规范都不太完善，缺少细则。例如：缺乏对科普教育基地的业务管理和考核标准；对基层科普活动中心（站），科普画廊、橱窗等的管理办法都太过宽泛，往往流于形式。

同时，我国目前还没有形成规范的、可操作性强的、具有执行效力的科普基础设施绩效评估标准，使得我国对科普基础设施的管理缺乏全面有效的监督、审查等环节，这是科普基础设施能力提升的掣肘因素。诸如缺乏对科普展教资源的审查、验收标准，缺乏科普专业领域内对科技馆等科普场馆的评级标准。在科普旅游热度攀升的当下，部分科学技术类博物馆参与了旅游行业的评级，典型案例如上海科技馆被评为 5A 级风景区。虽然科学技术类博物馆可以参评旅游业领域的评级，但旅游行业评级仅能对少数优质大型场馆予以高分评级，当前并没有正规的科普领域内的机构或部门对大多数专业的科普场馆进行权威评级，不利于对科普场馆进行科学评级管理和激励。一些地方的科学技术类博物馆归属文物管理部门，仍按照文物类博物馆的相关标准去管理大大限制了这一类博物馆充分发挥其科普的作用。还有一些专业性比较强的科普场馆也没有行业或专业管理标准，科普责任落实不到位，制约了这类科普设施发挥真正的科普供给与服务能力。此外，虽然目前各地已尽可能利用本地资源建设了不少专业科普场馆，但由于其不能创造更多的经济效益而受到"冷落"，仅仅成为一种"存在"，缺乏长期发展规划和资源补充供给。虽然随着科普旅游、科普研学的兴起，这类科普场馆的利用率大大增加，但从长期看，仍然存在建设规模偏小、科普教育功能欠缺、政策或制度保障缺乏等问题。

四　中国科普基础设施发展受限的主要原因

近年来，我国科普基础设施的发展取得了突破性进展，其科普供给和科普服务能力得到极大改善和优化，为国家科普能力提升贡献了主要力量，但是目前仍然存在一些阻碍其进一步发展与提升的制约因素。以下主要分析我国科普基础设施发展受限的主要原因。

（一）科普基础设施的理论研究跟不上发展的实践

改革开放 40 多年来，特别是"十二五""十三五"期间，我国科普基础设施得以快速发展，成绩显著，成为稳步提升国家科普能力的重要物质保障。而相对蓬勃发展的科普基础设施实践，其理论研究发展滞后，指导实践的作用偏弱。

2020 年是"十三五"规划的收官之年，已经实现公民科学素质比例超过 10% 的战略目标。面向"十四五"发展规划和 2035 年远景目标，快速提升公民科学素质的需求仍十分迫切。因此，各级政府将更多精力投入加快科普基础设施建设的实践工作中，而忽视了从建设科普基础设施的广泛实践中提炼精华、总结经验，归纳上升到理论层次，没有形成"实践 - 理论 - 再实践 - 再理论"的良性闭环。另外，基于国内科普管理机制的一些原因，国际上一些优秀案例和经典理论不能直接套用于国内科普基础设施的建设与发展过程中，这些都是造成我国科普基础设施研究理论跟不上实践发展的原因。

科普基础设施理论研究的滞后体现在科普基础设施的能力建设研究方面，具体表现为科普基础设施定位不明、功能不清、对公众的实际科普需求研究不细，对现代科普理论和后纲要时代的科普理念研究有待拓展和深化等。

科普基础设施是一类主要通过科普展教资源，以陈列展览、共同参与、互动体验以及必要时辅助相关的科普活动向公众进行科普教育的场所和设施。其作用为通过科普教育激发公众，尤其是五大重点人群中青少年群体的科学兴趣，启迪青少年科学思想，同时向他们弘扬科学精神。目前对科普基础设施的定位以及功能研究并没有非常明晰。例如：科学技术类博物馆的主要功能是进行科普教育还是引导科学研究；科普场馆是建大馆、特大馆有利，还是中小型馆更利于可持续发展，利弊如何权衡；基层科普教育基地、科普活动中心（站）的科普功能如何充分发挥；流动类科普基础设施如何科学管理、如何充分利用；现代科技馆体系到底如何搭建；对各类科普基础设施到底如何进行分类管理、科学配置。这一系列专业问题都应加强理论支撑。

科普基础设施是公众了解和学习科学技术的桥梁和载体，也是供群众进行休闲娱乐、享受科学文化生活的场所。近年来，国际上"玩中学"科普方式受到重视，带动了国内科普研学的不断发展。而在我国，科普研学的发展跟不上国家整体发展的步伐，相关科普公共服务有效供给不足，大多数科普展品还是一种教科书式的摆件。如何更好地将科普教育与休闲娱乐真正地结合，休闲娱乐如何更好地嫁接到科普教育当中，科学教育类的主题公园如何能普惠大众，这些方向都值得深入探讨和研究。现在，科普服务要"以人民为中心"的理念已深入科普基础设施的管理和从业人员心中，但在实践层面，满足公众科普需求、贴近公众的实际生活的产品和服务仍普遍不足。

此外，国内科普基础设施研究的相关著作很少，对国外相关研究成果的引进和翻译也比较有限，导致学界和业内对国际上先进科普基础设施的基础理论研究较为落后，对新观点、新进展以及优秀案例和典型经验的采纳和吸收存在不足。虽然近年来科普国际交流项目越来越多，但仍然不足以弥补理论研究的空缺。

（二）现有科普基础设施的功能未能得到有效发挥

首先，我国科普基础设施空间利用率普遍偏低。科普场馆的展厅面积与建筑面积之比能在一定程度上反映科普场馆的科普服务能力和辐射公众的能

力，是科普场馆空间利用率的主要反映指标之一。根据《中国科普统计》，2018 年，科技馆展厅面积占其建筑面积的比例为 50.53%，刚刚超过一半，而 2017 年该比值是 48.52%；关于科学技术类博物馆，其展厅面积占建筑面积的比例为 45.65%，同比下降了 2.94 个百分点，占比不到一半。不论是根据联合国教科文组织规定的 50% 的标准，还是根据我国《科学技术馆建设标准（建标 101-2007）》第三章第二十条中规定的 55% 的标准，其都还存在一定差距。这些实际数字表明我国科普场馆的空间利用率仍然相对不高。

在国际上，将室外公共空间纳入科学技术类博物馆的展示空间以拓展展教空间的类型与大小成为一种惯常方案。1979 年，印度的孟买建立印度第一个科学中心——尼赫鲁科学中心时，就利用了室外展区建设了科学公园。2001 年，比利时在煤矿废墟上兴建了科学探索公园，类似于我国近几年建设的煤炭博物馆、天坑博物馆等。美国迈阿密的科学博物馆以及中国台北的科学教育馆都在扩建时增加了室外展区。而在我国，诸如中国科技馆、中国古动物博物馆等颇有名气的科普场馆在充分利用室外空间方面存在较大不足。虽然中国科技馆已经利用了室内公共空间进行主题展示，但室外空间没有得到充分利用；上海科技馆也在室内公共空间设立了展示我国科技发展的长廊。在这方面做得比较好的案例，如广东科学中心很好地利用了其室外公共空间，建设了互动性强的大型室外展区——科学广场，而且是目前世界上规模最大的室外科学展区之一，免费向公众开放。

其次，我国科普基础设施总体利用率不高。我国《科学技术馆建设标准（建标 101-2007）》第三章第十七条运用了单位展厅面积的年接待人数（人次/平方米）来衡量科技馆的总利用率。根据《科学技术馆建设标准（建标 101-2007）》的规定，根据城市户口人口规模的不同，科技馆常设展厅单位面积的年接待人数为 30~60 人次。2018 年，我国科技馆单位展厅面积的年接待人数是 38 人次，2017 年为 35 人次。就科学技术类博物馆而言，其单位展厅面积的年接待人数是 44 人次，2017 年也为 44 人次。按此标准，我国科技馆和科学技术类博物馆的单位展厅面积年接待人数均没有达到中位数。这表明我国科普场馆的总体利用率依然偏低。实际上，通过调研发现，大量小型科技馆缺乏科普资源，时常"无人问津"，很不利于开展科普宣传和教育活动。此外，很多基层流动型科普基础设施的利用率也不高，成为摆设。

（三）科普基础设施共建共享推进力度不够

科普资源共建共享是科普社会化的重要体现。目前，我国科普基础设施区域发展不平衡，大量科普资源得不到有效整合。一方面，科普社会化得不到充分发展，吸引社会力量参与科普的效果不理想，共建共享难以推进。另一方面，社会力量参与科普基础设施建设，其开发科普产品的意识不强，缺乏积极性，当然，这也是激励机制跟不上的缘故。近年来，我国科普产业虽然发展前景广阔，但真正的参与者甚少，科普产业没有行业标准、准入机制等，没有足够的吸引力引导和鼓励全社会共同参与科普基础设施共建共享。目前，我国科普基础设施建设及其附属科普资源的供给经费依然主要依靠财政支出。例如，2018 年，年度科普经费筹集额中政府拨款占 78.20%，在科技活动周经费中企业赞助经费占比仅为 6.37%。这足以证明我国科普市场化、社会化程度极低。虽然中国科协在推动科普市场化、社会化上做了很多事情，包括政策推动，但效果始终不理想，这对吸引大量社会资本进入科普基础设施建设领域极为不利。

虽然我国陆续出台了一些支持科普基础设施建设的优惠政策和措施，比如，2003 年财政部、国家税务总局、海关总署、科技部、新闻出版总署联合发布《关于鼓励科普事业发展税收政策问题的通知》和《关于印发〈科普税收优惠政策实施办法〉的通知》，涉及门票收入免征营业税、进口科普影视作品关税和进口增值税减免等多项优惠政策。当前，这些政策或措施在大多数地方都存在执行方面的困难，需进一步规范落实相关政策，以惠及相关企业，增强其建设科普能力的积极性。与发达国家的情况相比，我国社会资本对科普事业的贡献较小，据不完全统计，美国博物馆年度总经费有超过1/3 来自社会资本的赞助，经费执行能够得到相关政策的保障。究其原因，

在我国部分地区，相关优惠政策在实际操作层面比较烦琐。比如，只有通过社会团体或国家机关向科普教育基地的捐赠才能享受税收优惠，这对科普社会化的发展进程形成一定阻碍。根据《中国科普统计》，2018 年我国捐赠科普经费占总经费筹集额的比例仅为 0.45%。虽然国务院颁布的《全民科学素质行动计划纲要（2006—2010—2020 年)》中提出"进一步完善捐赠公益性科普事业个人所得税减免政策和相关实施办法"，但是这一政策并没有激起水花。

除外部环境因素方面的不足之外，我国科普基础设施部门内部也存在共建共享程度较低的问题。我国拥有大量不同类型、不同内容、不同形式的科普资源，但都分散于各部门或行业，存在割裂现象。再加上各部门、各行业之间缺乏沟通，存在一定的信息不对称，缺乏共赢互利机制，造成科普基础设施内部共建共享难以实现，也间接导致各部门、各机构、各行业中的大量科普资源不能被充分利用，未能发挥科普服务功能。2006 年，中国科协支持实行的"中小科技馆支援计划"，特别向新疆、西藏等西部欠发达地区倾斜，其目的就是提高科普基础设施的共建共享水平，扩大科普资源辐射面。虽然取得一些成效，但是没有形成长效机制，发展不可持续。

（四）目前对科普基础设施缺乏科学管理

如前文所述，我国科普基础设施建设一直致力于向社会化模式发展，特别是在新时代背景下，科普社会化发展进程不断加快，利用社会力量发展科普基础设施逐渐成为共识。但是也要认识到，目前，我国科普基础设施归属分散，管理困难，难以发挥最大化的科普服务效果。不同层级、类型科普基础设施的管理分属不同的管理部门，部门之间又缺乏高效的协调沟通机制，统一调度、协调统筹的管理模式没有形成，共建共享只能"硬"推动，却不能走"长远"，导致大部分科普基础设施"建设到位"而"服务未能到位"，很多地方建设科普基础设施只是为了政绩成果而不计服务效果。

也是因为目前不同科普基础设施隶属关系复杂，管理界限也不明晰，统一管理不便，出台政策也是牵涉甚广。甚至有时候出现这样的情况：有政绩或成效时，部门之间争着要；出现问题或处罚时，则相互推诿。即便是一个部门发布了管理办法或相关政策，也只能是在本部门管辖范围内执行，效果有限。比如，高校科普基础设施，对外开放程度不高，全凭学校自己意愿去管理这些设施，中国科协虽然发文支持高校成立高校科协，但其却不能管理这些高校科协，当然也就不能管理这些高校科普基础设施。

另外，由于我国管理机制或模式的历史问题，"在其位谋其事"，"人走茶凉"，很多本来发展良好的模式或运行机制，随着人员的调动戛然而止，一些好的、优秀的做法不能持续，没有形成典型案例，好的经验也被抛在一边，短期行为居多，长效机制不足。比如，某些专业类或某个行业性强的科普场馆，慢慢仅成为一个存在的"名字"，被代管起来，逐渐失去了科普设施的利用价值，导致很多具有重要历史、科学价值的文物资料流失或被损坏。

五　中国科普基础设施发展的未来走向

近年来，我国科普基础设施的发展取得显著成绩，辐射人群不断扩大，对国家科普能力建设具有非常重要的推动作用，对我国公民科学素质的大幅提升起到积极的促进作用。在新时代，我国科普基础设施的发展也亟须转型，管理体制亟须变革，以更好地服务国家科普能力建设，更好地服务公民科学素质建设，更好地服务科技发展，更好地服务经济社会高质量发展。

（一）将弘扬科学精神、传播科学思想放在首位

习近平总书记在党的十九大报告中明确指出："加强和改进思想政治工作，深化群众性精神文明创建活动。弘扬科学精神，普及科学知识，开展移风易俗、弘扬时代新风行动，抵制腐朽落后文化侵蚀。"根据我国不同阶段的国情、社情，以往依托科普基础设施开展的科普教育、举办的科普活动等都比较注重普及科学知识和传播相关技能，而往往忽略了弘扬科学精神和传

播科学思想。在新时代，随着科学技术的迅猛发展和网络规模的不断扩张，在面向建设创新型国家、面向建设世界科技强国的当下，发展科普基础设施仅关注普及科学知识已经不能满足公众需求和社会发展需要，而需要将弘扬科学精神、传播科学思想放在首位。

随着新科技和互联网的不断纵深发展，我国科普基础设施发展必须以弘扬科学精神为目标，引导公众树立科学辩证思维，对海量信息具备科学鉴别能力。据不完全统计①：一个人所掌握知识的半衰期在 18 ~ 19 世纪为 80 ~ 90 年，在 19 世纪为 30 年，在 20 世纪 60 年代为 15 年，在 20 世纪 90 年代仅为 3 年；在 21 世纪互联网飞速发展的时代，知识的半衰期更是越来越短，全世界每天约有 4000 本书出版，超过 4 亿字……信息量暴增。因此，公众首先需要做的就是科学地分辨其所接受知识或信息的真伪，避免受到伪科学的影响。

因此，为适应我国新时代科普工作的新格局和发展趋势，我国科普基础设施开展科学普及工作的理念势必要转变，要更加注重传播科普精神，引导公众树立科学思想，这属于"内核"层面，而普及科学知识和科学技能是从"外在"满足公众的科普需求。正所谓"授人以鱼不如授人以渔"，内因才是改变事物的决定性因素。只有公众具备科学精神，具有科学思想和科学思维，才能更好地了解和掌握科学方法和科学技能，这样才能真正提高自身的科学素质，才能及时准确判断出哪些知识或信息是对自己有用的，甄别出虚假信息或"伪科学"信息。公众的科学素质提升了，才能真正有全民科学素质的提升，才能带动整个国家和民族的科学发展，才能提高国家的自主创新意识和水平，推动实现创新型国家建设和世界科技强国建设的战略目标。科普基础设施不能只是"展示"，更要通过科普基础设施揭示其背后所蕴含或承载的科学精神，形成从"有形"设施到"无形"精神或思想，再到"有形"的创新实体这样一条"循环科普"的发展之路。

① https://www.cnblogs.com/shanyou/p/6286684.html。

（二）更加重视科普信息化、技术化建设

科普工作应该适应社会发展的需要，同时也应满足社会各方对科普的即时需求。调查发现①：在网络信息化时代，公众从传统科普传媒，如通过报纸获取科普信息占比为2.01%，通过广播获取科普信息占比为1.63%，而通过手机端获取科普信息占比达到96.08%，差异显著；公众通过新媒体渠道获取科普信息已成为主流，占比达82.43%。不论是科普图书、期刊、报纸，还是广播、电视等，都呈现萎缩趋势。根据国家科普能力研究课题组的分析：如"科普图书总册数"这一指标对国家科普能力综合发展指数的贡献率从2016年的2.18%下降至2017年的1.78%，到2018年，又下降至1.33%；如"科普画廊个数"这一指标对国家科普能力综合发展指数的贡献率从2016年的1.24%下降至2017年的1.02%，2018年仅为0.91%；而"互联网普及率"这一指标对国家科普能力综合发展指数的贡献率在2018年为12.34%。这表明，在网络信息技术的冲击下，我国科普基础设施的发展应更加重视科普信息化、科普技术化，顺势而为、因时而动。

重视科普信息化建设，并不是要放弃传统渠道这个阵地。依托科普基础设施开展科学普及既要重视传统渠道，即传统的科普基础设施，如基层科普设施、流动科普基础设施、科普画廊等，同时更要倚重网络技术和新兴技术开展科学普及工作，以及利用网络技术、信息技术创建网络科普基础设施，织好科普信息化这张大网。如：各级政府和相关部门应及时出台科普信息化的支持政策，保障并促进新兴技术能够快速介入科普基础设施发展领域，并将网络科普基础设施打造成不断拓宽科普工作领域、扩大科普工作空间的主导力量之一；积极利用新兴技术开发科普展览展品实物和虚拟展览展品，推动科普数字化发展；加快建设科普信息和资源共享平台，有效利用分散性科普资源，避免资源浪费。逐渐形成一种科普基础设施"无处不在""需要即

---

① 王康友主编《国家科普能力发展报告（2017～2018）》，社会科学文献出版社，2018，第6～7页。

有""精准服务"的模式，从各个方面都能满足社会和公众的科普需求，变被动为主动。

（三）更加注重科普基础设施的质量建设

为了促使我国科普基础设施的快速发展，我国政府与相关管理部门曾一度过于关注科普基础设施的建设规模和数量。然而，在我国科普基础设施经过大规模的快速发展之后，如果还将关注点继续放在数量建设上，会非常不利于我国科普基础设施的可持续发展。例如，一些地方的科技馆建设规模很大，但发展后劲不足，展品陈旧、设施老化、活动单一，有些展示空间甚至出现闲置、废弃的情况，导致公众逐渐失去兴趣而"弃之"，这种"马太效应"会降低科普基础设施的科普服务能力。所以，注重科普基础设施的质量发展是今后应该面对的议题，提升我国科普基础设施的科普服务能力十分必要。

在保证科普基础设施数量的同时，更要提升其服务质量和功能建设，提高利用效率，增强使用效果。例如，大力发展馆校结合优势项目。可借鉴国外比较先进的、发展较为成熟的科学教育活动理念和实现方式，转变我国馆校结合开发的思路，全面提高科学教育活动的设计和开发能力。关注对基层科普基础设施的升级改造。积极扶持对基层科普设施的改造，大力开发基层党员活动室、新时代文明实践中心（站、所）、科技大院、文化礼堂、农家书屋等系列科普设施，丰富基层科普设施内容建设，切实为老百姓提供精准的科普产品和服务。加强科普基础设施的网络化信息化建设。建立科普基础设施网络资源导航系统，打造"一站式服务"体系，对科普基础设施的运行管理和使用效果进行定期舆情评估；加大对科普类网站和门户网站专栏的建设力度；继续推进数字科技馆、数字科学技术类博物馆的品牌建设，增强对公众的吸引力；加强社区科普的网络化信息化建设，扩充公众接受科普服务的渠道；重点围绕健康医疗、环境保护、公共安全与应急避险、日常生活百科等当下公众比较关注的领域，合理利用分散在不同部门的科普资源，开发科普资源数据包。加强以手机为主要阵地的移动科普能力建设。针对不同人群，开发形式多样的科普短信、咨讯，手机报，短视频，微博、微信科普服务平台等，充分发挥手机流媒体的移动科普功能。

六　对策建议

我国科普基础设施建设仍在不断发展中。在此过程中，出现了一些建设热点，如一些地方政府出台相关文件大力推进本地区科技类博物馆的建设，特别是科技馆的建设，为响应中央关于构建公共文化服务体系，落实公共文化服务设施向社会公众免费开放，相关部门正在积极筹划科技馆免费开放事宜，等等。本报告从研究角度，对我国科普基础设施发展当前存在的热点问题提出意见建议。

（一）对现代科技馆体系建设的建议

随着建设创新型国家和建设世界科技强国的不断深入，《全民科学素质行动规划纲要（2021—2035年)》已经发布，这必然会带动新一轮科普场馆建设的高潮。我国现代科技馆体系是以大中城市科技馆为基础，统筹流动科技馆、科普大篷车以及数字科技馆三种形式为补充的"四位一体"的科普基础设施体系，专题报告5对新时代我国现代科技馆体系的发展进行了专门的探究性分析。现代科技馆体系建设是能够在提高全民科学素质方面做出巨大贡献的一个系统性工程。良好的政策环境是科技馆体系顺利建设和合理运行的最大保障。

第一，建议将现代科技馆体系建设纳入我国文化体系建设当中。建设我国现代科技馆体系必须符合党和国家当前的紧迫需要，所以，现代科技馆体系建设符合当前文化建设的需要是一个必须明确的前提。习近平总书记在庆祝改革开放40周年大会上的重要讲话中指出"加强社会主义精神文明建设，培育和践行社会主义核心价值观，传承和弘扬中华优秀传统文化，必须坚持以科学理论引路指向。"现代科技馆体系建设就是通过"四位一体"的构架弘扬科学精神，传播科学知识、科学方法和科学思想，其最终目标与我

国文化建设的目标保持高度一致。现代科技馆体系建设在科技文化传播中所发挥的作用对于我国文化建设，特别是对于科技文化发展最需要的，将其纳入我国文化建设体系中是完全必要的。

第二，加强统筹和规划，促进现代科技馆体系有序推进。从系统工程的角度来看，现代科技馆体系的建设是一个复杂的巨系统，和我国全民科学素质建设工程密切相关。这一体系包括各类型科技馆、流动科技馆、科普大篷车以及数字科技馆等的研发、建设、布局、运行、管理和保障，也涉及各类型基层科普基础设施的建设与发展，是一个"4＋X"的庞大体系建设工程。为了更好地统筹规划、协调发展，解决我国科普基础设施不平衡发展问题，应该制定具有普遍适用性的全国标准，完善管理制度，以加强宏观指导。建议研究制定如《中国现代科技馆体系建设规划》《〈中国现代科技馆体系建设规划〉配套实施方案》《中国现代科技馆体系管理及评价实施细则（试行）》等文件，对建设过程提供参考，同时加强管理与监督以及监测评估。

第三，拓宽资金融通渠道，保障充足经费来源。在我国，虽然目前很多企业根据自身特色或为宣传品牌也利用自有或社会资金建设了诸多专业馆，为公众享受不一样的科普体验带来便捷，但是科技馆体系建设仍属于社会公益事业，政府投入仍是其经费的主要来源。即便是有些科技馆"名存实亡"，勉强运行，政府也会拿出资金维持其基本运作，不会让其"自生自灭"。但是，从长远发展来看，从后纲要时代的全民科学素质建设来看，从建设世界科技强国的国际眼光来看，要发挥现代科技馆体系更大的社会效益，就必须考虑这个体系的可持续发展问题。长期依靠政府投入不利于其持续性发展。首先，政府资金的稳定扶持是必不可少的。政府资金的来源也有多种渠道，除特定的经费支持外，如前文提到将现代科技馆体系建设纳入国家文化体系建设中，就可以得到这方面的资金扶持；考虑科普和科研加速融合发展，为科技成果的快速普及与转化提供宣传阵地与科普人员的智力支持，也可获得一部分科研资金的支持。大量民间资本如果能够进入现代科技馆体系建设当中，这股资金力量则不可小觑。现代科技馆体系的发展最终会面向市场化，社会效益和经济效益都要兼顾，引入民间资本也是我国深化体制改革的重要方面。其次，现代科技馆体系建设也要利用好国家的各项优惠政策，打通科普和科技创新、文化发展等这些关系密切的领域的合作共赢渠道，突破自身领域界限，合理利用"外部资本"。

（二）推进科普社会化，打造科普基础设施的共建共享平台

目前，我国科普基础设施建设仍属于公益事业，所涉费用几乎都由公共财政支持。随着我国经济社会发展步入新的阶段，以及全域科普发展的需要，仅依靠公共财政资金维持科普基础设施建设和运营管理显然是不够的。中国科协提出科普社会化行动，大力推行依靠社会力量做强、做大科普的工作模式，形成"大联合、大协作"的科普社会化工作格局。科普基础设施科普能力的全面提升，必须充分挖掘社会科普资源，合理利用社会资金，创建科普基础设施共建共享的社会格局。

第一，营造有利于全社会参与科普基础设施共建共享平台的政策环境和社会氛围。加强政府对社会资金投入科普基础设施建设的引导，鼓励社会资金进入科普基础设施的建设和运行管理层面。强化落实现有国家层面以及地方层面鼓励社会力量参与科普基础设施建设的各类优惠政策，以形成有效激励机制。强化新时代文明实践中心、党群服务中心以及基层科普活动中心的科普服务功能，因势因能结合当地发展实际情况与有关部门共商共建一批具备科普教育、培训、展示等功能的综合性科普活动场所。以城市社区和农村为点阵，联合社会机构建立基层科普服务点，打造科普网阵。结合科普惠农计划、科普精准扶贫计划，改造优化科普示范基地等农村基层科普基础设施。

第二，将学术交流与科普活动紧密结合。学术交流与科普活动紧密结合，是推动科研和科普相结合的重要途径。如2020年，科技部办公厅、财政部办公厅、教育部办公厅等6部门联合发布《新形势下加强基础研究若干重点举措》，在五大方面提出10项重要举措，其中，在第6项举措中提出"项目完成情况要客观评价，不得夸大成果水平。将科学普及作为基础研究项目考核的必要条件"。这为促进科研科普融合发展奠定了必要条件。与社

会机构加强合作，共同开发、组织以及策划科普活动，拓展科普基础设施开发的队伍和资源。

第三，加强区域间科普基础设施的共建共享，将科普基础设施的效用最大化。实施对口援建措施，科普基础设施建设较好的东部地区要助力建设相对较差的中西部地区，帮助提升中西部地区科普基础设施的科普能力。加强特大型、大型科技馆、科学技术类博物馆与中小型科技馆、科学技术类博物馆，科普教育基地，流动科普设施之间科普资源的共建共享。可以依托每年的科普日，开展主题科普展览巡回展出，深入地方、下沉基层，推动展览和展品在各区域之间、各机构之间、各类科普服务中心之间的流动。增加图书馆、文化馆、青少年科技馆站、科普活动中心等科普文化场所和中小学、高校以及城市社区、农村等基层单位合作交流的机会。

（三）大力推动科普产业发展，平衡科普基础设施"双翼"发展

科普产业和科普事业是我国科普工作的"两翼"，只有经营性科普产业和公益性科普事业共同发展、同步发力，我国科普事业才能走得更远更好，才能更加可持续。鼓励企业参与原创科普资源的设计与开发，提升原创科普资源创新能力。加快制定科普产业分类标准、企业准入机制，完善政策优惠制度，推动科普产业发展。推进将科研创新成果、生产技术成果和学术交流成果转化开发为原创科普资源，打造一批科普资源精品。加强科普基础设施建设与展览设计、展品研发制作企业通力合作，通过科普基础设施建设提升项目，提高科普企业进行展览设计、展品研发制作的能力与水平，引导科普企业在市场机制的调节中逐渐发展成熟，成为一批专业化的科普产品研发企业。

充分利用好市场对科普资源的分配与调节作用，引导、培育一批科普产品创意策划、制作开发、推广服务类的龙头科普企业。通过政策鼓励原创科普产品研发，培育科普展览策划、研制、使用、推广的一体化产业。选择展教资源、研发能力雄厚的科技馆等科普场馆和科普产品生产企业或机构共同成立科普展览展品等科普产品研发中心和科普教育活动中心。根据地区发展

实际情况，如企业关联度、产业园区建设、政府扶持力度等，筹建科普基础设施研发基地，集中一批具有实力和发展潜力的科普企业，同时给予相应的政策扶持，以便形成"虹吸效应"，带动其他社会机构进入科普产业开发领域。支持有实力的地方举办科普产品博览会、交易会，吸引国际国内科普资源和科普企业参与展览与宣传，为企业及其他社会机构搭建科普交流和服务平台。如深圳市即将成为继芜湖、上海后第三个举办科普博览会的城市，而且全域科普在深圳市发展渐趋成熟，成为带动地方科普产业发展的特色城市。

（四）加强馆校结合纵深发展，实现科普教育和学校教育"双向互补"

至 2020 年，馆校结合科学教育论坛已成功举办十一届，对促进科普（技）场馆和学校教育优化结合具有重要意义，极大地推进了教育和学科、场馆展教之间的融合。青少年是科普基础设施尤其是科技场馆提供科普服务的主要对象。但是，和我国庞大的科技馆（科学技术类博物馆）资源相比，科普基础设施的科普教育与学校正规的科学教育之间仍然缺乏通力合作和有效互动。除少数成功案例外，还没有形成规制化的模式，辐射面较为有限，常态化趋势不明显。优秀案例诸如：上海科技馆与上海市教委合作开展"利用场馆资源提升科技教师和学生能力"的馆校合作项目，培育了一批充分利用科技类博物馆资源的校本课程和馆本课程，2016～2018 年共培育 190份校本课程方案和 75 门馆本课程方案，举办 924 场教育活动，共有 30422人次受益。重庆科技馆团结了一批与科技馆密切合作的学校，2015～2019年秋季学期，其签约馆校合作学校共 183 所，覆盖 1～9 年级不同学龄，设计的"全学段菜单式"课程吸引了大量的学校组织学生来科技馆学习。厦门科技馆长期秉持"产品思维"，以学生和学校的需求为中心，将服务学生科学素质提升这一理念贯穿到课程建设和教学设计等环节中，充分利用展品资源进行了"基于展品的探究式学习"、"知识体系串联"及"综合活动"的开发，开设课程教育、展览教育、拓展教育三大模块，有效弥补了学校科

学教育中的薄弱环节。

科普（技）场馆教学与学校教育属于两类不同的教育体系，学生是其共同要面对的对象，这为馆校合作奠定了扎实的基础。加强馆校结合纵深发展，科普（技）场馆通过与学校合作，充分挖掘科普（技）场馆展教资源的潜能，使教育活动更为具体形象，丰富教学实践，避免纸上谈兵；同时，学校通过与科普（技）场馆合作，可以拓展教学场地，扩大学习空间，激发学生的科学兴趣，锻炼学生科学思维，培育其科学精神，更好地弥补学校教学资源的不足，为学校科学教育提供重要支撑。在一些发达国家，博物馆与学校科学教育紧密配合，已经成为博物馆发挥教育职能的一个重要方面。在美国，许多博物馆都设有专门的"教育部门"，例如芝加哥市实行了"博物馆与公立小学合作方案"。进一步加强我国馆校结合纵深发展，打造科普（技）场馆教育和学校教育长效合作的"双循环教育生态系统"。实践证明，"馆校合作"越来越受到广大师生和家长的重视。因此，可以将"馆校合作"逐步推广至其他科普基础设施，如科普教育基地、流动科普设施等，以拓展这些科普基础设施的利用渠道，提升实际效果，发挥应有作用，实现多元化科普服务。

（五）定期开展科普基础设施监测评估

加快研究制定针对各类科普设施的建设标准、认定办法以及管理条例，公布对科普基础设施的监测评估的指标体系，定期针对某类科普基础设施进行自评和他评。对科普基础设施的监测评估，应尽快建立评估制度，完善奖惩办法。例如，美国博物馆协会在1971年就开展了第一批科技博物馆认证，其有一套场馆评估的方法和流程，充分体现了重管理和重绩效的特点①，经过多年实践，现已发展成为一套成熟和规范的评估体系，包括认证参与原则、认证核心问题、认证具体考察点、认证流程等环节。

---

① 李建民、刘小玲、张仁开：《国外科普场馆的运行机制对中国的启示和借鉴意义》，《科普研究》2009年第4期，第23～29页。

建议由政府主管部门或委托第三方专业评估机构制定科普基础设施评估指标体系和评估方法，定期检测评估，发布评估结果，及时发现问题，进行相应整改。完善管理体系，建立国家级具有权威性的管理协调机制，明确主管部门（如科技部、中国科协等），加强对影响我国科普基础设施发展重大问题的调查研究，进行问题追踪，做好顶层设计，加强宏观管理与指导。在科技主管部门（机构）的主导下，由其他相关部门组成联合工作组，层层推进，逐级管理，逐步形成科普基础设施评估年报制度，基于互联网络，利用大数据技术，加快我国科普基础设施的数据库建设，定期检测，及时更新，全面了解我国科普基础设施的规模、数量、种类、运营现状、利用效果以及社会反响等情况。通过对科普基础设施的宏观评估、对受众的评估、对科普基础设施内部管理的评估等多维评估，不断强化我国科普基础设施建设的科学管理。

专题报告

Special Reports

B.2
"十二五"以来中国科技馆建设发展报告

于洁 刘娅 赵璇*

摘　要：　本文采用科技部《中国科普统计》中界定的科技馆范畴及其统计数据，从资源建设、业务开展、运行成效三个方面，对"十二五"以来（2011～2015年）我国科技馆的发展进行分析。总体上，我国科技馆事业全面发展，取得了巨大成绩，科技馆已经成为我国公民提高科学素养的重要阵地。同时也存在一些制约我国科技馆发展的矛盾和问题，表现在：科技馆资源供给侧不足，发展不均衡，人才结构不合理，科普经费筹集来源比较单一，信息化与智慧化建设滞后等。对此，建议深化科技馆供给侧结构性改革，创新科技馆运行管理机制及模式，加快科技馆标准体系建设，健全科技馆人才评价体系等。

---

* 于洁，中国科学技术信息研究所副研究员，研究方向为科技评价、知识管理；刘娅，中国科学技术信息研究所研究员，研究方向为科技政策与管理；赵璇，中国科学技术信息研究所编辑，研究方向为情报管理。

关键词： 科技馆　科普　科普经费　科普活动　科技馆人才

我国《科学技术馆建设标准（建标 101－2007）》认为，科技馆是政府和社会开展科学技术普及工作和活动的公益性基础设施，应满足科普教育、观众服务、支撑保障等功能需要，其核心功能为实施观众可参与的互动性科普展览和教育活动。随后的《科学技术馆建设标准》修订版（征求意见稿）对科技馆的概念进行了细化：科技馆是面向社会公众，特别是青少年等重点人群，以展示教育、研究、服务为主要功能，以参与、互动、体验为主要形式，开展科学技术普及相关工作和活动的公益性社会教育与公共服务设施，是提高全民科学素质的重要科普基础设施，是国家公共文化服务体系的重要组成部分。科技部发布的《中国科普统计》中，将科技馆界定为以科技馆、科学中心、科学宫等命名的，以展示教育为主，传播和普及科学知识与科学精神的科普场馆。西方国家的科学博物馆有广义和狭义之分。广义的科学博物馆包括：自然博物馆，收藏展陈自然物品，特别是动植矿标本，观众被动参与；科学工业博物馆，收藏展陈人工制品，特别是科学实验仪器、技术发明、工业设施，观众被动参与；科学中心（科技中心），通常没有收藏，观众主动参与，通过动手亲身体验科学原理和技术过程。狭义的科学博物馆指科学工业博物馆[①]。由此可见，我国的科技馆大体上相当于西方国家的科学中心/科技中心，收藏较少，主要强调探索互动和主动参与功能。究其原因，这可能与我国在 20 世纪 80 年代引进科技馆概念时，国外科技中心/科学中心正在蓬勃兴起有关[②]。

虽然国内外对科技馆的界定有所差异，但显而易见的是，我国科技馆已经成为我国公民提高科学素养的重要阵地，吸引着越来越多的公众参观。特别是，2015 年 3 月 4 日，中国科协、中宣部、财政部联合下发了《关于全

---

① 吴国盛：《走向科学博物馆》，《自然科学博物馆研究》2016 年第 3 期，第 62~69 页。
② 杨希：《我国科技馆免费开放政策实施研究》，南京师范大学硕士学位论文，2017，第 6~7 页。

国科技馆免费开放的通知》（科协发普字〔2015〕20 号），要求"原则上常设展厅面积 1000 平方米以上，符合免费开放实施范围的科技馆实行免费开放。2016 年以后，鼓励和推动符合免费开放实施范围的其他科技馆实行免费开放"①。至 2015 年 5 月 16 日，全国首批试点开放 92 个科技馆统一免费对外开放，极大地激发了公众的参观热情，免费开放首日，各地科技馆的参观人数成倍增长。

2018 年 9 月，由中国科学技术协会发布的第十次中国公民科学素质调查结果显示，我国公民的科学素质水平快速提升。2018 年我国公民具备科学素质的比例达到 8.47%，比 2015 年第九次调查的 6.20% 提高 2.27 个百分点。其中，公众利用各类科普设施获取科学知识和科技信息的机会明显增多，公众在过去的一年中参观科技馆等科技类场馆的比例为 31.9%②，比 2015 年调查到的 22.7% 提高 9.2 个百分点。与其他国家相比，我国公众参观科技馆等科技类场馆的比例已经处在较高的水平，甚至超过部分发达国家。根据美国《科学与工程指标 2018》③ 的调查：2016 年，有 26% 的美国公众表示在过去一年里参观过科技博物馆（science and technology museum），这一比例与 2012 年相当；德国、英国和智利的这一比例分别为：40%、20% 和 15%。④

① 中华人民共和国财政部官网：《关于全国科技馆免费开放的通知》，http：//www.mof.gov.cn/gp/xxgkml/kjs/201506/t20150625_2511963.html，最后访问日期：2019 年 9 月 26 日。
② 新浪网：《科协发布第十次科学素质抽样调查结果：中国人科学素质更高了》，http：//finance.sina.com.cn/roll/2018-09-19/doc-ihkhfqns6997029.shtml，最后访问日期：2019 年 9 月 26 日。
③ National Science Foundation, Science & Engineering Indicators 2018, https：//www.nsf.gov/statistics/2018/nsb20181/report，最后访问日期：2019 年 9 月 20 日。
④ 美国《科学与工程指标 2018》对公众参观科技馆等科技类场馆的比例进行了国际比较。2016 年，德国有 40% 的公众在过去一年参观过科学/技术博物馆（science or technology museum，虽然德国的调查没有对自然历史博物馆和更倾向科技类的博物馆进行区分）；英国有 20% 的公众参观过科学博物馆、科技博物馆/科技中心（science museum, S&T museum or center）；智利有 15% 的公众参观了科技博物馆（S&T museum）。

本文采用科技部《中国科普统计》中界定的科技馆范畴①及其统计数据，从资源建设、业务开展、运行成效三个方面，对"十二五"以来（2011～2015年）我国科技馆发展现状进行分析②。

一 资源建设

"十二五"以来，科技馆作为重要的科普基础设施和公众获取科普服务的重要平台与渠道，进入了高速发展阶段，在满足公众科普需求方面取得了长足的进步。

本文将从场馆建设、人力资源保障、经费投入3个方面进行分析，发现重要指标均保持了两位数以上的增长。与2011年相比，2017年全国科技馆数量增长了36.69%，达到488个；特大、大、中和小型等4类科技馆数量出现31%～140%不同程度的大幅增长；全国科技馆展厅面积增加了76.34%，并表现为东、中、西部三个地区的全面扩张；全国科技馆科普专职人员扩充了39.21%，并且素质越来越高，科技馆中级职称及以上或本科及以上学历人员占63.32%，比2011年增加7.21个百分点；全国科技馆科普经费筹集额增长155.45%，人均拥有科技馆科普专项经费大幅提高了138.64%，东、中、西部地区在这两项经费指标上均有不同程度增长；政府大力支持科技馆的建设和发展，政府拨款占科普经费筹集额的比重常年保持在80%左右。

（一）场馆建设

"十二五"期间，我国掀起了科技馆建设的热潮，一批新馆建立，老馆扩建改建，一些大中城市的科技馆已经成为当地亮眼的"名片"。

---

① 这里统计的科技馆为建筑面积超过500平方米以上的科技馆，如无特别指出，后面的统计分析均以此为基础。

② 中华人民共和国科学技术部：《中国科普统计（2018年版）》，科学技术文献出版社，2019。

1. 数量规模

从科技馆数量来看，2011～2017年，我国科技馆数量逐年增加，总体上，东部地区数量占比大于中部地区数量占比、大于西部地区数量占比。2017年我国共有科技馆488个，比2011年的357个增长了36.69%，增幅超过1/3。2014～2016这三年是科技馆数量高速扩张期，年增长率分别为7.63%、8.56%和6.53%，2017年增长率降到3.17%，增长放缓。2011～2017年，经济和科技综合实力强大的东部地区，其科技馆数量基本上稳占全国总数的一半。2017年东部地区全国占比最高达到53.07%，比2011年高2.93个百分点。中部地区科技馆数量全国占比总体上逐年降低，前4年占全国总数的30%以上，后3年占比下降到20%左右，2017年占比为23.16%，比2011年低近11个百分点。西部地区不断加大科技馆建设力度，其科技馆数量在全国的占比变化正好与中部地区相反，总体表现为逐年提高，从2011年至2012年的15.97%、14.84%，到2015年跃升至22.52%，2017年迎来峰值23.77%，已经略高于中部地区（见图1）。

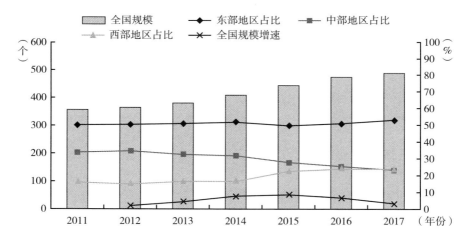

图1　2011～2017年我国科技馆数量及地区占比情况

资料来源：中华人民共和国科学技术部：《中国科普统计（2018年版）》，科学技术文献出版社，2019。

《科学技术馆建设标准（建标101－2007）》将科技馆按照建筑面积分成4类科技馆：特大型馆（建筑面积30000㎡以上），大型馆（建筑面积15000㎡以上至30000㎡〔含〕），中型馆（建筑面积8000㎡以上至15000㎡〔含〕）和小型馆（建筑面积8000㎡及以下）。

从科技馆建筑规模来看，2011～2017年，全国科技馆以小型科技馆为主，小型科技馆占比大于中型科技馆占比、大于大型科技馆占比、大于特大型科技馆占比。其中，小型科技馆占各年度全国科技馆总数的七成到八成。2011～2017年，特大型科技馆占比在2%～6%，数量最少，但增幅最大，2017年有24个，比2011年的10个增长140.00%。大型科技馆占比在5%～9%，2017年有43个，全国占比8.81%，比2011年的26个大幅增加了65.38%。中型科技馆占比在6%～9%，2017年有42个，全国占比为8.61%，比2011年增长31.25%。小型科技馆数量从2011年的289个逐年增长到2016年的389个，全国占比在80%左右；2017年虽降到379个，但仍占全国总数的77.66%，比2011年增长31.14%（见图2）。

从部门来看，"十二五"以来，虽然历经两次大的国家机构改革和调整，但科协组织、科技管理部门和教育部门的科技馆拥有量一直稳居前3名，遥遥领先其他部门。这三大部门科技馆拥有量总和占全国总数的七八成。2011年三大部门分别拥有科技馆200个、69个和24个，分别占全国总量的56.02%、19.33%和6.72%。2017年三大部门分别提高到277个、72个和34个，分别占全国总量的56.76%、14.75%和12.27%。其中，科协组织2011～2017年拥有的科技馆数量增长38.50%，除了2016年以外，每年都占全国总数的一半以上（见图3）。

从不同行政层级来看，科技馆拥有量及全国占比情况与行政层级高低成反比，区县级大于市级、大于省级、大于部委级。2011～2016年，全国区县级科技馆的数量逐年递增，从177个扩充到2016年最高243个，占全国科技馆数量的51.37%；2017年虽大幅减少到201个，但仍占全国总数的41.19%。2011～2017年，市级科技馆数量逐年增加，从2016年的136个，跃升至2017年最高180个，占全国总数的36.89%。"十二五"以来，省级

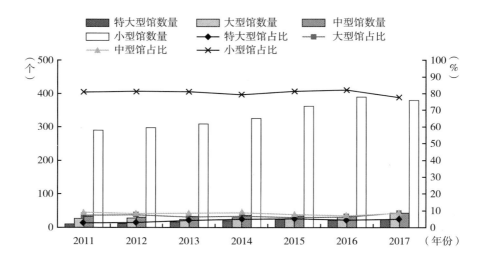

图2　2011~2017年我国不同建筑规模的科技馆拥有量及全国占比情况

资料来源：中华人民共和国科学技术部：《中国科普统计（2018年版）》，科学技术文献出版社，2019。

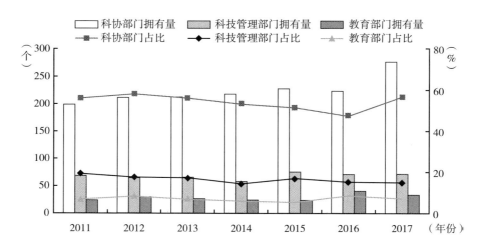

图3　2011~2017年我国三大部门科技馆拥有量及全国占比情况

资料来源：中华人民共和国科学技术部：《中国科普统计（2018年版）》，科学技术文献出版社，2019。

科技馆的数量占全国的比重一直在20%以内,从2011年的62个逐年增加到2014年的80个,但2015年减少到73个,2017年冲至最高92个。部委级科技馆在2011年为6个,全国占比为1.68%,2017年为15个,比2011年增加了9个,占比为3.07%(见图4)。

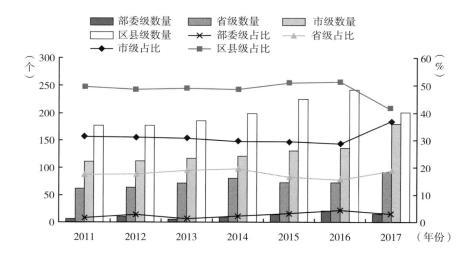

图4 2011~2017年我国不同行政层级的科技馆拥有量及全国占比情况

资料来源:中华人民共和国科学技术部:《中国科普统计(2018年版)》,科学技术文献出版社,2019。

从每百万人口拥有科技馆数量来看,全国指标值在逐年增加,东部地区每百万人口拥有科技馆数量最高,各年度均超过了全国平均水平。2011年我国每百万人口拥有0.27个科技馆,到2014年突破了0.3个,一直上升到2017年拥有0.36个科技馆。根据美国"科学技术中心协会"(Association of Science-Technology Centers,ASTC)官网上对"科学中心和博物馆"(Science Centers & Museums)会员及"公立(机构)"会员的查询结果①,目前美国共

---

① 美国科学技术中心协会官网,会员单位查询,https://www.astc.org/membership/browse-members/? category = MUS&keyword = &country = United + States&state = ,最后访问日期:2019年9月28日。

有两类会员单位 379 个①，按美国 2018 年人口 32717.0 万人计②，2018 年美国每百万人口拥有科学中心 1.16 个，远超过我国。并且美国科学中心的分布与人口分布一致，人口密度越大的地区，科学中心数量越多，其中加利福尼亚州达 40 个③。相比而言，我国东部地区每百万人口拥有科技馆数量从 2011 年的 0.34 个，持续上升至 2017 年的 0.47 个。中部地区在 2014 年前超过了全国平均水平，2014 年以后低于全国平均水平。2011～2015 年，中部地区每百万人口拥有科技馆数量超过了西部地区，数量为 0.29～0.30 个，但 2016 年，中部地区该指标降到 0.28 个，被西部地区赶超，2017 年进一步降到 0.26 个。反观西部地区，该指标 2011 年和 2012 年分别为 0.15 个和 0.15 个，到 2015 年出现了跨越式增长，这很大程度上由当年西部地区科技馆数量激增至 100 个所贡献，2017 年该指标增长到 0.31 个（见图 5）。

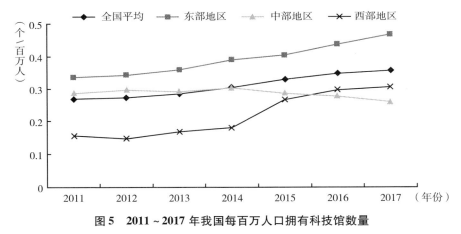

图 5　2011～2017 年我国每百万人口拥有科技馆数量

资料来源：中华人民共和国科学技术部：《中国科普统计（2018 年版）》，科学技术文献出版社，2019。

① 美国的科学中心基本上加入了"科学技术中心协会"，因此该协会会员的统计数据具有可比性。在其会员分类查询中发现，除了"科学中心和博物馆"319 家外，"公立"机构会员 60 家基本上是科学中心和博物馆，并且没有包含在"科学中心和博物馆"分类中，因此取两类查询结果的合计数作为美国科学中心的统计数。
② 世界银行数据库：《美国人口统计》，https://data.worldbank.org/country/united-states?view=chart，最后访问日期：2019 年 9 月 28 日。
③ 欧亚戈：《浅谈美国科技博物馆的发展态势》，《自然科学博物馆研究》2016 年第 2 期，第 72～77 页。

从每万平方公里拥有科技馆数量来看，2011～2017 年，我国每万平方公里拥有科技馆数量不断上升，东部和中部地区的该指标均超过了全国平均水平，且东部地区拔得头筹。全国该指标值从 2011 年的 0.37 个，提高到 2017 年的 0.51 个，已经超过了美国。按美国目前有 379 个科学中心会员单位，陆地面积 915 万平方公里计算，美国每万平方公里拥有科学中心 0.41 个。相比而言，我国东部地区每万平方公里拥有科技馆数量最高，并在 2011～2017 年保持持续增长，由 2011 年的 1.69 个，到 2014 年突破 2 个，再到 2017 年的最高值 2.44 个。排名其后的为中部地区，2011～2014 年由 0.73 个增加到 0.78 个，但从 2015 年起持续下行，2017 年降到 0.68 个，这与 2015 年以后中部地区科技馆数量连续下降紧密相关。西部地区在该指标上不占优势，低于全国和东、中部水平，主要是西部地区幅员辽阔，占我国国土面积的 70% 以上，导致该指标数偏低。尽管如此，得益于科技馆建设力度的加大，西部地区每万平方公里拥有科技馆数量在 2011～2017 年不断提升，由 0.08 个提高到 0.17 个（见图 6）。

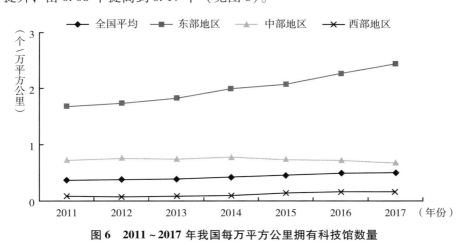

图 6　2011～2017 年我国每万平方公里拥有科技馆数量

资料来源：中华人民共和国科学技术部：《中国科普统计（2018 年版）》，科学技术文献出版社，2019。

2. 建设面积

从科技馆展厅面积来看，2011～2017 年，全国和东、中、西部三个地区的科技馆展厅面积总体上逐年扩大，其中，东部地区在三个地区中高居榜首。全国科技馆展厅总面积从 2011 年的 102.10 万平方米，扩充到 2017 年的 180.04 万平方米，升幅达 76.34%。东部地区科技馆展厅面积远超过中西部地区，但规模优势和全国占比在逐步减少。2011 年东部地区科技展厅面积为 63.63 万平方米，占全国展厅总面积的 62.32%，分别是中部地区和西部地区的 3.09 倍与 3.56 倍。到 2017 年，东部地区科技馆展厅面积达到 96.79 万平方米，占全国总面积的 53.76%，分别是中部地区和西部地区的 2.66 倍和 2.07 倍。西部地区科技馆展厅面积在 2011～2014 年与中部相差无几，并表现出较强的后发优势（2012 年略超过中部），从 2015 年起，西部地区实现了对中部地区的完全赶超，并将这种后发优势持续放大。到 2017 年，西部地区科技馆展厅面积已经高出中部地区 10.47 万平方米，占全国科技馆展厅总面积的 26.03%。2011～2017 年，中部地区科技展厅面积占全国的 17%～20%（见图 7）。

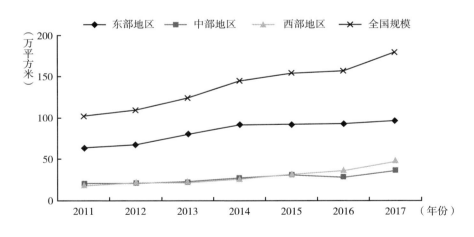

图 7　2011～2017 年我国科技馆展厅面积

资料来源：中华人民共和国科学技术部：《中国科普统计（2018 年版）》，科学技术文献出版社，2019。

　　从科技馆平均单馆展厅面积来看，2011～2017 年全国科技馆平均单馆展厅面积总体上呈增长态势，其中，东部地区长期占优，西部地区正迎头迁上。2017 年全国科技馆平均单馆展厅面积达到 3689. 25 平方米，比 2011 年增加 29.00%。东部地区平均单馆展厅面积在 2011 年、2013 ~ 2016 年居三地区首位，在 4000 平方米上下浮动，但 2017 年降到 3736.98 平方米，被西部地区以 4039.53 平方米赶超，这与西部地区不断加大科技馆建设力度密不可分。中部地区的平均单馆展厅面积在三个地区中最低，是唯一长期低于全国平均水平的地区，但改善速度快，从 2011 年的 1701.59 平方米，增加到 2017 年的 3220.27 平方米，增幅 89.25%（见图 8）。

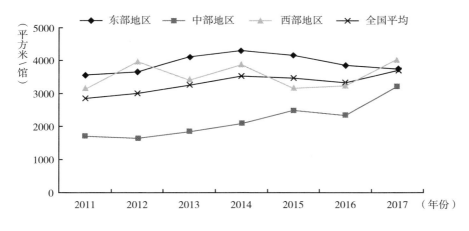

图 8　2011 ~ 2017 年我国科技馆平均单馆展厅面积

从不同建筑规模科技馆平均单馆展厅面积来看，符合建筑面积越大展厅面积越大的规律，且 2011 ~ 2017 年特大、大、中型科技馆的该指标值都高于全国平均值，小型科技馆的该指标值低于全国平均值。特大型科技馆平均单馆展厅面积在 24000 ~ 28000 平方米，2017 年为 25471.08 平方米，比 2011 年减少 3.48%，是 4 种类型科技馆中唯一面积减少的。大型科技馆平均单馆展厅面积在 8900 ~ 13000 平方米，2017 年为 9550.74 平方米，比 2011 年增长 6.87%。中型科技馆平均单馆展厅面积在 4700 ~ 5900 平方米，2017 年为 5598.60 平方米，比 2011 年增长 14.08%。小型科技馆平均单馆展厅面积在 1200 ~ 1500 平方米，是 4 种类型科技馆中唯一各年度均低于全国平均水平的，2017 年为 1433.31 平方米，比 2011 年增长 12.67%（见图 9）。

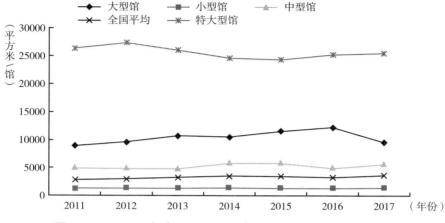

图9 2011～2017年我国不同建筑规模科技馆平均单馆展厅面积

从每万人口拥有科技馆展厅面积来看，2011～2017年全国每万人口拥有科技馆展厅面积在不断增加，东、中、西三个地区总体稳定上升，其中东部地区大于西部地区、大于中部地区。2017年全国每万人口拥有科技馆展厅面积为13.15平方米，是2011年7.71平方米的1.71倍。其中，2011～2017年东部地区该指标均大幅超过全国平均水平，引领中、西部地区，也是三个地区中唯一超过全国均值的，2017年东部地区峰值达到17.45平方米/万人。中部地区各年度均低于西部地区，并且在2016～2017年差距越来越大，2017年为8.38平方米/万人，同比西部地区少了近1/3。西部地区整体上在快速扩张，2017年达到12.33平方米/万人，比2011年增长了153%（见图10）。

（二）人力资源

科技馆人力资源包括科普专职人员和科普兼职人员，是提供科技馆服务的重要保障。2011～2017年全国科技馆人力资源总数波动较大，东部地区科技馆人力资源占全国总数的五成至七成，高居三地区首位。全国科技馆人力资源在5.83万～9.47万人，2017年降到6.90万人，比2011年减少12.11%。东部地区2014年全国占比最高，超过七成（77.96%），2017年

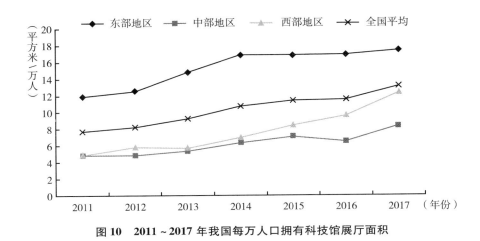

图 10　2011～2017 年我国每万人口拥有科技馆展厅面积

占全国的 66.68%。中部地区科技馆人力资源的全国占比，除 2016 年达到 26.16% 外，其他年份基本上在 20% 以内。西部地区科技馆人力资源的全国占比基本上在 20% 上下摆动，2015 年最高占比达 28.40%，除了 2014 年和 2016 年低于中部地区占比值外，其他年份都高于中部地区（见图 11）。

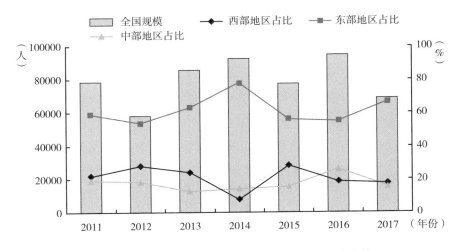

图 11　2011～2017 年我国科技馆人力资源及地区占比情况

从科技馆平均单馆拥有人力资源来看，全国和东、中、西部地区的该指标均波动较大。2011～2017 年全国科技馆平均单馆拥有人力资源在 200 人上下起伏，其中，2014年最高达到225.78人，2017年最低为141.31人。东部地区各年度均高于全国水平，除2014年突破了300人外（达到339.57人），其他年份基本上在200人上下浮动。中部地区除了2016年略高于全国和西部地区水平外，其他年份均低于它们，基本上在100人上下变化。2011～2013年，西部地区的该指标值一度居三地区首位，也高于全国平均水平，在300人以上，但2014～2017年降到100～200人，2016～2017年低于全国平均水平（见图12）。

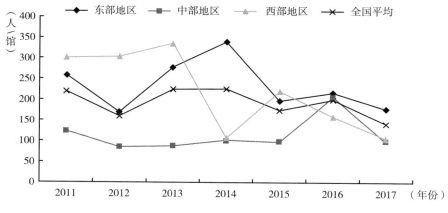

图12　2011～2017年我国科技馆平均单馆拥有人力资源情况

从每百万人口拥有科技馆人力资源情况来看，2011～2017年全国和东、中、西部三地区的该指标均出现了高低起伏，其中，东部地区的该指标最高，是唯一各年度超过全国平均水平的地区。2012年全国每百万人口拥有科技馆人力资源最少，为43.79人，最高为2016年的69.65人，2017年降到50.39人。东部地区的该指标值主要在50～130人，2014年最高达到132.69人，2017年降到82.92人。中部地区的该指标值一直低于全国平均水平，大部分年份低于西部地区，2016年最高达到57.33人，2017年降到谷底25.03人。西部地区除了2012年和2015年略高过全国平均水平外，其他年份都低于全国平均水平；2015年最高58.73人，2014年最低19.26人，2017年31.87人（见图13）。

从科普专职人员来看，2011～2017年我国科技馆科普专职人员总体在

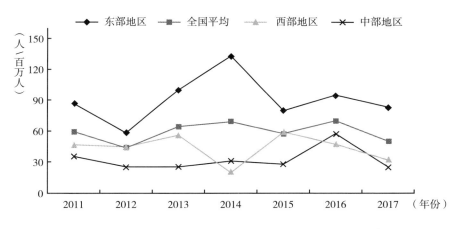

图13　2011～2017年我国每百万人口拥有科技馆人力资源情况

上升中稍有波动,东部地区全国占比远超中、西部地区。2011～2014年,我国科技馆科普专职人员逐年上升,2015年略有减少,2016年迎来峰值1.13万人,2017年减少到1.10万人,但相对2011年仍增长39.21%。东部地区科技馆科普专职人员基本上占全国的一半,2014年最高占到61.23%。中部和西部地区占比此消彼长,数值较为接近,几乎在20%上下浮动,西部地区从2015年起连续3年较中部占优(见图14)。

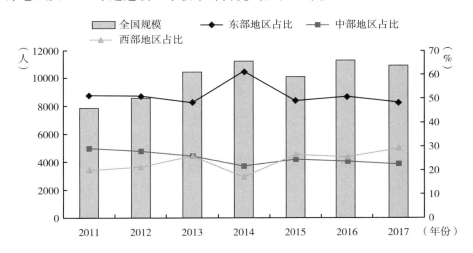

图14　2011～2017年我国科技馆科普专职人员总数及地区占比情况

从科技馆科普专职人员构成来看，2011～2017 年我国科技馆中级职称及以上或本科及以上学历人员占一半以上，在 50%～70%，2017 年达到 63.32%。科普专职人员具有一定的素质，但其中的科普创作等高层次人才数量少，人员比例不到 10%（见图 15），这是我国科技馆科普作品，包括展品和展项出现趋同化现象、创新创作及研发能力不足的主要原因。与国际比较，国外科技馆更注重科普创作能力的建设。如美国的旧金山探索馆和加拿大的安大略科学中心建立于 20 世纪 60 年代，它们被称为现代科技馆的干创者，至今仍然处于世界科技馆的发展前沿。它们能够持续产生巨大影响力的一个重要原因，与其强大的科普创作和研发能力密不可分。旧金山探索馆将开放式的展品研发车间（Exhibit Development Shop）置于主展厅中心区域"黄金地段"，几乎成了该馆的一个重要标志，该馆 90% 的展品由本馆人员自主研发，采取"谁研制、谁运维"的管理模式①，为科普创作人员及团队的培养和成长提供了广阔空间，与经典展品的不断创造和创新形成良性循环。该馆的创始人"现代科技馆之父"弗兰克·奥本海默（Frank Oppenheimer）曾强调，这里"就是要让观众看到木屑横飞的施工现场，或者聆听钢铁在机床上加工的声音"②。安大略科学中心从建成开放之初就设立了展品研发车间，所有展品的策划、设计与制作几乎都在此完成，该馆的展品研发人员占全馆员工人数的一半③。与之对比，我国科技馆的科普创作人员数量和能力都亟待提高。

从科技馆科普兼职人员来看，2011～2017 年我国科技馆科普兼职人员数量变化较大，其中，东部地区占一半以上。我国科技馆科普兼职人员数量基本上在 5 万～9 万人，2012 年最少，只有 4.97 万人，2016 年迎来高峰 8.34 万人，但 2017 年又降到 5.80 万人。东部地区的科技馆科普兼职人员

① 桂诗章、王茜：《国外科技馆发展前沿及启示——以美国和加拿大的两馆为例》，《未来与发展》2016 年第 6 期，第 23～26 页。

② Raymond Bruman, *Exploratorium Cookbook I：A Construction Manual for Exploratorium Exhibits*, The Exploratorium Publications, 2014（4）：114－120.

③ 桂诗章、王茜：《国外科技馆发展前沿及启示——以美国和加拿大的两馆为例》，《未来与发展》2016 年第 6 期，第 23～26 页。

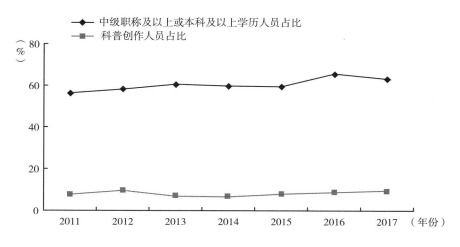

图 15　2011～2017 年我国科技馆科普专职人员构成情况

成为主力军，占全国比重在 50%～80%。中部地区除了 2016 年占比提高到 26.5% 外，其他年份均在 10%～20%，远低于东部地区，大部分年份也低于西部地区。西部地区在占比持续上升后，2014 年科技馆科普兼职人员比上一年大幅减少了 70.99%，其全国占比低至谷底 6.47%，其他年份在 15%～30%（见图 16）。

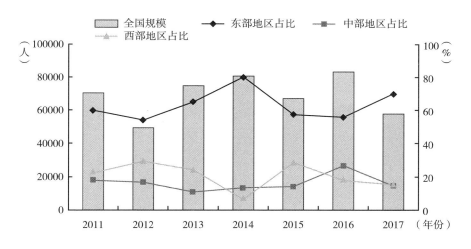

图 16　2011～2017 年我国科技馆科普兼职人员总数及地区占比情况

（三）经费筹集

科普经费支持是科技馆可持续发展和为公众提供高质量科普服务的重要保障。从科技馆科普经费筹集额来看，2011～2017 年，由于各级政府的重视，我国科技馆建设与发展处于一个快速扩张期，年度科普经费筹集额总体上在大幅增加，其中，东部地区大于西部地区、大于中部地区。2011 年，我国科技馆科普经费筹集额为 12.84 亿元，2014 年最高达到 40.78 亿元，主要由东部地区拉升，随后虽然降到 30 亿元左右，但仍远高于 2011～2013 年的水平。2017 年我国科技馆科普经费筹集额为 32.81 亿元，比 2011 年增长 155.45%。经济和财力强大的东部地区，基本上占全国科技馆科普经费筹集额的六七成，2017 年占 64.54%。中部地区的全国占比在 10% 上下起伏，低于东西部地区的比重，2017 年最高占比达到 14.21%，比 2011 年高 2.43 个百分点。西部地区的全国占比在 20% 上下波动，2013 年一度冲到 32.75%，约占 1/3 份额，2017 年占比达 21.25%，比 2011 年高 6.68 个百分点（见图 17）。

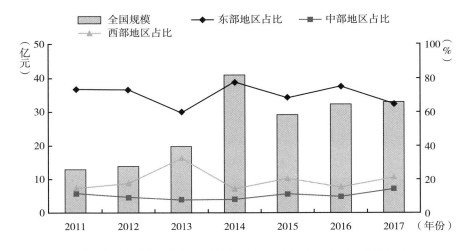

图 17　2011～2017 年我国科技馆科普经费筹集额及地区占比情况

从科技馆平均单馆科普经费筹集情况来看，2011～2017 年全国平均每个科技馆筹集到的科普经费总体上在相对增加，与我国科技馆科普经费筹集额的波动情况基本吻合，其中，东部地区大于西部地区、大于中部地区，且东部地区各年度均高于全国平均水平。2011年，我国科技馆平均单馆筹集到的科普经费为359.79万元，2014年激增到最高额997.06万元，与当年我国科技馆科普经费筹集额达到峰值相呼应，同样主要由东部地区拉升，随后虽然降到700万元以内，但整体上仍远高于2011～2013年的水平，2017年该指标值为672.38万元，是2011年的1.87倍。2011～2017年，东部地区该指标值从2011年的528.51万元，猛增到2014年的1496.46万元，以后3年调降到800万～1000万元，2017年为817.61万元，仍高出全国平均水平21.60%。中部地区该指标值一直低于全国和东西部平均水平，但大体上在追赶中上升，2017年达到412.58万元，是2011年的3.30倍。西部地区该指标值先持续走高，于2013年迎来2倍于全国平均水平的峰值之后，就一直低于全国平均水平，即便2017年回调到601.21万元，也比2011年增长83.06%（见图18）。

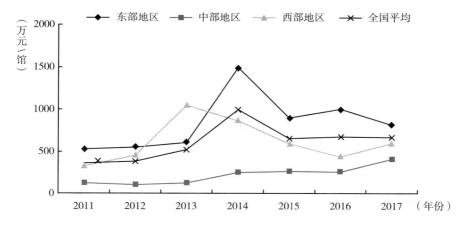

图18　2011～2017年我国科技馆平均单馆科普经费筹集情况

从不同建筑规模科技馆科普经费筹集额全国占比来看，2017年，特大型馆大于小型馆、大于大型馆、大于中型馆。其中，特大型科技馆以其占全国科技馆数量4.92%的最低份额，却筹集到全国科普经费额的53.09%，经费筹集能力最强。小型科技馆以其占全国科技馆数量77.66%的最高份额，仅筹集到全国科普经费额的 20.03%（居第二位），远低于特大型科技馆。大型科技馆以其占全国科技馆数量 8.81% 的第二位份额，筹集到全国科普经费额的 18.13%（居第三位）。中型科技馆以其占全国科技馆数量 8.61% 的第三位份额，仅筹集到全国科普经费额的 8.76%（居第四位）。显而易见，不同建筑规模科技馆的总体体量与其筹集科普经费的能力不相匹配。

从不同建筑规模科技馆平均单馆筹集额来看，2017 年，特大型馆大于大型馆、大于中型馆、大于全国平均水平、大于小型馆。特大、大、中、小型馆平均单馆对应的科普经费筹集额分别为：7258.39 万元，1383.23 万元，683.99 万元，173.39 万元，其中，只有小型馆低于 672.38 万元的全国科技馆平均单馆水平（见图 19）。

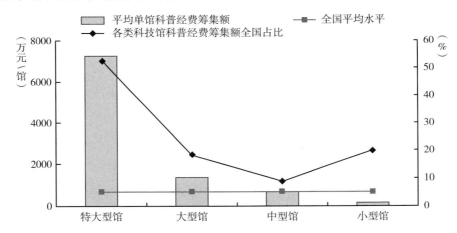

图 19　2017 年我国不同建筑规模科技馆科普经费平均单馆筹集额及全国占比情况

人均拥有科技馆科普专项经费可以衡量科普经费投入中直接普惠到公众的强度。2011～2017 年全国该指标值前升后降，但总体上相对增长。这与前面分析的我国科技馆科普经费筹集额和科技馆平均单馆科普经费筹集额的波动走向大体上吻合，可见科技馆科普经费的高低直接影响到科技馆科普专项经费的高低。科技馆科普经费越高，真正直接用于服务公众的科普专项经费就越高，反之亦然。其中，东部地区该指标值在各年度均高于全国平均水平，其波动情况基本上与东部地区科技馆平均单馆科普经费筹集情况相吻合。

2011年，我国人均拥有科技馆科普专项经费0.45元，其后逐年上升至2014年峰值1.70元，约占当年全国人均科普专项经费4.68元的36%，与前面分析的我国科技馆科普经费筹集额和科技馆平均单馆科普经费筹集额都在当年达到最高值遥相呼应，同样主要由东部地区拉升。随后，该指标值有所减少，但仍远超2011~2013年的水平，2017年为1.08元，约比2011年高140%，约占当年全国人均科普专项经费4.51元的24%。

在三个地区该指标值比较中，东部地区大于西部地区、大于中部地区。东部地区从2011年的0.86元，持续升至2014的最高点3.66元，之后逐年降低到2017年的1.84元，但仍远高出全国平均水平。中部地区各年度均低于全国和西部平均水平，但在追赶中波动前进，从2011年的0.14元，提高到2017年的0.34元。西部地区各年度均低于全国平均水平，2017年为0.83元，比2011年的0.22元高0.61元（见图20）。

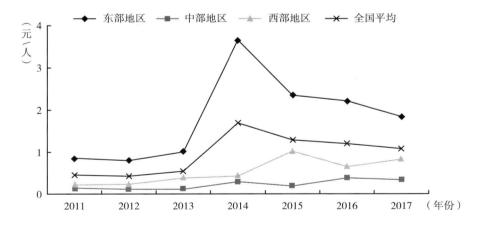

图20　2011~2017年我国人均拥有科技馆科普专项经费情况

我国科普经费来源包括政府拨款、自筹资金、捐赠和其他收入。其中，政府拨款和自筹资金是我国最主要的科普经费来源。2011~2017年我国科技馆科普经费的七八成来自政府拨款，2011年占73.37%，并持续上行至2014年最高占87.91%，随后3年虽略有下降，但仍保持在80%以上的高

位。科普经费中自筹资金的比例相对较低，从 2011 年占 21.38%，逐年下行，2014 年降到谷底 7.10%，其后 3 年均在 10% 左右浮动。2011 ~ 2017 年其他收入占比在 3% ~ 9%，捐赠收入微乎其微，占 1% 左右，2017 年最高达到 3.46%，仍然相对很低（见图 21）。

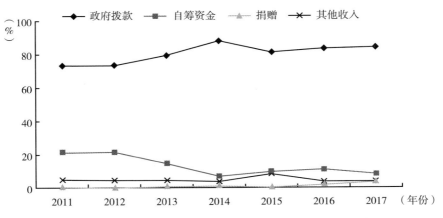

图 21　2011 ~ 2017 年我国科技馆科普经费主要来源的占比情况

与国际相比，国外公立科技馆基本建立了政府财政拨款、社会捐赠与自营收入共同支撑的多元化经费筹集机制，财务收入风险较为分散。

美国旧金山探索馆以社会捐赠为主，自营收入为辅，政府拨款比例很低。美国旧金山探索馆 2018 财年（2017 年 7 月 1 日 ~ 2018 年 6 月 30 日）总收入为 5108.94 万美元，其中：政府拨款 337.99 万美元，仅占 6.62%；社会捐赠（包括受限和非受限部分）高达 2230.35 万美元，占 43.66%；门票收入是其自营收入的重要来源，达到 999.55 万美元，占总收入的 19.56%，仅次于个人捐赠所占比重；其他自营收入包括会员费、商品销售、全球巡展和租金等合占 30.16%[1]。

澳大利亚国家科技中心每年有约 3330 万美元的收益，其中 44% 的收入

---

[1]　美国旧金山探索馆官网：《美国旧金山探索馆 2018 财年合并财务报告》，https://www.exploratorium.edu/sites/default/files/pdf/Exploratorium%20FS18%20Final.pdf，最后访问日期：2019 年 10 月 3 日。

来自展览、商城、赞助、会费等①。

加拿大安大略科学中心每年来自安大略省的财政资金约占总收入的50%，其他资金补充来源于社会捐赠、会员制、企业合作等②。

由此可见，我国科技馆科普经费筹集来源比较单一，极度依赖政府拨款，财务收入风险高度集中，自营收入比较低，捐赠极少，还没有形成多元化的科普经费筹集渠道。

从科技馆政府拨款地区占比情况来看，2011~2017年，东部地区占全国科技馆政府拨款的比重最大，并高居榜首，其后顺次为西部和中部地区。东部地区财政资金雄厚，除了2013年占全国科技馆政府拨款总额的54.61%外，其他年份均在60%~80%，2017年占比达到61.38%。中部地区在全国科技馆政府拨款中占比最低，在10%左右，2017年占15.05%，比2011年高1.23个百分点。西部地区除了2013年占到36.56%外，其他年份在20%上下波动，2017年占23.57%，比2011年高10.29个百分点（见图22）。

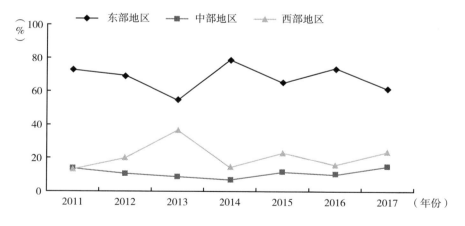

图22　2011~2017年我国科技馆政府拨款地区占比情况

---

① 董泓麟：《基于国外科技馆网站的科学活动研究》，《2013（江苏·南京）全国科技馆发展论坛论文集》，中国科学技术出版社，2013，第278~285页。
② 危怀安、程杨、吴秋凤：《国外科技馆免费开放的实践探索及启示》，《科技管理研究》2013年第21期，第159~163页。

从科技馆自筹资金地区占比来看，2011～2017年，东部地区科技馆目筹资金占全国科技馆自筹资金的比重最高，起主导力量，其次为西部地区，中部地区最低。经济发达的东部地区除2011年占全国科技馆自筹资金总额的77.13%外，其他年份占比均在80%～90%，2017年达到93.35%。中部地区在1%～3%。西部地区在2011年占比最高，达到20.45%，随后在10%左右变化，2017年最低，只占4.88%（见图23）。由上可知，东部地区自筹资金能力很强，中部和西部地区自筹资金能力相对很弱。

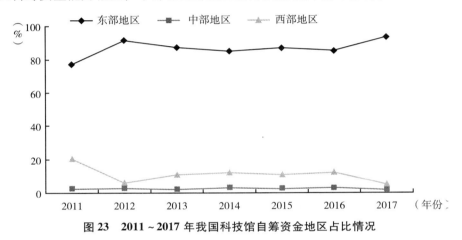

图23 2011～2017年我国科技馆自筹资金地区占比情况

二 业务开展

科技馆的功能以展示教育为主，通过开展科普讲座、展览，竞赛，科技培训，社会开放，社区活动，对外交流等业务活动，传播和普及科学知识和科学精神，对提高公众科学素养，推动科技进步，促进经济社会发展起到十分重要的作用。

本文主要从科普活动举办及其经费使用情况两个方面进行分析。"十二五"以来，科技馆业务开展取得了很大的成就，东、中、西部地区充分发挥各自优势，特别是基础和起点较低的西部地区，与"十二五"初期相比有了较大改观。与2011年相比，2017年全国科技馆免费开放天数增加62.90%，平均每个科技馆全年有一半以上的天数免费开放，平均每个特大型科技馆免费开放天数增加了90.93%；全国科技馆举办科普（技）讲座增长85.43%；全国科技馆举办的科普专题展览次数增长56.99%；全国科技馆举办科普（技）竞赛的次数增长6.47%；全国科技馆科普经费使用额增长151.23%，且东、中、西部地区科技馆平均单馆科普经费使用额均有大幅增长；全国科技馆人均科普经费使用额增加1.51元，且东、中、西部地区均有不同程度增长；科技馆科普经费的七八成投向与公众直接紧密相关的科普活动和科技馆基建方面；全国科技馆科普活动支出增长了91.40%；全国科技馆基建支出增加237.28%；西部地区的科普活动支出和基建支出有较大增长，其科普活动和基建的受重视程度提高，将有助于提高西部地区公众的科学素养水平。

（一）科普活动

1. 免费开放情况

我国科技馆免费开放政策，最早可以追溯到文化部等十二部委下发的《关于公益性文化设施向未成年人免费开放的实施意见》（文办发〔2004〕33号），其后，2008年中宣部等四个部门联合下发《关于全国博物馆、纪念馆免费开放的通知》（中宣发〔2008〕2号），2015年中国科协等三个部门联合下发了《关于全国科技馆免费开放的通知》（科协发普字〔2015〕20号）。这是国家部门层面首次专门对科技馆免费开放出台政策。在一系列政策文件，特别是2015年《关于全国科技馆免费开放的通知》的指引下，科技馆免费开放活动在全国各地蓬勃开展起来，成为科技馆向公众提供公平均等科普公共服务的重要内容。免费开放的服务内容包括：常设展厅等公共科普展教项目；科普讲座、科普论坛、科普巡展活动等基本科普服务项目；体现基本科普公共服务的相关讲解、科技教育活动；卫生、寄存、参观指引材料等基本服务项目。[①]

---

① 《关于全国科技馆免费开放的通知》，中华人民共和国财政部官网，http：//www. mof. gov. cn/gp/xxgkml/kjs/201506/t20150625_ 2511963. html，最后访问日期：2019年9月26日。

从我国科技馆免费开放天数来看，2011～2017年，全国科技馆每年免费开放天数稳步提升，其中，东部地区多于中部地区、多于西部地区。2017年全国科技馆免费开放迎来峰值10.22万天，约比2011年的6.27万天增加62%，并且2015～2017年持续保持8%以上的增速，政策效果显著。2011～2017年，东部地区占全国科技馆免费开放总天数的50%以上，远高于中西部地区。中部地区免费开放天数的全国占比虽然排第二位，但总体却在逐年下降，从2012年至2013年占全国免费开放总天数的31%，降到2017年占比23.59%，已经低于2011年28.33%的水平。西部地区的免费开放天数占比情况与中部地区相反，总体上在提升，从2011年的13.76%，提高到2017年的21.99%（见图24）。

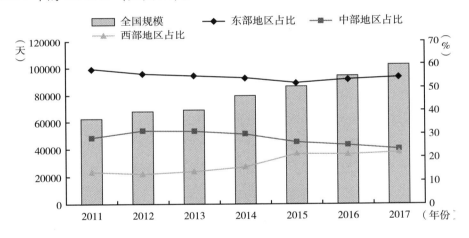

图24 2011～2017年我国科技馆免费开放天数与地区占比情况

从科技馆平均单馆免费开放天数来看，总体上，2011～2017年全国该指标呈上升走向，东部地区多于中部地区、多于西部地区。2011年，我国平均每个科技馆免费开放天数为176天，除2013年出现少许下降外，其他年份都在快速增长，2015年以后因政策引导，表现更为突出，2017年迎来峰值209天，相当于一年365天中约有57%的天数都实行了免费开放，约比2011年增加19%。东部地区是三个地区中唯一各年度指标值均超过全国平均水平的，除2013年免费开放197天外，其他年份免费开放天数都在200

天以上，2017 年实现了 215 天免费开放，超过当年全国平均值 6 天。2011 ~ 2017 年，中部地区平均每个科技馆免费开放天数在稳步上升，2016 年追平全国平均水平 199 天，2017 年继续上行到 213 天，超过全国平均水平 4 天，除 2011 年和 2014 年略低于西部地区外，其他年份都超过后者。西部地区该指标值各年度均低于全国平均水平，整体上在起伏中前进，2011 年指标值为 151 天，2017 年增长到 194 天，增幅约为 28%（见图 25）。

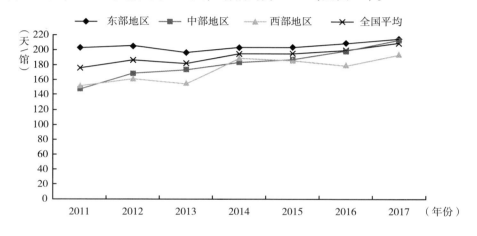

图 25　2011 ~ 2017 年我国科技馆平均单馆免费开放天数

从不同行政层级科技馆平均单馆免费开放天数来看，2011 ~ 2017 年，省级、市级、区县级科技馆的表现较为接近，部委级科技馆后来居上。2011 年部委级科技馆平均单馆免费开放天数为 117 天，之后基本上在 100 ~ 200 天内波动，远低于其他行政层级的平均水平，但 2015 年起有了较大改观，快速提升，2017 年突破到 238 天，成为四级行政层级中当年指标值最高的。2011 ~ 2017 年，省级、市级、区县级科技馆平均单馆免费开放天数在 160 ~ 230 天，其中，区县级科技馆的该指标值一直没有冲破 200 天，2017 年为 197 天。省级和市级科技馆在 2017 年的指标值分别达到 217 天和 216 天，两者相差无几（见图 26）。

从不同建筑规模科技馆平均单馆免费开放天数来看，2011 ~ 2017 年，特大型科技馆平均单馆免费开放天数是各类型科技馆中最低的，并低于全

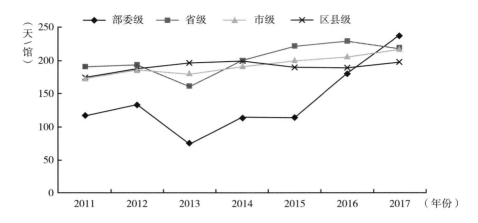

图 26　2011～2017 年我国不同行政层级科技馆平均单馆免费开放天数

国平均水平；大、中和小型科技馆的该指标值在全国平均水平上下波动，其中，小型科技馆的曲线几乎与全国平均水平的曲线重合。特大型科技馆的平均单馆免费开放天数在 80～190 天，虽然低于全国平均水平，但总体上在增加，2017 年平均单馆免费开放天数为 185 天，比 2011 年增长90.93%。大型科技馆的平均单馆免费开放天数在 160～240 天，2017 年平均单馆免费开放天数为 239 天，高于全国平均水平（209 天），比 2011 年增长 29.06%。中型科技馆的平均单馆免费开放天数在 160～220 天，2017年平均单馆免费开放天数为 212 天，同样高于全国平均水平，比 2011 年增长 9.79%。小型科技馆的平均单馆免费开放天数在 170～210 天，其变化与全国平均水平相差无几，2017 年平均单馆免费开放天数为 207 天，比全国平均水平少 2 天，但比 2011 年增长 18.02%（见图 27）。

2. 科普（技）讲座

从科技馆举办科普（技）讲座情况来看，2011～2017 年全国科普（技）讲座从 6600 余场逐渐突破万场大关，经历了两次高峰，东部地区各年度均占据了全国的主要份额。2011～2014 年全国科普（技）讲座持续攀升，2014 年激增到 1.58 万场，回调后，2016 年达到峰值 1.68 万场，2017年下调到 1.24 万场，但仍比 2011 年的 6683 场增长约 85%。2011～2017 年

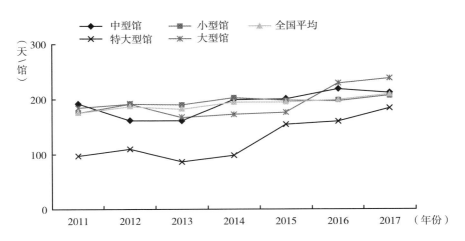

图 27　2011～2017 年我国不同建筑规模科技馆平均单馆免费开放天数

东部地区科普（技）讲座占全国的 45%～60%，远高于中、西部地区的全国占比。中部地区大部分年份占比均在 20%～30%，2013 年和 2014 年迎来 31.46% 和 40.01% 的高位，除 2017 年稍低于西部地区 2.18 个百分点外，整体上略强于后者。西部地区占比在 10%～27%，2011～2014 年均低于中部地区，从 2015 年开始追赶，与其差距逐步缩小，2017 年最高占到 26.65%，实现了对中部地区的反超（见图 28）。

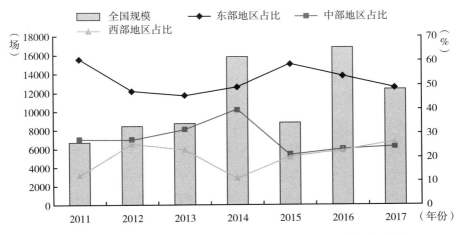

图 28　2011～2017 年我国科技馆举办科普（技）讲座及地区占比情况

从我国科技馆平均单馆举办科普（技）讲座来看，2011～2017年我国平均每个科技馆举办科普（技）讲座次数的走向与东中部地区的曲线表现几乎重合，两次峰值均出现在2014年和2016年。全国平均每个科技馆举办科普（技）讲座次数在19～39次，2014年和2016年分别最高举办了39次和36次，2017年举办了25次，比2011年超过7次。东部地区该指标值在20～38次，2014年和2016年分别举办了37次和38次，2017年举办了23次，与2011年持平。中部地区该指标值在15～49次，2014年和2016年分别举办了49次和33次，2017年举办了27次，比2011年高出12次。西部地区该指标值在14～40次，两次峰值年份出现在2012年和2016年，分别为40次和35次，2017年举办了28次，是2011年举办次数的2倍（见图29）。

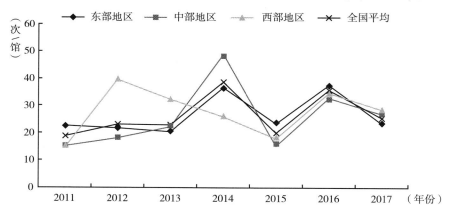

图29　2011～2017年我国科技馆平均单馆举办科普（技）
讲座及地区占比情况

从不同行政层级科技馆平均单馆举办科普（技）讲座情况来看，2011～2017年，我国四个行政层级的该指标均出现了较大波动。部委级科技馆该指标最高峰值出现在2016年161次，其他年份举办次数在21～45次，2017年举办了24次，比2011年少10次。省级科技馆该指标值在18～51次，2017年举办了20次，比2011年少8次。市级科技馆该指标值在19～48次，2017年举办了31次，比2011年高出10次。区县级科技馆该指标值在14～29次，2017年举办了23次，超过2011年9次（见图30）。

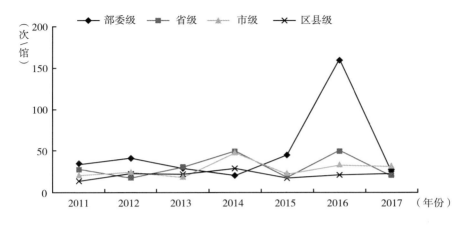

图30　2011～2017年我国不同行政层级科技馆
平均单馆举办科普（技）讲座情况

3. 科普专题展览

从科技馆举办科普专题展览情况来看，2011～2017年全国该指标经历了先升后降再扬的三个阶段，其中，东部地区在各年度均占大额比重，中、西部地区占比分列第二位和第三位。2011～2014年，全国科技馆举办的科普专题展览次数逐年上升，到2014年最高举办了6542次，2015～2016年持续下行，2017年回调上行至5628次，比2011年增长56.99%。东部地区科技馆成为举办科普专题展览的主导力量，各年度占全国举办总次数的四成至七成，远远领先于中西部地区，2017年占比达63.54%，高出2011年近11个百分点。中部地区各年度占比居第二位，在17%～33%，2011年和2015年出现了两次占比高峰，分别为30.46%和32.92%，2017年占比18.99%。西部地区在三个地区中各年度占比最低，变动区间在11%～25%，最高占比出现在2016年（25.28%），2017年占比为17.47%，比2011年略高0.48个百分点（见图31）。

从科技馆平均单馆举办科普专题展览情况来看，2011～2017年全国平均水平以先升后降再扬的走向波动，东部地区大部分年份都高于全国和中、西部地区水平。2011～2014年，全国平均每个科技馆举办科普专题展览次

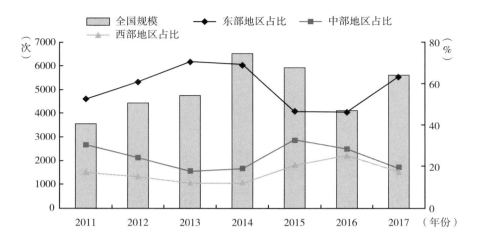

图 31　2011～2017 年我国科技馆举办科普专题展览及地区占比情况

数从 10 次逐年上升，至 2014 年到达峰值 16 次，其后出现了下降，2017 年提升到 12 次，比 2011 年高出 2 次。东部地区该指标值在 8～21 次，除 2016 年下行至谷底值 8 次外，其他年份均高于或约等于全国平均水平，也高于中西部水平，2017 年东部地区该指标值达到 14 次，超出 2011 年 3 次。中部地区该指标值在 7～16 次，2017 年举办了 9 次，与 2011 年举办次数相同，2011～2014 年低于西部地区，2015～2017 年成功反超，但与全国平均水平相比，仅 2015～2016 年高于它，其他年份均落后。西部地区该指标值在 8～12 次，2011 年举办了 11 次，超过全国平均水平，2012～2017 年约等于或者低于后者，2017 年举办了 8 次，少于 2011 年 3 次（见图 32）。

从不同行政层级科技馆平均单馆举办科普专题展览情况来看，总体上，2011～2017 年，部委级大于省级、大于区县级、大于市级，其中部委级指标值大起大落，省级波动幅度次之，市级和区县级变化区间较小且相对接近。部委级科技馆该指标值在 8～74 次，2017 年平均每个部委级科技馆举办了 44 次科普专题展览，是 2011 年的 5.48 倍。省级科技馆该指标值在 9～26 次，2017 年平均每个省级科技馆举办了 20 次科普专题展览，比 2011 年超出 8 次。市级科技馆该指标值在 6～13 次，2017 年平均每个市级科技馆

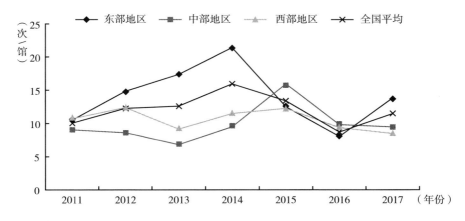

图 32　2011～2017 年我国科技馆平均单馆举办科普专题展览情况

举办了 8 次科普专题展览，比 2011 年少 4 次。区县级科技馆该指标在 8～13 次，2017 年平均每个区县级科技馆举办了 9 次科普专题展览，比 2011 高出 1 次（见图 33）。

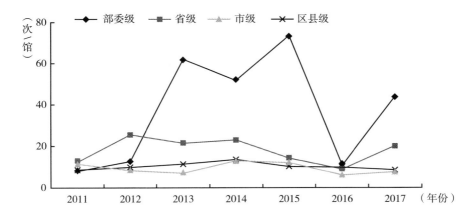

图 33　2011～2017 年我国不同行政层级科技馆平均单馆举办科普专题展览情况

4. 科普（技）竞赛

从科技馆举办科普（技）竞赛情况来看，2011～2017 年全国科技馆举办科普（技）竞赛次数出现了两个峰值，总体上东部地区占比大于中部地区占比、大于西部地区占比。全国科技馆举办科普（技）竞赛的次数在2014年迎来最高峰1958次，2016年达到另一个小高峰1343次，2017年降到1169次，但比2011年最低点增长6.47%。东部地区科技馆举办科普（技）竞赛次数占全国总数的五成至七成，但整体上比重在逐年下行，2017年占比63.13%，比2011年下降近8个百分点。中部地区的全国占比在20%上下摆动，2014年占比最高为29.62%，2017年占比为18.91%，略高于2011年。西部地区与中部地区互为消长，2014年占比最低为7.61%，2016年占比最高为22.49%，2017年占比为17.96%，比2011年高6.67个百分点（见图34）。

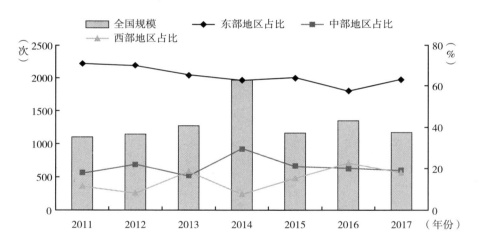

图34　2011～2017年我国科技馆举办科普（技）竞赛及地区占比情况

从科技馆平均单馆举办科普（技）竞赛情况来看，2011～2017年，总体上，全国科技馆该指标值先升后降，东部地区和中部地区的曲线变化与全国的曲线走向相同，均在2014年迎来峰值。东部地区各年度均高于全国平均水平，中西部地区基本上低于全国平均水平。全国平均每个科技馆举办科普（技）竞赛次数在2～5次，2014年达到峰值5次，2017年平均举办了2次，低于2011年的3次。东部地区该指标值总体上先高后低，但数值都在全国平均水平之上，也在中西部地区之上，平均举办次数在3～6次，2017

年平均举办了 3 次，比 2011 年少 1 次。中、西部地区该指标值在 2 ~ 4 次，2017 年各举办了 2 次，基本与 2011 年持平（见图 35）。

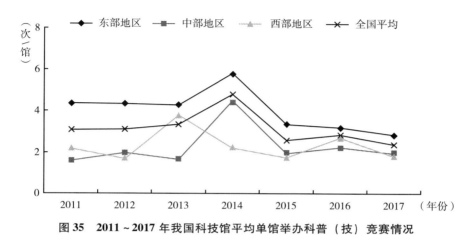

图 35 2011 ~ 2017 年我国科技馆平均单馆举办科普（技）竞赛情况

从不同行政层级科技馆平均单馆举办科普（技）竞赛情况来看，2011 ~ 2017 年，部委级科技馆该指标值整体上高于其他三个行政层级的科技馆，并且优势比较突出，省级科技馆平均举办科普（技）竞赛次数先升后降，市级和区县级该指标值走向和数值区间均比较接近。部委级科技馆除 2011 ~ 2012 年举办次数较少外，从 2013 年起发力赶超，平均举办次数在 7 ~ 16 次，与其他行政层级的科技馆拉开较大差距，2017 年平均举办了 7 次，比 2011 年高 6 次。省级科技馆从 2011 年举办 4 次，逐年上升到 2013 年峰值 8 次，随后持续下降，2017 年为 3 次，比 2011 年还少 1 次。市级和区县级的表现差距不大，均在 2 ~ 4 次，且峰值均出现在 2014 年，2017 年各举办了 2 次，市级科技馆与 2011 年持平，区县级比 2011 年少 1 次（见图 36）。

（二）经费使用

科普经费使用额在一定程度上反映了科技馆真正建设和发展科普事业的力度。从科技馆科普经费使用额情况来看，2011 ~ 2017 年，全国该指标先升后降再扬，其中，东部地区占比大于西部地区占比、大于中部地区占比。

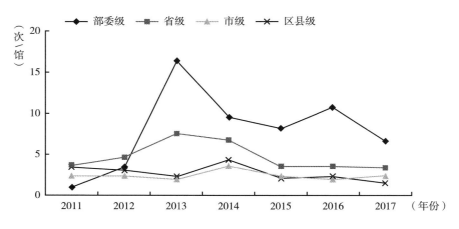

**图36　2011～2017年我国不同行政层级科技馆平均
单馆举办科普（技）竞赛情况**

2011～2014年，全国科技馆科普经费使用额从14.00亿元逐年提升，于
2014年迎来峰值40.52亿元，2015年下降后，2016年又开启了新一轮增
长，2017年上行到35.18亿元，比2011年增长151%。东部地区占全国科
技馆科普经费使用额的60%～80%。西部地区的该指标值曲线走向与中部
地区基本相同，但前者数值大体上略高于后者，西部地区占比在12%～
25%，中部地区占比在7%～16%（见图37）。

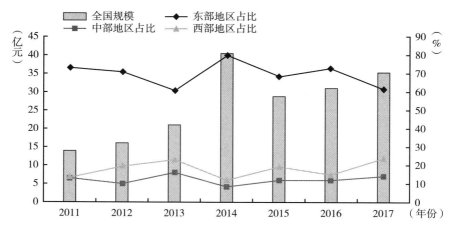

图37　2011～2017年我国科技馆科普经费使用额及地区占比情况

从不同行政层级科技馆科普经费使用额全国占比情况来看，2011～2017年，省级占比大于市级占比、大于部委级占比、大于区县级占比。省级科技馆科普经费使用额占全国科技馆科普经费使用总额的比重各年度均最高，在38%～60%，其中，2014年达到占比峰值59.12%，2017年占比为46.15%，比2011年高1.32个百分点。市级科技馆科普经费使用额占比在19%～33%，除2015～2016年低于部委级科技馆占比外，其他年份均高于后者，2017年占比达到峰值32.29%，比2011年高6.59个百分点。部委级科技馆科普经费使用额占比在10%～33%，2016年达到峰值32.56%，但2017年很快降到14.00%，低于2011年19.13%的水平。区县级科技馆科普经费使用额占比最低，在10%左右小幅摆动并逐年下降，2017年最低占比为7.56%，比2011年低2.78个百分点（见图38）。

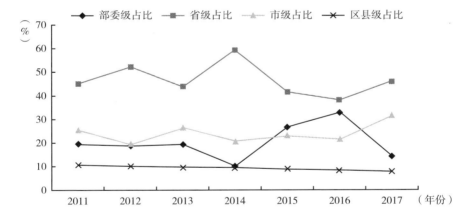

图38 2011～2017年我国不同行政层级科技馆科普经费使用额全国占比情况

从科技馆平均单馆科普经费使用额情况来看，2011～2017年全国该指标值先升后降再扬。东部地区该指标值在各年度均高于全国平均水平，走向也很接近后者，西部地区的指标值在全国平均水平上下波动，中部地区的指标值均低于全国水平。全国平均每个科技馆科普经费使用额在390万～1000万元，2014年最高达到990.76万元，之后下行，2016年重新上行，2017年达到720.83万元，比2011年增长83.79%。东部地区该指标值在570万～1600

万元，2014 年达到峰值 1525.55 万元，2017 年虽然降到 836.75 万元，但仍比 2011 年增长 45.83%。中部地区该指标值相对最低，但大体上保持上升走向，在 147 万～439 万元，2017 年迎来最高值 439 万元，比 2011 年增长 197.66%。西部地区该指标值在 340 万～814 万元，2013 年到达顶点 813.64 万元，其后下行，至 2017 年又提高到 735.84 万元，比 2011 年增长 115.81%（见图 39）。

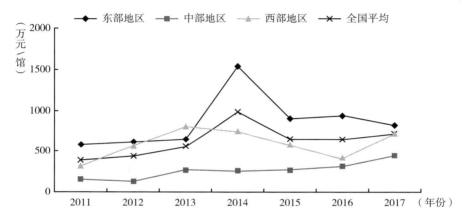

图 39　2011～2017 年我国科技馆平均单馆科普经费使用额情况

从不同建筑规模科技馆科普经费使用额全国占比来看，2017 年，特大型馆占比大于小型馆占比、大于大型馆占比、大于中型馆占比。其中，特大型科技馆以其占全国科技馆数量 4.92% 的最低份额，占全国科普经费使用额的 45.90%（居第一位）。小型科技馆以其占全国科技馆数量 77.66% 的最高份额，占全国科普经费使用额的 26.96%（居第二位）。大型科技馆以其占全国科技馆数量 8.81% 的第二份额，占全国科普经费使用额的 18.13%（居第三位）。中型科技馆以其占全国科技馆数量 8.61% 的第三份额，占全国科普经费使用额的 9.02%。显而易见，不同建筑规模科技馆的总体体量与其使用科普经费的高低不相匹配。这与前述不同建筑规模科技馆的总体体量与其筹集科普经费的能力不相匹配的表现一致。

从不同建筑规模科技馆平均单馆科普经费使用额来看，特大型馆大于大型馆、大于中型馆、大于全国平均水平、大于小型馆。2017 年，特大、大、中、小型馆对应的平均单馆科普经费使用额分别为 6726.95 万元、1483.26 万元、755.11 万元、250.19 万元。其中，每个小型科技馆的科普经费使用额最低，低于 720.83 万元的全国科技馆平均单馆水平（见图 40）。

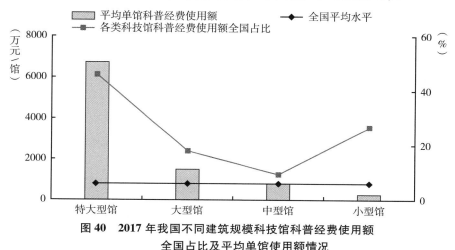

图 40　2017 年我国不同建筑规模科技馆科普经费使用额全国占比及平均单馆使用额情况

从科技馆人均科普经费使用额来看，2011～2017 年，全国该指标值先升后降再扬，总体在提升。东部地区该指标值在各年度均高于全国平均水平，走向也很接近后者，并与全国和东部地区科技馆平均单馆科普经费使用额走向吻合。西部和中部地区该指标值均低于全国平均水平，分列第二名和第三名。全国科技馆人均科普经费使用额基本上在 1～3 元，2014 年冲顶 3.02 元，2015 年下行后，2016 年开始上调，2017 年上行到 2.57 元，比 2011 年增加 1.51 元。东部地区科技馆人均科普经费使用额在 1.92～6 元，远高于全国平均水平和中、西部地区，2014 年迎来峰值 5.96 元，随后两年经过降 - 升调整，2017 年再次降到 3.91 元，但仍比 2011 年上涨 1.99 元。西部地区科技馆人均科普经费使用额在 0.5～2.3 元，2017 年最高达到 2.25 元，比 2011 年增长 1.72 元。中部地区科技馆人均科普经费使用额在 0.3～1.2 元，整体在上升，2017 年最高达到 1.14 元，比 2011 年增加 0.72 元（见图 41）。

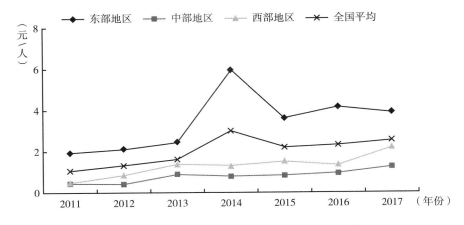

图41　2011～2017年我国科技馆人均科普经费使用额情况

科技馆科普经费使用额由三部分组成：科普活动支出，科普场馆基建支出，行政与其他支出。科普活动支出指直接用于组织和开展科普活动的支出；科普场馆基建支出指市级用于科普场馆的基本建设资金，包括实际用于科普场馆的土建费（场馆修缮和新场馆建设）及添加科普展品和设施所产生的费用两部分；行政和其他支出指科技馆营运管理产生的行政支出和上述支出外用于科普工作的相关支出。

从科技馆科普经费使用额构成来看，2011～2017年，总体上，我国科普活动支出占科技馆科普经费使用额的四成到六成，比重高居榜首，即"十二五"以来全国科技馆科普经费的半数左右切实使用到直接服务公众的科普活动上。其次为科普场馆基建支出占比，份额在两成至三成以上，主要用来改善场馆基础设施，从环境设施上为公众提供更好的科普体验。科普活动支出和科普场馆基建支出合计占到科技馆科普经费支出的七成到八成，也就是说，科技馆绝大部分科普经费投入与公众直接紧密相关的科普工作中。涉及科技馆营运管理的行政与其他支出占比最低。

全国科普活动支出占比，除2014年因科普场馆基建支出迎来高峰，挤占了一部分科普活动支出，使其占比降至谷底26.26%外，其他年份均在

40%~60%，2016 年全国科普活动支出最高占比达到 59.58%，2017 年又与科普场馆基建支出产生此消彼长的效应，其占比下滑至 40.38%，比 2011 年低 12.62 个百分点。科普场馆基建支出占比在 19%~62%，2014 年科普场馆基建最为热火朝天，占科普经费使用额的 61.18%，随后两年大幅下滑，2016 年最低占比为 19.02%，2017 年占比略有回升到 32.95%，比 2011 年高出 8.41 个百分点。行政和其他支出占比在 12%~27%，2014 年降到谷底 12.56% 后，该项支出占比有所上升，2017 年达到 26.67%，比 2011 年高 4.22 个百分点，但相对科普活动支出和科普场馆基建支出，仍处最低位（见图 42）。

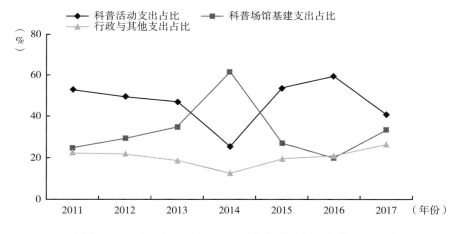

图 42　2011~2017 年我国科技馆科普经费使用额构成占比情况

从科普活动支出来看，2011~2017 年全国科技馆科普活动支出先升后降，总体是上涨的，东部地区占比大于西部地区占比、大于中部地区占比。全国科技馆科普活动支出在 7 亿~19 亿元，2011~2016 年逐年攀升至峰值 18.52 亿元，2017 年调降到 14.20 亿元，比 2011 年增长了 91.40%。东部地区科技馆科普活动支出占全国的七成到八成，遥遥领先中、西部地区，2016 年最高占比达到 85.39%，2017 年降至 72.24%，比 2011 年低 10.56 个百分点。西部地区占比居第二位，在 8%~20%，2013 年最高达到 20.79%，2017 年占比为 15.93%，比 2011 年高 5.45 个百分点。中部地区占比在

4%～12%，2017 年最高占比为 11.82%，比 2011 年高 5.11 个百分点（见图 43）。

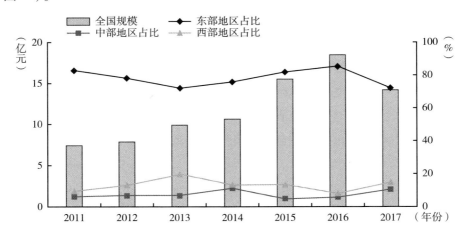

图 43 2011～2017 年我国科技馆科普活动支出及地区占比情况

从科技馆基建支出来看，2011～2017 年，全国科技馆基建支出表现为先升后降再扬，东部地区占比在三个地区中遥居高位。全国科技馆基建支出从 2011 年最低 3.44 亿元，逐年增长，在 2014 年出现井喷，迎来了 24.79 亿元，随后两年基建热度下降，2017 年略有回升，达到 11.59 亿元，比 2011 年增加 237%。东部地区科技馆基建支出占全国的四成到八成，2013 年最低占 41.82%，但到 2014 年即与全国科技馆基建高潮相呼应，占比猛增到 86.19%，中、西部地区当年占比均降到最低，可见全国科技馆基建爆炸增长主要是东部地区拉升的。经过回调后，2017 年东部地区占比为 51.58%，比 2011 年低 8.72 个百分点。中部地区占比在 4%～30%，2017 年占比为 13.81%，比 2011 年低 5.42 个百分点。西部地区占比在 9%～35%，2017 年占比为 34.61%，比 2011 年高 14.15 个百分点，是三个地区中唯一高过 2011 年占比的。从西部地区科技馆基建总额来看，其 2017 年基建额也达到各年度的最高值 4.01 亿元，可见西部地区科技馆基建投入比"十二五"初期更受重视，科技馆建设力度不断加大（见图 44）。

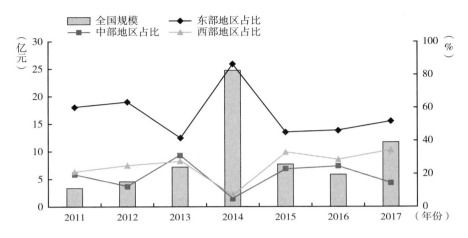

图44　2011～2017 年我国科技馆基建支出及地区占比情况

三　运行成效

科技馆作为重要的科普基础设施和公众获取科普服务的重要平台与渠道，其运行成效可以在很大程度上从公众参观人次上得以反映。参观人次体现科技馆的受欢迎程度，参观人次越高，代表科技馆越受群众喜爱，其发挥的科普价值越大，运行成效就越显著，反之亦然。

以"参观人次"来衡量运行成效，这在国际相关排行榜研究中同样有采用。如，一年一度由主题娱乐协会（Themed Entertainment Association，TEA）与 AECOM 经济咨询团队联合推出的《主题公园报告和博物馆报告》，对全球主题公园和博物馆进行了排名，其采用的唯一指标为游客量。2017年我国内地有 3 家博物馆/科技馆进入全球博物馆排名前 20 位，分别为：中国国家博物馆（排名第 2 位，游客量 806.30 万人次），上海科技馆（排名第 6 位，游客量 642.10 万人次）和中国科学技术馆（排名第 16 位，游客量398.30 万人次）。2018 年我国内地有 4 家博物馆/科技馆进入全球博物馆排名前 20 位，分别为：中国国家博物馆（排名第 2 位，游客量 861.00 万人次），中国科学技术馆（排名第 13 位，游客量 440.00 万人次），浙江省博

物馆（排名第 15 位，游客量 420.00 万人次），南京博物院（排名第 20 位，游客量 367.00 万人次）。

本文主要以一般性展陈、科技讲座、专题性展览、科技竞赛等不同业务吸纳的参观人次进行分析。总体上，我国科技馆运行成效显著，与 2011 年相比，2017 年全国科技馆参观人次涨幅达 86.75%，全国平均每个科技馆参观人次增长 36.62%，平均每个大、中和小型科技馆的参观人次有不同幅度的增长。全国科技馆科普（技）讲座参加人次增长 26.04%，全国科技馆科普专题展览参观人次增长 106.56%，全国平均每个科技馆的科普专题展览参观人次增长 51.11%，全国科技馆科普（技）竞赛参加人次增长 30.59%。

（一）一般性展陈

从科技馆年度参观人次来看，2011～2017 年，我国科技馆年度参观人次逐年稳定上升，其中，东部地区科技馆年度参观人次占全国六成左右，独占鳌头，中部和西部地区占比较低，差距不大。全国科技馆年度参观人次从 2011 年的 3374.37 万人次，逐步增加到 2017 年的 6301.75 万人次，涨幅 86.75%。2011～2016 年东部地区占比一直在 60%～70%，2016 年最高达到 66.46%，2017 年降到 54.58%，比 2011 年减少 8.72 个百分点。中部地区占比在 13%～23%，2017 年最高达到 22.56%，比 2011 年高出 3.95 个百分点。西部地区占比在 16%～23%，数值与中部很接近，2017 年占比为 22.85%，比 2011 年高出 4.77 个百分点（见图 45）。

从科技馆平均单馆参观人次来看，2011～2017 年，全国该指标值不断上升，东部地区各年度均大于全国平均水平，且东部地区大于西部地区、大于中部地区。全国平均每个科技馆参观人次从 2011 年的 9.45 万人次，逐年上行，2017 年迎来 12.91 万人次，比 2011 年增长 36.6%。东部地区平均每个科技馆参观人次在 11 万～16 万人次，是三个地区中指标值最高的，2016 年达到 15.57 万人次，2017 年降到 13.28 万人次，但仍比 2011 年增长 11.29%。中部地区该指标值逐年提升，除 2017 年高于两部外，其他年份在

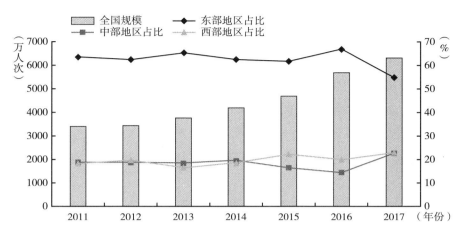

图45 2011～2017年我国科技馆年度参观人次及地区占比情况

三个地区中数值最低，在5万～13万人，2017年最高达到12.58万人次，比2011年大幅增加142.38%。西部地区该指标值基本上位于东部地区和全国平均水平之间，为10万～13万人，2017年最高达到12.42万人，比2011年提升15.97%（见图46）。

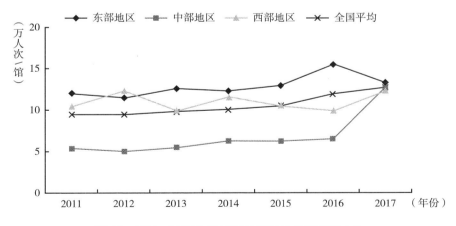

图46 2011～2017年我国科技馆平均单馆参观人次

从不同建筑规模科技馆平均单馆参观人次来看，2011～2017年，特大型科技馆大于大型科技馆、大于中型科技馆、大于全国平均水平、大于小型

科技馆。每个特大型科技馆的平均参观人次高居榜首，在 80 万～120 万人次，2017 年平均参观人次为 98.20 万人次，比 2011 年减少 12.71%。每个大型科技馆平均参观人次在 20 万～42 万人次，2017 年平均参观人次为 41.92 万人次，比 2011 年增长 57.49%。每个中型科技馆的平均参观人次在 14 万～18 万人次，2017 年平均参观人次为 17.25 万人次，比 2011 年增长 14.05%。每个小型科技馆的平均参观人次在 3 万～6 万人次，2017 年平均参观人次为 3.74 万人次，比 2011 年增长 0.74%（见图 47）。

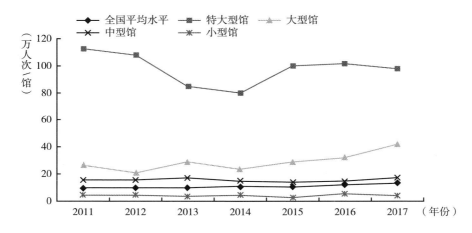

图 47　2011～2017 年我国不同建筑规模科技馆平均单馆参观人次

（二）专题活动

1. 科普（技）讲座

从科技馆科普（技）讲座参加人次来看，2011～2017 年全国该指标呈现了双高峰，总体上，东部地区占比大于中部地区占比、大于西部地区占比。全国科技馆科普（技）讲座参加人次从 2011 年逐年攀升，2014 年达到第一个高峰 573.87 万人次，2015 年下行，2016 年迎来第二个高峰 755.51 万人次，2017 年降到 260.35 万人次，比 2011 年增长 26.04%。东部地区占比在 30%～83%，除 2013 年占比降到谷底 30.10%、低于中部地区外，其他年份均远高于中、西部地区，2016 年最高达到 82.42%，2017 年占比降到 46.54%，比 2011 年低 1.91 个百分点。中部地区占比在 11% ~ 59%，2013 年达到最高点 58.34%，随后一直下行到 2016 年，2017 年占比提高至 23.52%，比 2011 年低 15.23 个百分点。西部地区在三个地区中占比最低，在 6% ~ 30%，2012 ~ 2016 年占比从 21.15% 下滑至谷底 6.02%，2017 年占比有较大提升，达到 29.94%，比 2011 年增加 17.14 个百分点（见图 48）。

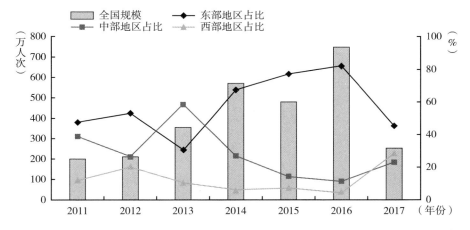

图 48 2011 ~ 2017 年我国科技馆科普（技）讲座参加人次及地区占比情况

从科技馆平均单馆科普（技）讲座参加人次来看，2011 ~ 2017 年，全国和东部地区该指标出现了两个峰值，与全国科技馆科普（技）讲座参加人次的两个高峰年份吻合，中部地区指标值在全国平均水平上下波动，西部地区指标值大部分年份在全国平均水平以下。全国平均每个科技馆科普讲座参加人次在 2014 年和 2016 年出现了两个高峰，分别为 1.40 万人次和 1.60 万人次，2017 年下行至谷底 0.53 万人次，比 2011 年减少 451 人次。东部地区指标值同样在 2014 年和 2016 年达到两个高峰，分别为 1.81 万人次和 2.58 万人次，2017 年大幅降到 0.47 万人次，比 2011 年减少 914 人次。中部地区指标值在 0.4 万 ~ 1.7 万人次，2017 年达到 0.54 万人次，比 2011 年少 1196 人次。西部地区指标值在 0.3 万 ~ 0.9 万人次，除了 2012 年和 2017 年超过全国平均水平外，其他年份都低于后者，其中 2012 年达到峰值 0.85

万人次，2017 年达到 0.67 万人次，比 2011 年高 2083 人次，是三个地区中唯一在 2017 年高于 2011 年的地区（见图 49）。

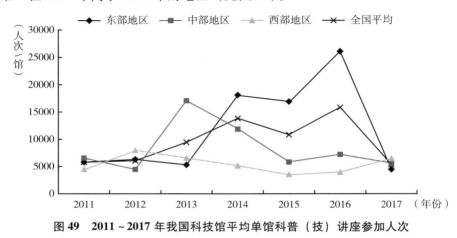

图 49　2011～2017 年我国科技馆平均单馆科普（技）讲座参加人次

2. 科普专题展览

从科技馆科普专题展览参观人次来看，2011～2017 年，全国该指标值出现了先升后降再扬的三个阶段，东部地区占全国比重的四成到七成，遥居首位，中、西部地区占比较为接近。全国科技馆科普专题展览参观人次从 2011 年的 1384.93 万人次上升到 2015 年的高峰 4421.32 万人次，2016 年大幅下降，2017 年再次上行到 2860.65 万人次，比 2011 年增长 106.56%。东部地区占比在 44%～75%，2014 年占比达到顶峰 74.39%，2017 年占比为45.53%，比 2011 年低 7.73 个百分点。中部地区占比先降后升，在 10%～20%，2014 年占比降到谷底 10.98%，随后一直提升到 2017 年的 24.21%，比 2011 年高 1.28 个百分点。西部地区占比基本上先降后升，在 13%～33%，2013 年占比降到最低点 13.68% 后，逐年提升至 2016 年，2017 年占比略微降到 30.27%，但仍比 2011 年高出 6.45 个百分点（见图 50）。

从科技馆平均单馆科普专题展览参观人次来看，2011～2017 年全国该指标值先升后降再扬。东部地区指标值大部分年份高于全国平均水平，西部地区指标值在全国平均水平上下波动，中部地区低于西部地区，也基本低于全国平均水平。全国平均每个科技馆的科普专题展览参观人次在 3 万～10

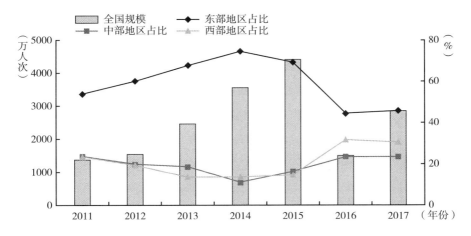

图50　2011～2017年我国科技馆科普专题展览参观人次及地区占比情况

万人次，从2011年的3.88万人次，逐渐上升到2015年峰值9.96万人次，2016年出现较大下滑，2017年冲至5.86万人次，比2011年增长51%。东部地区指标值在4万～14万人次，除2016～2017年低于全国平均水平外，其他年份均高于后者，从2011年的4.12万人次上升到2015年峰值13.81万人次，2016年下调，2017年升到5.03万人次，比2011年增长22%。中部地区指标值在三个地区中最低，其在2万～7万人次，2017年达到峰值6.13万人次，并超过了全国平均水平，比2011年增长133.53%。西部地区指标值在4万～8万人次，虽然其峰值出现在2014年达7.76万人次，但2013～2015年均低于全国平均水平，其他年份高于后者，2017年达到7.46万人次，比2011年增加29.00%（见图51）。

3. 科普（技）竞赛

从科技馆科普（技）竞赛参加人次来看，2011～2017年，总体上全国该指标值在交替升降中前行，东部地区占比大于中部地区占比、大于西部地区占比。全国科技馆科普（技）竞赛参加人次在148万～293万人次，2014年达到峰值292.75万人次，2017年为217.91万人次，比2011年增长30.59%。东部地区占全国比重四成到五成，远高于中、西部地区，2011年占比最高达59.62%，2013年占比最低为42.65%，2017年占比为

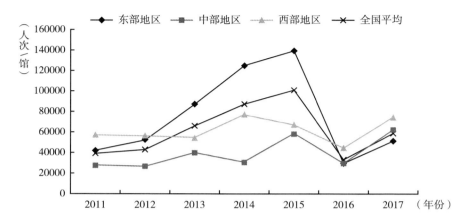

图51　2011～2017 年我国科技馆平均单馆科普专题展览参观人次

47.02%，比 2011 年低 12.60 个百分点。中部地区占比在 20%～36%，2014 年最高占比为 35.71%，2017 年占比为 35.28%，比 2011 年提升 14.56 个百分点。西部地区占比在三个地区中最低，在 13%～20%，2013 年最高占比为 29.70%，2017 年占比为 17.70%，比 2011 年低 1.97 个百分点（见图52）。

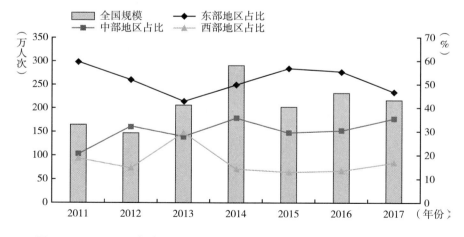

图52　2011～2017 年我国科技馆科普（技）竞赛参加人次及地区占比情况

从科技馆平均单馆科普（技）竞赛参加人次来看，2011～2017 年，总体上全国和东中部地区该指标波动比较接近，峰值均出现在 2014 年，西部地区该指标值波动较大。全国平均每个科技馆科普（技）竞赛参加人次在 4000～7200 人次，2014 年峰值为 7158 人次，2017 年为 4465 人次，比 2011 年减少 4.47%。东部地区该指标值在 3900～6900 人次，2014 年峰值为 6861 人次，2017 年为 3956 人次，比 2011 年减少了 28.81%。中部地区该指标值在 2800～8100 人次，2014 年峰值为 8041 人次，2017 年为 6804 人次，比 2011 年增长 138.15%。西部地区该指标值在 2700～10000 人次，2013 年最高达到 10016 人次，2017 年为 3325 人次，比 2011 年降低 42.26%（见图 53）。

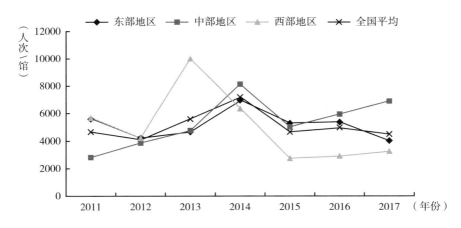

图 53　2011～2017 年我国科技馆平均单馆科普（技）竞赛参加人次

四　总体形势和面临的问题

从前面所进行的分析来看，2011～2017 年，我国科技馆事业全面发展，取得了巨大成绩，科技馆已经成为我国公民提高科学素养的重要阵地，公众参观比例处在国际前列。在资源建设方面，场馆建设、人力资源保障、经费投入等一些重要指标均保持了两位数以上的增长；在业务开展方面，科普活动和经费使用均有长足进步；在运行成效方面，一般性展陈和专题活动的参

观人次均大幅增长，科技馆对公众的吸引力极大增强。东部地区发挥"头部"优势，突出"领头羊"效应，基础和起点较低的中、西部地区，"后发"之势不示弱，在各主要指标上与"十二五"初期相比有了很大改观。但伴随着新一轮产业革命和新一代信息技术革命的迅猛发展，我国现代科技馆事业还面临着一些新的矛盾和问题，主要表现在以下几个方面。

（一）科技馆建设已经进入数量扩张瓶颈期，科技馆资源供给侧不足的矛盾初步显现

"十二五"以来，我国科技馆各类资源建设在经历了一个高速扩张阶段后，增长速度逐步放缓，已经进入增长瓶颈阶段。2014～2016年全国科技馆数量的增长率分别为7.63%、8.56%和6.53%，2017年增长率降到3.17%，科技馆供给增长放缓。在我国公众参观科技馆的比例已经超越发达国家的情况下，人民群众日益增长的提高科学素质的需求，与科技馆资源供给侧不足的矛盾初步显现，科技馆资源优化配置合理布局对科技馆资源供给侧结构性改革提出了新挑战。

2008年发布的《科普基础设施发展规划（2008—2010—2015）》曾提出3年工作目标，其中有一点是：各直辖市、省会城市和自治区首府至少拥有1座大中型科技馆。但直到2015年"十一"国庆期间，西藏自然科学博物馆（科技馆、自然博物馆、展览馆"三馆合一"）在拉萨开馆试运营，西藏才结束了"中国唯一没有科技馆省份"的历史。按照《"十三五"国家科普和创新文化建设规划》的目标，到2020年，要力争达到每60万人拥有一个科普场馆。根据《中国科普统计（2018年版）》，2017年，按全国有488个科技馆计算，每60万人拥有0.21个科技馆，按全国有1439个科普场馆计算，每60万人拥有0.63个科普场馆，均需加倍努力才能实现目标。《中国科学技术协会事业发展"十三五"规划（2016—2020）》提出，到2020年，推动地市级城市至少拥有1座科技馆。截至2017年底，我国共有294个地级市，而地级市科技馆只有180个，距目标还相差较大。

（二）科技馆发展不均衡现象仍然存在

1. 不同行政层级科技馆在业务活动方面发展不均衡

目前，我国部委级拥有的科技馆数量和占比最少，区县级拥有的科技馆数量和占比最高，市级和省级次之。在科普经费使用额全国占比上，部委级科技馆排在省级和市级之后，区县级占比最低，政府对区县级科技馆重视不够，投入不足。但以平均单馆评价的业务活动来看，可以发现部委级科技馆在开展的业务活动上往往占优，如在免费开放天数、举办科普专题展览次数和举办科普（技）竞赛次数等方面，部委级科技馆通常排在榜首或者后来居上，区县级科技馆的排名往往靠后。不同行政层级科技馆在开展业务活动方面并不均衡。

2. 东、中、西部地区区域发展不均衡

从区域协调发展来看，中、西部地区虽然自身发展取得了显著进步，但东部地区科技馆在大部分指标上都处在绝对领先的地位。中、西部地区与东部地区的差距过大。其中，西部地区相对中部地区在资源建设方面的优势，还没有充分转化成业务活动和运行成效方面的优势。

近年来在资源建设方面，如科技馆单馆展厅面积、每万人口拥有科技馆展厅面积、科技馆人力资源占比、科普经费筹集额占比、科普经费使用额占比等主要指标上，西部地区往往领先于中部地区。但在免费开放天数、举办科普专题展览次数占比、举办科普（技）竞赛次数占比、科普（技）讲座参加人次、科技馆科普（技）竞赛参加人次等业务活动和运行成效指标上相对落后于中部地区。

3. 不同建筑规模的科技馆发展不平衡

特大型科技馆在数量上相对最少，2017 年仅占全国科技馆数量的4.92%，但其科普经费筹集额占全国科技馆科普经费筹集额的一半以上，使用额占比为 45.90%，集聚的科普经费资源最丰富，平均单馆参观人次高居榜首。小型科技馆在数量上相对最多，2017 年占全国科技馆数量的77.66%，但其科普经费筹集额仅占全国科技馆科普经费筹集额的 20.03%，使用额占比为 26.96%，集聚的科普经费资源与其数量规模不成比例，平均

单馆参观人次最低。不同建筑规模科技馆的数量体量与其筹集和使用科普经费的能力、服务公众的能力不相匹配。

（三）科技馆人才结构不合理，无法满足现代科技馆发展的需求

我国现有科技馆的人才结构不合理。近年来，虽然我国科技馆中级职称及以上或本科及以上学历人员占五六成以上，但其中的科普创作、展教、培训、现代化管理等高层次人才数量不足，像科普创作人员比例不到 10%，极大地制约了我国科技馆科普作品，包括展品和展项的创新创作及研发能力，造成一些科技馆的展品和展项出现趋同化现象，原创性和特色化程度不高。人才结构不合理的问题，与科技馆标准体系建设、人才评价体系建设缺位不无关系。科技馆人才的培养，缺乏与行业可持续发展相适应的科学标准体系，不少科技馆出现文科人才占大头，文、理科人才不平衡的现象，未能建立起统一的科技馆人才专业化考核、选拔、评价和激励机制，各部门岗位之间的职责设置不清晰，分工模糊，无法为专业化人才的成长和发展提供良好的平台环境。

（四）科技馆科普经费筹集来源比较单一，极度依赖政府拨款，财务风险高

我国科技馆科普经费筹集额中，政府拨款占总筹集额的七八成。财务收入风险高度集中，自营收入比较低，捐赠极少，还没有形成多元化的科普经费筹集渠道。与之对比的是，国外公立科技馆基本上建立了政府财政拨款、社会捐赠与自营收入（会员费、商品销售、创意服务、全球巡展和租金等）共同支撑的多元化经费筹集机制，财务收入风险较为分散。

（五）科技馆信息化与智慧化建设滞后

进入 5G 时代，大数据、人工智能、物联网、云计算、移动互联等新一代信息技术的发展，将科技馆信息化、智慧化提上日程。与目前我国智慧博物馆建设取得显著成效相比，智慧科技馆的建设相对滞后，科技馆智慧化的特征不显著，信息化应用水平不高、不成熟。中国数字科技馆共建共享服务

平台"科普工作者和科普机构获取科普资源、交流科普经验、了解科普市场"的建设目标还未完全实现①。目前虚拟现实展品还处在制作及维护成本高的阶段，因此这类展品普遍提供不足，观众可体验性、可获得性差。

五　未来发展建议

（一）深化科技馆供给侧结构性改革

1. 重视地市级和区县级科技馆的建设和发展

今后要进一步优化科技馆资源配置，合理布局科技馆资源，特别要加大对地市级科技馆资源的供给力度，以完成《中国科学技术协会事业发展"十三五"规划（2016～2020）》的目标。

区县级科技馆数量最大，以小型科技馆为主，面向最广大、最基层的公众进行服务，对促进县域经济社会发展、提升公众科学素养、助力科技创新有重要作用和长远价值。上级政府和区县级政府要重视科技馆的建设和发展，加大科普经费和科普资源投入力度，提升服务能力与水平，破解其科普经费使用额长期全国占比最低的难题，让科技之光普惠最广大最基层的公众，特别是基层儿童与青少年。

2. 统筹协调东、中、西部地区科技馆的平衡发展

东部地区科技馆的发展遥遥领先，中部地区科技馆在一些指标上往往落后于西部地区，西部地区科技馆处于后发赶超的地位。总体上，国家和地方政府需要统筹协调考虑东、中、西部地区科技馆的平衡发展问题，在科普经费和科普资源投入上要向中、西部地区倾斜。中、西部地区应以东部地区为标杆，向东部地区学习先进的科普活动组织实施和运营管理经验，提高科普资金和资源的投入产出效率，将业务工作开展和科学运营管理推上一个新台阶。

---

① 蔡文东：《5G 时代推进中国科技馆信息化建设的思考》，《学会》2020 年第 1 期，第 60～64 页。

（二）创新科技馆运行管理机制及模式

1. 建立全国科技馆运行监测与评估管理机制

中国科技信息研究所已尝试对全国科技馆运行监测与评估进行过研究。目前需建立起面向社会的、权威的全国科技馆运行监测与评估发布机制，定期发布监测与评估报告，以评促建、以评促改、以评促管，进一步提升科技馆在公众中的影响力。

2. 转变传统运营管理模式，减少对政府拨款的依赖，分散财务风险

全面加大与企业、高校和其他社会机构的合作力度，向社会广泛宣传捐赠的税收优惠政策，以大幅提升社会捐赠在科技馆经费筹集来源中的比例。增强科技馆衍生/创意商品的研发能力和创新服务水平，提高自营收入在科技馆经费筹集来源中的比例，逐步打造多元化的科普经费筹集渠道。

3. 创新科技馆"馆校合作"模式，充分发挥科技馆科普教育的功能

自 2006 年"科技馆活动进校园"工作实施以来，特别是"十二五"期间，科技馆与学校、教育主管部门和社会科普机构逐步建立了校内外科学教育相结合的运行机制。2017 年《科技馆活动进校园工作"十三五"工作方案》提出 2020 年目标，现在正是检验馆校合作模式成果的时候。与国外从 18、19 世纪就产生馆校合作理念并付诸实践相比，我国馆校合作还处在初步探索阶段。由于国情和基础不同，我国应走出一条有中国特色的馆校合作道路，要从国民教育体系源头上为馆校合作注入新的动力机制，要扭转学校评价标准以基础学校教育和应试工作为主的机制，让科普场馆科普教育更深入地融合到国民教育体系中，而不仅仅依靠政策驱动。要将探究式学习、知识获取、情商培养等新合作模式融入馆校合作中，并加强新一代信息技术和新媒体传播在其中的应用。要培养一支造诣深厚的校外教育资源开发科研队伍，开发出高质量的科普教育资源，增强馆校合作的吸引力①。

---

① 付蕾：《从课内到校外：对馆校合作模式的探索》，《科学教育与博物馆》2020 年第 3 期，第 227～230 页。

4. 建设智慧科技馆，提升智能化管理与运营水平

加快建设智慧科技馆，打造空间形态、科技馆业态和信息生态高度融合的智慧生态系统，真正实现智慧感知（通过射频识别装置、感应器等传感设备实现全方位感知人、物、环境），智慧管理（对科技馆运营管理全过程实现自动分析、自动控制、优化配置，降低安全风险和运营成本），智慧服务（为观众参观全过程提供个性化、自由化和交互式全方位科学体验服务），智慧展览（构建需求和评价模型，对展览资源进行个性化筛选和定期更新，采用先进的虚拟现实技术，拓展展示内容与形式），智慧共享（运用新一代信息技术实现场内场外观众之间、观众与场馆之间，不同场馆之间广泛的展品和信息资源共享与交流体验）等①。优化已有的科普资源平台，如中国科协的"科普中国 e 站"，中国数字科技馆共建共享服务平台等，提高科技馆科普资源的共建共享。

（三）加快科技馆标准体系建设，健全科技馆人才评价体系

科技馆标准体系建设是推动现代科技馆事业发展的重要力量，是科技馆信息化、智慧化的有力保障。目前，需要抓紧研究制定国内科技馆行业的国家标准②，如制定《科技馆信息化建设规范》，尽快完成《科学技术馆建设标准（建标 101－2007）》的修订，将科技馆信息化、智慧化的基本标准规范写入上述两项标准规范中，推动新一代信息技术在科技馆建设中的成熟应用与创新运用。

高层次人才是科技馆可持续发展的根本。相关管理部门/行业协会可出台一套科技馆人才评价的科学体系，规范评价标准。科技馆要重视对科普创作、展教、培训、现代化管理等高层次人才的培养、投入和引进，大幅提高科普创作人员比例，为科技馆开展展教活动和展品展项研发提供人才动力。

---

① 何沃林：《智慧科技馆建设的研究与总体设计》，《数字技术与应用》2019 年第 7 期，第162～163＋165 页。

② 郭叶铭：《面向新时代科技馆事业发展的几点思考》，《中外交流》2019 年第 13 期，第 48～49 页。

B.3
北京市科普教育基地科普资源的分类（2018）

蒋程 詹琰*

摘 要： 科普基地是国家科普基础设施的重要组成部分，是开展科学
普及的重要途径和载体。本文从科普资源的现有规模、投入
运行情况等方面对北京市2018年科普教育基地的资源分布现
状进行总结归纳，为北京市科普教育基地建设、科普资源功
能和社会效应等进一步研究提供数据基础。

关键词： 科普教育基地 科普资源 北京市

一 科普基地科普资源研究现状

科普基地是国家科普基础设施的重要组成部分，是开展科学普及的重要
载体。经过近20年的快速发展，科普基地已经具备一定规模，资源逐渐扩
大，基本满足不同人群的科普需求。科普基地的发展让越来越多的人认识到
掌握科学知识的重要性，建设科普基地成为提高全民族科学文化素质的重要
举措，科普教育基地近年来迅速发展，积极为社会组织或公众个人提供科学
技术知识学习、开展科普活动的场地①。北京市作为全国文化中心、科技创

---

* 蒋程，中国科学院大学人文学院2021级博士研究生、硕士研究生，研究方向为科学传播；
詹琰，中国科学院大学教授，研究方向为科学传播。
① 北京市科委：《北京市科普基地命名暂行办法》，http://www.bjkepu.gov.cn/webNewsG.do? actio
n = getNewsByID&nid = 319&look = 1&pages = zc&newsType_ k2 = 3，2009 – 08 – 04/2012 – 07 – 01。

新中心，拥有最多的高校资源和优质的科普资源，在科普基地建设方面始终处于领先水平，是我国科普教育基地建设中的优秀代表。

任福君在《科普蓝皮书：中国科普基础设施发展报告（2009）》中从科普规模、结构、效果三个维度对科普基础设施发挥作用情况进行了调查描述，其中科普规模包括科普人才、投入、展览品三个要素①。《科普蓝皮书：中国科普基础设施发展报告（2012～2013）》在 2009 年评估的基础上，对评估数据进行了调整，从发展规模（设施存量、人力资源）、年度运行（经费、活动开展）和社会效果（参观人数、场馆接待能力）三个方面着手建立中国科普基础设施发展指数评估指标体系②。

在地级区域的小规模科普资源研究中，郑念、廖红从教育效果（功能指标）、吸引力（管理指标）、社会效果（影响指标）三个一级指标出发对常设展览的功能和效果表现、评估的维度和类型、评估指标体系的构成等进行了理论上的探讨③。汤乐明、王海芸、梁廷政选择某城市 70 家社区科普互动厅为主要评估对象，分别从目标、组织管理、产出情况、社会效益四个方面设计评估指标体系④。张志敏从资源需求、资源共享、共享效果三个方面建立指标，对科普展览巡展的功能和社会效益进行了界定和讨论⑤。

在上述研究相关基础上，本文试图就科普资源的现有规模、投入运行情况等方面对北京市 2018 年科普教育基地的资源分布现状进行总结归纳，为北京市科普教育基地建设情况以及对其科普资源功能和社会效应进行进一步研究提供数据基础。

---

① 任福君主编《中国科普基础设施发展报告（2009）》，社会科学文献出版社，2011。
② 任福君主编《中国科普基础设施发展报告（2012～2013）》，社会科学文献出版社，2011。
③ 郑念、廖红：《科技馆常设展览科普效果评估初探》，《科普研究》2007 年第 1 期，第 43～46＋65 页。
④ 汤乐明、王海芸、梁廷政：《社区科普互动厅评估指标构建及评价研究》，《科普研究》2018 年第 13 期，第 68～74、110 页。
⑤ 张志敏：《科普展览巡展的社会效益评估指标体系研究》，《科普研究》2010 年第 5 期，第 45～49 页。

二 研究方法与数据收集

（一）指标构建

本报告延续任福君和其他学者构建的指标体系并根据已有数据进行改良，如表 1 所示，从科普教育基地现状、科普教育基地科普人才情况、科普教育基地科普投入情况、科普教育基地科普活动情况四个维度研究北京市科普教育基地科普资源。

表 1 研究指标

序号	指标	指标说明
1	基地现状	科普基地类别、产权性质、区域空间布局、场馆基础设施及更新、年度开展情况
2	科普人才	科普基地员工人员分布、工作时长、培训次数
3	科普投入	科普基地资产与经费现状、年度经费增降对比
4	科普活动	科普基地所办展览、科普活动具体情况，基地媒体报道情况

在本指标体系构建过程中，基于本文对北京市科普教育基地资源分布状况进行研究的目的，本指标对学者们关注的社会效益指标进行了删减，以求取的科普教育基地数据对科普资源分布进行细化描述，即以科普教育基地为主体出发构建相应评估指标体系，弱化从受众客体出发的科普效益评估，对科普基地现有的基本状况进行总结归纳。

（二）数据采集

在前期研究对北京市 237 个科普教育基地进行问卷调查的基础上，通过对 237 份问卷回答准确度、回答相关度两个方面的筛选，最终共确认有效问卷 234 份，得到可以进行有效分析的呈现数据。

三　北京市科普教育基地科普资源分布

（一）基地现状

1、基地类别

科普教育基地按照场所类别可分为科普场馆类、高新技术企业和生产基地、科研院所及高校、自然保护区、科教中心和其他类五个类别。在本次调研的北京市 237 家科普教育基地中，科普场馆类教育基地最多，共有 91 家科普场馆类教育基地，占比 38.40%，高新技术企业和生产基地次之，共有 74 家企业和生产基地为大众提供科普类教育，科教中心和其他类的科普教育基地共有 32 家，科研院所及高校 28 家，自然保护区 12 家，其中自然保护区以公园、生态保护区为主，如表 2 所示。

表 2　北京市科普教育基地类别

基地类别	数量（家）	占总量百分比（%）
科普场馆类	91	38.40
高新技术企业和生产基地	74	31.22
科教中心和其他类	32	13.50
科研院所及高校	28	11.81
自然保护区	12	5.06

2. 产权性质

在 237 家北京市科普教育基地中：事业单位型教育基地最多，共有 134 家事业单位体制科普教育基地，占比 56.54%，其基地运作不受运营业绩影响，直接由上级单位财政拨款进行教育基地运营；社会组织型科普教育基地 2 家、社会团体 1 家；企业单位型科普教育基地较多，共有 78 家，占比 32.91%；产权性质为"其他"的科普教育基地 22 家，如中国民兵武器陈列馆。如表 3 所示。

表3　北京市科普教育基地产权性质

产权性质	数量(家)	占比(%)
事业单位	134	56.54
企业单位	78	32.91
社会组织	2	0.08
社会团体	1	0.04
其他	22	9.28

3. 空间布局

目前统计的 237 个科普教育基地分布在北京市的各个区，平均到每个区科普基地为 14.6 个，16 个区中有 5 个区在平均水平之上。其中 4 个城区科普基地拥有量均超过了 20 个，而远郊区 6 个区均在平均水平以下，除了密云区达到 11 个，其他 3 个区科普基地数量都是个位数，与城区相比差距较大，拿科普基地数量最多的朝阳区和科普基地数量最少的平谷区进行比较，两个地区数量相差达到 36 个。如图 1 所示。

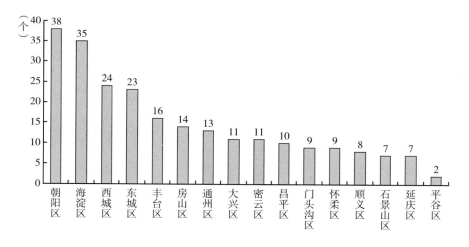

图 1　北京市科普教育基地分布情况

4. 场馆基础设施及更新

北京市科普教育基地场馆面积大小不等，平均场馆面积为 37141 平方米，其中低于 100 平方米的场馆共有 9 个，面积为 2001～5000 平方米的场馆最多，共有 56 个，101～500 平方米的场馆数量次之，共有 47 个，面积超过 10000 平方米的场馆共有 40 个。公园类科普教育基地相比面积较大，景山公园、北京市植物园、奥林匹克公园、香山公园等科普教育基地场馆面积远远超过了北京市科普教育基地的平均场馆面积。如图 2 和表 4 所示。

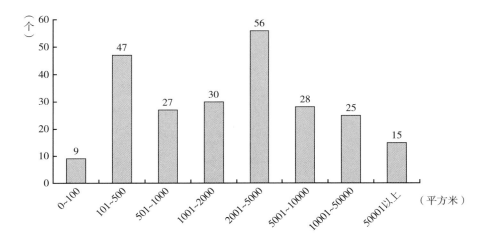

图 2　北京市科普教育基地场馆面积分布情况

表 4　北京市面积排名前十的科普教育基地

基地名称	科普场馆面积（平方米）	所属区
北京市景山公园管理处	230000	西城区
北京奥林匹克公园管委会	227319	朝阳区
北京市植物园	1600000	海淀区
香山公园	1600000	海淀区
花乡世界花卉大观园有限公司	418000	丰台区
北京农业职业学院	270000	房山区
北京京林园林绿化工程有限公司	266800	房山区
北京麋鹿生态实验中心	586667	大兴区
北京精准农业科普教育基地	1600000	昌平区
北京生存岛文化传播有限公司	264000	怀柔区

（二）科普人才

科普教育人才储备是科普活动开展的重要前提，在北京市 237 个科普教育基地中，与科普教育工作相关的工作人员主要分为科普业务人员、讲解人员、志愿者三类，其中科普业务人员和讲解人员属于场馆正式工作人员，长期从事面向受众的科普工作，志愿者属于临时工作人员。在北京市所有科普教育基地中，总计有科普业务人员 3938 人，讲解人员 3241 名，临时性的志愿者人数最多，共有注册在籍的志愿者 16468 名。如表 5 所示。

表 5　北京市科普教育基地科普人员情况

单位：名

类别	科普业务人员	讲解人员	志愿者
总人数	3938	3241	16468
场馆工作人员平均数	17	14	75

在科普活动核心业务的工作人员中，科普业务人员数量排名前十的科普教育基地分布于主城区的较多，中国科学技术馆、北京大学科普基地、北京天文馆业务人员数量排名前三。科普讲解人员数量最多的基地是北京回龙观医院、北京大学科普基地、中国科学技术馆。如表 6 和表 7 所示。

表 6　北京市科普业务人员数量排名前十的科普教育基地

基地名称	科普业务人员数量（名）	所属区
首都博物馆	65	西城区
北京天文馆	161	西城区
中国地质博物馆	66	西城区
中国电影博物馆	103	朝阳区
中国科学技术馆	512	朝阳区
北京大学科普基地	420	海淀区
城市道路交通智能控制技术北京市重点实验室	80	石景山区
中国房山世界地质公园	156	房山区
中国航空博物馆	85	昌平区
北京生存岛文化传播有限公司	160	怀柔区

表7   北京市讲解人员数量排名前十的科普教育基地

基地名称	讲解人员（名）	所属区
北京市鼓楼中医医院	60	东城区
首都医科大学附属北京安定医院	76	西城区
中国科学技术馆	188	朝阳区
北京大学科普基地	210	海淀区
北京市颐和园管理处	60	海淀区
中国科学院高能物理研究所	110	石景山区
中国房山世界地质公园	180	房山区
北京回龙观医院	290	昌平区
北京市药品检验所	90	昌平区
北京生存岛文化传播有限公司	60	怀柔区

北京市大多数科普教育基地的志愿者数量远高于工作人员和讲解人员数量，在北京市科普教育基地中，中国科学技术馆志愿者数量最多，共有8789名，绿野晴川动物园次之。各个科普教育基地内的志愿者数量差距较大，大多数志愿者分布于主城区参与科普工作。如表8所示。

表8   北京市志愿者数量排名前十的科普教育基地

基地名称	志愿者（名）	所属区
北京天文馆	200	西城区
中国科学技术馆	8789	朝阳区
朝阳区紧急医疗救援中心	597	朝阳区
首都图书馆	200	朝阳区
首都医科大学附属北京安贞医院	300	朝阳区
大钟寺古钟博物馆	180	海淀区
中国园林博物馆北京筹备办公室	252	丰台区
北京瓷茗缘黄芩文化园	200	门头沟区
北京鲜花港投资发展中心	200	顺义区
北京绿野晴川动物园有限公司	1040	大兴区

（三）科普投入

在科普教育基地经费投入中，2016年至2018年北京市237家科普基地的财政总投入较为稳定，在120000万元上下浮动，其中上级财政投入占比均在75%左右。经费浮动比例较大，2017年科普教育基地财政总投入较2016年增长12.31%，但2018年财政总投入较2017年有所下降，降幅运3.51%，总体来看，2016～2018年北京市科普教育基地收到的财政投入和其他投入总额数量巨大，平均每家科普教育基地2018年收到年度投入538.39万元。如表9和图3所示。

表9　2016～2018年北京市科普教育基地各项投入及增长情况

单位：万元

	2016年	2017年	2018年	总计
财政投入	88495.27961	104996.5198	95699.83469	289191.6341
其他投入	28542.68167	27075.64341	32137.69857	87756.02365
财政总投入	117739.2613	132233.7632	127598.7533	377571.7778
年度投入增长率	–	12.31%	－3.51%	8.37%

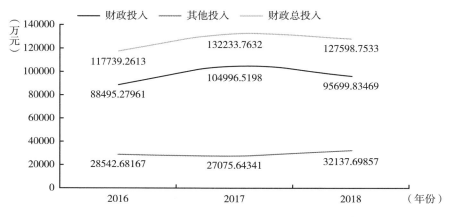

图3　2016～2018年北京市科普教育基地财政投入情况

在北京市所有的科普教育基地中，各科普教育基地得到的年度投入均运上亿元，总投入最高的中国科学技术馆总投入高达5亿元，占2018年北京市科普教育基地总投入的近 40%，总投入排名前十的其他基地如北京电影博物馆、北京天文馆、北京自然博物馆的总投入也都在 9000 万元 + 的级别，其他 6 家科普基地 2018 年总投入都达数千万元，排名前十的科普教育基地投入占北京市所有教育基地总投入的 79.22%。其中投入较多的科普教育基地基本位于主城区。如表 10 所示。

表 10　2018 年北京市总投入排名前十的科普教育基地

基地名称	所属区	2018 年总投入（万元）
中国科学技术馆	朝阳区	50308
中国电影博物馆	朝阳区	9784
北京天文馆	西城区	9682
北京自然博物馆	东城区	9300
北京汽车博物馆（丰台区规划展览馆）	丰台区	8069
中国地质博物馆	西城区	5301
北京市规划展览馆	东城区	2649
北京索尼探梦科技馆	朝阳区	2126
北京市宣武青少年科学技术馆	西城区	1992
中国房山世界地质公园	房山区	1877

（四）科普活动

1. 科普展品

科普展品是科普教育基地开展科普活动的重要参观内容，2018 年，在调研的北京市 237 家科普教育基地中，各基地共有能够与受众互动的展项 11825 件，每基地平均互动展项近 50 件。在 2017 年展品数量的基础上，2018 年各科普基地总计新增展品 13821 件，每个科普基地平均新增近约 58 件，237 家科普教育基地展品总量达到 190313 件，如表 11 所示。

表 11　2018 年北京市科普教育基地互动展项数量及新增展品数量

	互动展项数量（件）	新增展品数量（件）
总量	11825	13821
馆均展品数量	49.89	58.32

在北京市科普教育基地中，陈列展品数量最多的基地是颐和园，展品数量达到 40000 件，其次是文旺阁木作博物馆，展品数量达 25810 件，排名前十的科普教育基地共有展品 114082 件，占北京市所有科普教育基地展品数量的 59.94%。如表 12 所示。

表 12　北京市陈列展品数量排名前十的科普教育基地

基地名称	所属区	陈列展品数量（件）
北京市颐和园管理处	海淀区	40000
北京文旺阁木作博物馆	通州区	25810
北京市水生野生动植物救护中心	延庆区	10812
中国房山世界地质公园	房山区	8000
国家动物博物馆	朝阳区	6000
首都博物馆	西城区	5000
国家工程技术图书馆（中国科学技术信息研究所）院士著作馆	海淀区	5000
北京大学科普基地	海淀区	5000
北京绿野晴川动物园有限公司	大兴区	5000
北京中医药大学中医药博物馆	朝阳区	3460

在新增展品数量前十的科普教育基地中，颐和园 2018 年新增展品数量达 3000 件，房山世界地质公园次之，新增展品 2000 件，新增展品数量排名前十的科普教育基地总计新增展品数量 10153 件，占所有基地新增展品数量的 7.12%。如表 13 所示。

表 13　2018 年北京市新增展品数量排名前十的科普教育基地

基地名称	所属区	新增展品数量（件）
北京市颐和园管理处	海淀区	3000
中国房山世界地质公园	房山区	2000
北京文旺阁木作博物馆	通州区	1650
北京生存岛文化传播有限公司	怀柔区	1000
北京市景山公园管理处	西城区	623
北京市水生野生动植物救护中心	延庆区	550
中国印刷博物馆	大兴区	480
北京市古代钱币展览馆	西城区	346
中国科学技术馆	朝阳区	259
北京鲜花港投资发展中心	顺义区	245

2. 科普活动具体开展情况

2018 年，北京市 237 家科普教育基地总参观量达 12634 万人次，其中参观量排名前十的科普教育基地全部位于海淀、朝阳、东城、西城区四区，奥林匹克公园年参观人数达 3000 万人次、颐和园年参观人次达 1600 万人次、世奥森林公园年参观人次达 1200 万人次，年参观人数排名前十的科普教育基地总人次 9400.27 万人次，占年度总参观人次的 81.5%。如表 14 所示。

表 14　2018 年北京市参观人数排名前十的科普教育基地

基地名称	所属区	科普场馆面积（平方米）	年参观量（人次）
北京奥林匹克公园管委会	朝阳区	227319	30000000
北京市颐和园管理处	海淀区	4868	16000000
北京世奥森林公园	朝阳区	2000	12000000
北京动物园	西城区	4500	9000000
北京市景山公园管理处	西城区	230000	6137700
首都图书馆	朝阳区	94000	5500000
中国科学技术馆	朝阳区	40000	4402000
北京市中山公园	东城区	60	4000000
北京大学第一医院	西城区	500	3500000
香山公园	海淀区	1600000	3463000

在所有科普教育基地中，场馆年参观人次 10000 人次及以下的科普教育基地共有 90 家，年参观人次 10001～50000 人次的基地 69 家，是科普基地年度参观人数最多的区间，年参观人次在 50001～100000 人次的科普基地共有 20 家，100001～500000 人次的科普基地共 28 家，500001～1000000 人次的科普基地共 10 家，年参观人次 100 万人次以上的科普教育基地共 17 家，237 家科普教育基地平均年参观 53.3 万人次。如图 4 所示。

在场馆可容纳的同时最大接待量上，场馆的接待量与科普场馆面积成正比，同时接待量排名前十的科普基地基本位于主城区，其中奥林匹克公园同时接待量最大，能够同时容纳 20 万人入园参观，如表 15 所示。237 家科普教育基地平均同时最大接待量 5433 人。

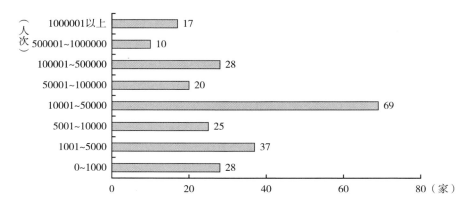

图4 北京市科普教育基地场馆年参观人数分布情况

表15 北京市场馆同时接待量排名前十的科普教育基地

基地名称	所属区	科普场馆面积（平方米）	同时最大接待量（人）
北京奥林匹克公园管委会	朝阳区	227319	200000
北京庞各庄乐平农产品产销有限公司	大兴区	20000	200000
北京世奥森林公园开发经营有限公司	朝阳区	2000	160000
北京市颐和园管理处	海淀区	4868	100000
北京市景山公园管理处	西城区	230000	65686
香山公园	海淀区	1600000	56000
北京动物园	西城区	4500	50000
北京市中山公园	东城区	60	30000
北京国际科技服务中心	西城区	500	30000
北京鲜花港投资发展中心	顺义区	11620	30000

北京市237家科普教育基地中，有150家科普基地供受众免费参观学习，占比63.29%。其他未能全面免费的科普教育基地收费价格在1.5～200元，占所有科普教育基地数量的32.49%。如表16所示。

表16 北京市科普教育基地收费情况

种类	数量（家）	所占比例（%）
免费	150	63.29
收费	77	32.49

3. 科普活动主题

在各个基地自述的基地定义中，基地主题以自然风景、科技、动植物等科普内容为主，面向的受众群体大多为青少年中小学生。整体来讲，定位为自然科学综合类科普的教育基地较多，中国科学技术馆是北京市最大的综合类科普场馆，科普主题包含天文、地理、人工智能、生物医学等多个前沿科学领域，广受大众喜爱的自然风景类公园如颐和园、景山公园、奥林匹克公园则以自身独有的风景和人文气息成为北京市年参观量最多的科普教育基地。北京市的古文化传承主题场地和中医药类科普场馆较多，如北京市方志馆和北京中医药大学中医博物馆，有效开展了大量有关中医和中草药的特色科普活动。这些种类多样、主题丰富的科普教育基地为北京构建了一道独特的人文科教风景线。

4. 特色科普活动

在各个科普教育基地的特色科普活动中，面向大众的科普活动多以免费形式规模化开展，部分收费科普活动开办效果也较为明显。在特色科普活动中面向青少年中小学生、大学生的讲解活动，寒暑假培训班，夏令营、冬令营活动比较多，受众在活动开展过程中能够自己动手参与科学实践过程，DIY 项目较多，如北京市索尼探梦科技馆，长期为参观者提供"实验梦工坊"活动，家长可以带孩子在参观学习后进行科学小玩具的动手制作，在寓教于乐中更加深刻地传播科学精神，该活动为 10 元/次的收费项目，受到较多参观者的喜爱。北京花乡世界花卉大观园有限公司则每年为参观者免费提供"远离雾霾，把绿色带回家"种苗、迎冬奥插花讲座、多肉植物 DIY、植物组盆、插花、植物拓然等体验活动。

四　北京市科普教育基地科普资源特点

（一）科普教育基地质与量的全方位提升

与 2014 年北京市 183 个科普教育基地相比，四年时间里，北京市科普

教育基地数量增加超过 50 个，财政投入和社会其他投入逐年稳定增加，展品数量逐年攀升，特色科普活动得到更加有效的开展，科普教育基地硬件设施更新迭代效果显著，服务意识增强。各个科普教育基地都有了自身定位明确并定期开展的科普活动，吸引了大量北京市民前往参观学习，其中中小学生和大学生群体是主要参观群体，科普教育基地的良好发展较好地配合了北京全市的精神文明建设，使其成为北京独具特色的文化教育资源。以北京市海淀区智能技术与装备展馆为例，为适应新时代智慧农业的发展趋势，该基地于 2018 年推出展示智慧农业最新科技成果活动，提供科技交流平台，推广智慧农业成果科普与应用。

在基地主题和发展方向的定位上，北京市各科普教育基地充分发挥自身特色，从人文地理、天文、物理、化学、植物、医药、计算机、机器人、建筑、动物保护、历史研究等不同学科出发，精准定位自身发展方向，开展具有自身特色的展览活动和特色科普活动，承接了北京市中小学生大部分校外实践教学功能，收到良好的科普教育效果。各科普教育基地在活动开展的过程中，统筹开展爱国主义教育，受众在了解国家科技进程与未来科技发展方向的同时，科学兴趣在这些轻松教学、浅尝理解的过程中得到有效提升，市民科学文化素质得到进一步提升。

（二）企业社会化科普参与

相较于过去大量国家统一财政拨款的公有制科普教育基地，此次调查中，高新技术企业和生产基地类型的科普教育基地数量大幅度提升。与预算制财政拨款不同，这些社会资金出资建立的科普教育基地具有较强的营利性和品牌性目的，其开展的科普活动形式多样，内容丰富，虽大多为收费项目，但受到较多受众的喜爱。在营利的目的影响下，企业类型的科普教育基地科普教育成效显著，其活动开展能够有效地抓住受众需求，为参观者提供良好的文化服务。如北京市三元乳业，自 2016 年起，北京三元农业有限公司秉承着"一个根本三个结合"，暨"以农业为根本，结合科技、结合教育、结合旅游"的发展方针，大力推广科普教育工作。公司努力提升科普教育理念，积极深化科普教育改革，全面推进科普教育，不断丰富示范内涵，广泛开展科普活动，充分发挥基地在科普工作中的作用，多形式、多渠道地为青少年学生提供科普活动阵地，培养他们的思维能力、动手能力和创造能力，让参观者在接触一手乳业知识的同时，加深了对三元品牌文化的认可，真切做到科技教育旅游与企业营销的结合。

在北京市事业单位类型的科普教育基地中，近年来由于公众对科学技术的关注度不断提升，这些具有公有免费性质的科普教育基地走进大众视野，参观人次逐年提升，带来较大的管理压力。但北京市各科普教育基地积极应对，通过优化管理机制，强化提升公众科学文化素质的责任意识，通过增加场馆面积、增加展品数量、增开特色科普活动、增加工作人员等方式应对不断增加的参观需求，参观人次年年攀新高。如北京香山公园在近年来的科普教育活动中，积极推进乡土地被植物的应用保育工作，乡土地被植物成为香山重要植物景观，同时为积极响应国家爱国健康委员会的垃圾分类倡议，创建低碳节约型园林，公园建有绿化垃圾堆肥场，将绿化垃圾回收利用。香山公园每年定期开展不少于 10 次的大型科普宣传活动，活动内容包括讲座、义务咨询、互动式科普活动、科普夏令营及科普展览等，培养了一批拥有专业园林绿化科普工作人员开展科普教育工作。

（三）区域、各类型科普教育基地不均衡发展加剧

在北京科普教育基地城区分布统计中可以发现，经过近年来的发展，北京市科普教育基地区域发展、不同类型基地的差异化发展进一步增强。在资金投入、场馆建设、展品数量、人才投入和活动开展情况各项上，主城六区，尤其是海淀、朝阳、东城、西城区四个主城区发展速度远超其他城区和各郊区，主城区内综合性大型场馆如中国科技馆在建设中占用了北京市科普教育资源的大部分新增场馆面积、财政投入、展品建设、志愿者征集，主城区以外各区科普教育基地的职能未能得到有效发挥，在参观人次和场馆建设上都不如主城区的综合类场馆和公园类场馆吸引受众，发展受到制约。除了几家投入资金大、参观人次多的科普教育基地外，大量其他基地的科普教育资源

未能充分发挥自身优势吸引目标受众，科普创新能力未能得到充分释放。

在工作人员服务分配上，各科普教育基地主要以"志愿者中心"模式为主，各科普教育基地大量招募科普志愿者从事科普教育活动，工作人员和主要讲解人员直接接触普通受众的机会少，主要承担活动组织管理工作，临时志愿者为非经验丰富的科普工作人员，在活动开展中，科普活动的效果受到一定影响。这一局面在2014年时就有相关政策研究人员提出过，但是始终未能得到有效解决。志愿者数量比例进一步提高，专职科普工作人员参与科普活动减少，如中国科学技术馆目前拥有专职科普工作人员和讲解人员700人，长期志愿者人数达到8700人，二者比例愈加悬殊的现状背后反映着北京市科普人才资源分配及管理政策需要进一步深入调整。正如中科院心理研究所在调查中指出的志愿者瓶颈问题，科普基地缺少人员配置及稳定没入，业务人员上升途径窄，展品更新换代慢，科普志愿者更新轮换频率高、培训成本高，由此造成科普活动开展成效低、科普资源和科普职能未能进一步发挥的困境。在北京市朝阳气象局，受场地和工作环境限制，科普基地同时也是朝阳区气象局的日常业务办公场所，科普工作人员均由气象局业务人员兼职，在科普接待人数和人员投入方面的能力十分有限，兼职工作人员与专业科普讲解人员之间存在一定的差距，讲解能力有待提升，基地管理制度方面不完善，讲解流程简单化，造成参观体验较差，难以充分满足参观者的科普需求，常使参观者有种"不解渴"的感觉。由此可见，专业科普工作人员严重不足是北京市科普教育基地亟待解决的大问题。

专项资金投入不足也是困扰大多数基地的发展瓶颈，近年来伴随场地租金和场馆运行成本不断上涨的现实状况，很多科普基地难以在有限的预算中为科普教育活动提供充分支持。区域及基地间的不平衡发展使得主城区的几个大型科普教育基地吸纳了大部分专项财政投入，其他基地受限于自身场馆小、设施老旧等状况，无法完全满足公众参观需求。中国传媒大学传媒博物馆工作人员认为，传媒博物馆和大多数科普场馆作为免费对外开放的文化服务机构，其经费支持主要来自上级日常行政经费，资金不足是限制基地更好地发展的关键原因，目前馆内藏品存在缺乏孤品、单品的问题，造成展品质量有限、对受众的吸引力不足，经费不足同时造成了难以对展览互动项目进行更新改造的问题。

五 北京市科普基地科普资源改进建议

（一）集中解决科普资金投入和科普人才培养问题

科普场馆、基础设施、科普展品等"硬资源"建设是科普教育基地科普能力提升的主要前提。当前，北京市大多科普教育基地面临资金短缺、科普活动开展能力不足、科普职能未能有效发挥的状况，这与科普资金来源单一、投入不到位有极大的联系，较多的科普教育基地在近几年的科普教育活动中未能得到任何的专项支持经费，基地工作人员产品开发强度低，创新动力不足，科普教育活动未能得到有效开展。针对这一问题，北京市科普教育资源相关管理部门应积极寻求解决办法，通过设立专项的经费补贴支持各基地的场馆更新建设、展品购买，拓宽科普经费投入渠道，建立多元化的科普投入机制，加大对科普精品基地的投入，同时增加对非主城区中小规模场馆的扶植，不断探索市场运作模式，使更多的社会资源投入科普精品基地建设中来。

"硬资源"之外，科普人才作为科普教育基地的"软资源"，对于科普教育基地是否能有效发挥科普作用影响重大。目前，科普人才、科普专项工作人员不足是各个科普教育基地面临的普遍问题，资金投入不足、培养管理体制不健全、科学家团体参与科普积极性不高等是导致科普人才缺乏的主要原因。在现有科普工作人员的基础上，应当面向全市科普教育基地开展多种形式的培训和进修活动，加强业务学习，全面提升在职科学技术教育、传播、普及人才的科学素质和业务水平，对讲解员群体定期组织专业的科普宣传教育培训，提升其科普服务水平，从而增强受众满意度。

（二）科普教育基地管理机制规范化

当前，北京市科普教育基地面临的资源分布不均衡、各科普单位科普职

能发挥受限与北京市科普教育基地管理机制有很大的联系。如何加强科普教育基地的动态管理、分类指导，引导各基地建立健全规章制度，使其走上规范化、科学化、制度化的发展轨道，如何加强对科普教育基地的运行、管理、发展模式创新等方面的研究与实践，是北京市科普教育基地管理必须解决的问题。

现有考核体系限制下，科学家和科普教育基地工作人员参与科普教育动力较为不足，科学家们以科研为主要工作目标，参加科普活动意愿较低，科普教育基地工作人员上升渠道狭窄，工作能动性低。习近平总书记提出的科学普及与科技发展"两翼齐飞"的任务还需要科学家们的进一步支持，因此还需从政策等各方面调动其积极性，使更多的科学家参与到科普工作中来。在科普研究相关课题申报方面，科普教育基地工作人员作为一线科普活动组织者，对活动开展、受众情况都有较好的了解，在相关课题招标过程中，可以适当倾向于科普教育基地工作人员，让他们结合实践工作开展相应研究，增强其研发科普产品的创新能力和开展创新科普活动的动力。一线的科学教师也是重要的科普主体，通过政策调整将科普工作纳入教师的考核和职称认定中，可在极大程度上激发一线教师从事科普的积极性，在一定程度上有利于缓解各个科普教育基地的工作人员短缺问题。

科普市场化也是解决科普资源匹配度的有效途径。当前，虽有部分高新技术企业与生产基地参与到科普教育活动当中，但整体来说，有这种意识和积极性的企业较少，科普教育基地与市场化接轨问题还有待管理部门进一步探索。科普活动经费短缺是科研院所科普工作面临的难题，研究所科普产品研发能力偏弱也是科普工作顺利开展的障碍，这些问题的解决可以转变思路，通过依靠社会力量，与市场化深度接轨来尝试突破。在加大管理好本地资源和产业结构调整的同时，利用科技宣传、科普培训、科普展览等方式积极开展科普服务工作，充分发挥市场化结构下技术知识推广、产业发展等方面的"示范、带动、辐射"作用。企业所开展的科普教育基地需要得到政府有关部门的积极引导与大力支持，保护和支持民营企业家的科普热情，推动企业发挥积极性开展社会科普服务工作。

（三）科普教育基地间开展多层次互动交流

北京市科普教育资源众多，但是馆际间的资源分布极不平衡，各个基地面临着自身相对棘手难以解决的问题。探索建立科普教育基地联盟，研究实现科普教育基地资源的共享和优势互补，总结推广科普成功经验和方法以实现科普教育基地间的多层次交流，是解决各基地间资源不匹配的重要方法。

县区间的科普教育基地应积极从区域协同方向指导和支持基地发展，使本区域内的科普教育基地实现共享和协同发展，加强组织科普资源单位对政策的学习力度，组织对接上下游科普资源，多角度匹配科普资源，组织科普活动，科普宣传。全市范围内可以组织科普主题相似的科普教育基地开展座谈会，选择优秀基地进行经验介绍，更有效地做好科普教育基地的运营。各个科普教育基地可以适时多开展联合活动，整合科普资源，为基地克服自身劣势、开发优质科普活动与科普产品提供便利条件。

北京市科普教育基地管理部门应在协调科普教育基地与科普资源需求方的联络与协调方面提供信息与支持，推动科普教育基地联盟成立，为各单位增加交流学习机会。同时加强对基地的指导和领导力度，推动基地间密切合作，引进高校、专业企业咨询等外部资源促进相关科普教育基地的优化升级，为基地提供技术、品种、成果和管理等方面的指导服务，使各个基地能够走上科学化、规范化建设轨道。

在科普人才方面，北京市科普教育基地管理部门可以尝试统筹全市科普教育基地建立一支专业科普志愿者队伍，使其在市内各个科普教育基地之间灵活周转，积极承担各种科普示范项目和科普工作任务，面向大众充分发挥基地在普及科学知识、传播科学思想等方面的作用，不断提高科普工作示范水平，规范志愿者从事科普教育活动的职能使其发挥效果。同时，各个科普教育基地还应当探索符合自身特点的科普人才发展改革方式，从薪酬调整、职级管理、业务水平集中培训等方面着手，缓解科普人才缺乏问题。

B.4
2000年以来中国应急科普设施发展研究

杨家英　赵菡　郑念*

摘　要： 应急科普设施是帮助公众预防和应对突发事件的重要依托，
包括应急科普教育基地、应急科普场馆等。本文通过对官方
数据进行收集和实地调研，对2000年以来相关的应急科普设
施进行数据处理和案例分析。研究结果表明：我国应急科普
设施不断发展壮大，其中科普教育基地在数量上不断增多，
模式更加多样；应急科普场馆的数量和种类呈上升趋势，综
合应急科普教育馆逐步兴起；四类突发事件相关的科普设施
发展速度不同，其中自然灾害类应急科普设施发展较快，事
故灾难类应急科普设施处于发展初期，公共卫生事件类和社
会安全事件类应急科普设施相对滞后。应急科普设施发展整
体态势良好，但仍需进一步完善。

关键词： 应急科普设施　科普教育基地　科普场馆

一　引言

应急科普是指针对突发事件面向公众开展的、相关领域的知识、技术、

---

* 杨家英，中国地震局地球物理研究所助理研究员，研究方向为突发事件应急科普；赵菡，中
国科普研究所博士后，研究方向为科技馆体系建设；郑念，中国科普研究所副所长，研究员，
研究方向为科普评估理论。

技能的普及与传播活动，旨在提升公众应对突发事件的处置能力，提高相应的心理素质，进而减少突发事件对人民生命健康、财产安全以及经济、社会的冲击。应急科普包含突发事件未发生时进行的常态科普和突发事件发生过程中的"战时"科普两个层面。可供参观、开展活动的应急科普设施是开展常态科普的重要依托。

《中华人民共和国科学技术普及法》（以下简称《科普法》）的颁布，为科普事业的发展提供了重要支撑。应急科普是对《科普法》的进一步落实，也是提升我国公民科学素质的重要领域。新冠肺炎疫情突袭后，公众对应急科普的需求更为明显，常态化的应急科普也成为预防突发事件的重要支撑。应急科普工作的开展，有助于提高公众应对地震、气象、泥石流、火灾、交通事故、鼠疫、"非典"、新冠肺炎疫情、打砸抢烧等突发事件的意识，降低安全隐患，预防事故的发生，提高公众处置能力，进而降低人员伤亡和经济损失。

科普教育方法融合了媒体、展览、讲座、校园活动等多种形式，世界各国逐渐意识到开展科普教育的重要性，并不断提高科普类经费支持科普场馆等的设施建设。

掌握应急相关知识需要实操和体验，所以应急科普设施显得尤为重要，是应急科普工作不可或缺的重要依托，也深受青少年欢迎。同时，将科研院所等开发为科普基地可使公众更好地理解科学，提高科研院所的知名度，促进各单位间的合作从而更好地开展科研项目。地震、气象等科普基地经过长时间的发展取得了长足进展。应急科普场馆与时俱进，不断融合新的技术和理念，为公众提供可互动、更直观的应急知识，从"说教式"转向"体验式"科普。

以往相关研究相对零散，综合各类突发事件的应急科普设施分析较为少见，本文整合应急相关部门官方数据、科技部2004年以来的中国科普统计数据，并基于一定的数据挖掘数据，对全国典型的科普基地和场馆进行实地调研，分析应急科普各部门2000年以来的科普基地、科技馆、科技教育馆、综合应急科普教育馆等科普场地的发展情况，讨论各类应急科普场地发展状态，为应急科普场地的后续发展提出一些建议。

二 应急科普设施概述

突发事件包括自然灾害、事故灾难、公共卫生事件和社会安全事件四大类。

自然灾害是由自然因素引发的灾害，如与地壳运动相关的地震、海啸、山体崩塌、滑坡、泥石流等灾害，与气候变化相关的灾害如水旱灾害、台风、暴雨、冰雹、风雪、高温等气象灾害等。大地震发生的频率低，但可能造成人员伤亡；气象灾害可能会影响很多人的正常生活。因此对于地震和气象灾害公众较为关注。建设与地震和气象相关的应急科普设施一方面可以让公众认识灾害、提高防范和应对意识，另一方面可以提高全社会的防灾减灾能力。

事故灾难是因为意外发生的故障或者事故等带来的灾难，在生产、生活中随时可能发生。例如：火灾、化学物品爆炸、交通事故（空难、船难、公路交通事故等）、环境相关的污染和生态破坏事故、公共设施和设备事故、核辐射事故以及生产中的安全事故等。事故灾难范围很广，在人们的日常生活中，火灾等消防方面的事故和交通事故发生频率较高，公众关注度较高。

公共卫生事件是与传染病、不明疾病、动物疫情、食品安全等相关的突发事件，具有突发性，造成或可能造成社会公众健康严重损害。

社会安全事件指危及社会安全、社会发展的重大事件。例如：恐怖袭击事件、民族宗教事件、经济安全事件、群体性事件以及其他重大刑事案件等。

应急科普设施即针对以上突发事件进行科普的应急科普（技）教育基地、应急科普场馆和公共场所科普宣传设施。

1999 年，全国科普教育基地评选命名工作启动。科普教育基地在面积、展示手段、科普产品、经费、管理制度等多方面均符合要求可获批国家级科普（技）教育基地，此外还有省级、市级等科普（技）教育基地。

应急科普场馆主要包括应急相关部门有关的科技馆、科学技术博物馆和综合性的应急科普教育馆三类。应急类科技馆为应急相关部门有关的以科技馆、科学中心、科学宫等命名的传播、普及应急科学和知识的科技场馆。应急类科学技术博物馆包括应急相关部门有关的科技类博物馆、天文馆、水族馆、标本馆以及设有自然科学部的综合博物馆。综合性的应急科普教育馆命名尚未统一，安全教育馆、安全体验馆等均为综合性的应急科普教育馆，是以实景模拟、图片展示、案例警示、亲身体验等直观方式，将作业现场常见的危险源、危险行为与事故类型具体化、实物化，让体验人员通过视觉、听觉、触觉来体验作业现场危险行为的发生过程及其后果，感受事故发生瞬间的惊险，从而提高安全意识，增强自我保护意识，避免事故的发生。为方便讨论本文将体验馆统一称为综合应急科普教育馆。

本报告主要研究的应急科普设施包括四类突发事件相关的地震、气象、消防、公路、安监、公安、食品药品监管等部门涉及的科普教育基地和科普场馆，不涉及公共场所科普宣传设施。

三 应急科普设施发展现状分析

（一）应急科普教育基地分析

2002 年，《中华人民共和国科学技术普及法》颁布，随后地震、气象、消防以及公路学会等应急相关部门相继出台与科普相关的文件，加强应急科普工作。其中，作为重要的科普设施的科普教育基地，逐渐发展起来。各单位的官方数据统计见图 1。

2000 年以来应急科普教育基地从无到有，数量逐渐增多，形式逐渐丰富。科普教育基地除综合性示范学校外，还出现公园、遗址、名人故里、科研场所、培训中心和公共休憩空间等存在形式。气象科普教育基地 2018 年增至 350 家，地震科普教育基地 2019 年增至 140 家，消防科普基地 2011 年增至 260 家，公路科普教育基地 2019 年增至 65 家，此外交通等科普教育基

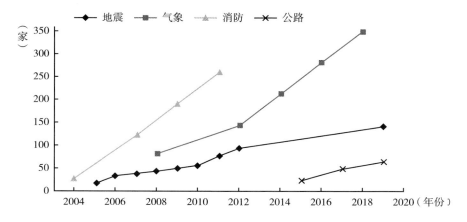

图1　2004～2020年我国应急相关部门科普教育基地数量统计

注：基地数为之前年份积累量。

地也在筹备规划中。应急科普教育基地在纵深分类上也不断发展，例如气象科普基地可进一步划分为综合场馆、示范校园气象站和基层防灾减灾社区三种模式，为不同人群提供气象科普服务。在不断的探索过程中，一些应急科普教育基地发展越来越成熟，整合优势资源，集中打造了影响力大、传播力强的品牌科普活动，同时各部门和公益组织共同融入参与，并与中小学构建稳态的联系，逐步构建长效机制。但也有一些已授牌的科普教育基地后期运维差，没有发挥科普作用，慢慢消亡或撤除，形成一定的资源浪费，一些科普教育基地因专职人员少，还没有实现常年开放的状态，课程更新和设计相对较慢，相关宣传不足，也缺少与其他单位的联动以及和学校之间的长期合作。

四类突发事件相关的科普教育基地建设和发展的速度不同，到现阶段所处状态也不同：相比其他三类突发事件，自然灾害类的科普教育基地发展速度较快，事故灾难类应急科普教育基地仍处于发展初期，公共卫生事件类和社会安全事件类的应急科普教育基地建设相对滞后。

自然灾害相关部门中的气象科普教育基地发展最为完备，数量多，分类更加明确，受众更加具体，目前科普教育基地中包含综合类科普基地、校园气象站和基层防灾减灾社区等几种模式，内容丰富，与学校和社区等关系紧密，资源利用率较高，逐步构建科普长效机制。地震科普教育基地也不断发展，构建有综合类科普教育基地和示范学校两种科普教育基地模式，此外还利用地震遗址、台站等场所开发科普教育基地，社区类的基层科普教育基地还在探索过程中。地震部门科普教育基地在近期的测评中，存在考核不合格被取消命名的情况，说明资源利用率有待提高。

事故灾难类的部门，科普设施发展情况各不相同。发展较早、科普教育基地发展速度较快的为消防部门，目前科普教育基地形式较为笼统，特有模式类型较难概括，近几年消防科普教育基地发展有一定停滞；科普教育基地起步较晚的如公路部门、交通部门，2015年公路科普教育基地开始构建，目前还处于长期探索阶段；2019年交通部门筹备建设第一批科普教育基地，目前处在萌芽阶段。

公共卫生事件和社会事件两类突发事件科普设施发展稍显滞后，相应的科普教育基地还没有构建起来。2019年底的鼠疫疫情以及新型冠状病毒疫情初期，公众缺少知识积累，在依赖网络的社会生活里，容易被相关的谣言左右，缺少科学应对的能力，如果日常构建了相关的科普教育基地，公众具有一定的知识储备应对疫情，可以减少一定的恐慌和盲从。

各类应急科普教育基地发展阶段不同，但都呈现专业人才匮乏、科普内容研究不足的现状。实现科普教育基地持久的科普效果，还需要不断加强构建长效机制，配备专业的科普人才，投入相当的科普内容研究。

（二）应急科普场馆分析

随着经济的发展，科普场馆与时俱进，展陈方式与科技相融合，不断加强和公众的互动性，提高了公众的参观体验程度，根据中国科学技术部的统计，2004年以来，参观科技馆及科技博物馆的观众数量逐年增高，可达千万级或亿级人次（见图2）。应急科普场馆一部分作为独立部门的科技馆或博物馆进行应急科普工作，另一部分依托于综合性的科技馆或科技博物馆，作为科普展厅、临展等开展应急科普，共同服务于公众的应急科普需求。

综合科技部、应急相关各部门等官网的数据，将应急相关各部门的科技

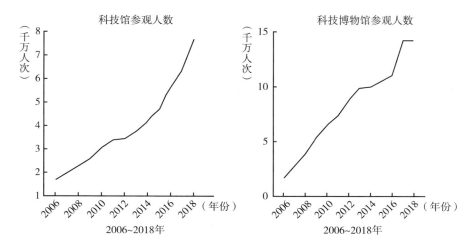

图2 我国科技馆及科技博物馆2006～2018年参观人数

资料来源：科技部科普统计。

馆和科技博物馆统一为应急科普场馆，作为融合综合应急科普教育馆，见图3。应急科普场馆在数量上呈现逐年上升的趋势。与科普教育基地类似，发展较早的是自然灾害和事故灾难类的科普场馆，自然灾害相关部门中气象和地震科普场馆发展轨迹较为相似，数量也相近。事故灾难相关部门中消防科普场馆发展最早，数量增长较快；公路学会2015年起开始评审科普教育基地，科普场馆也被纳入其中；安监科普场馆从2014年的0家，增长到2016年的4家。公共卫生事件及社会事件科普场馆较少，且在近几年才开始出现，相关调查结果显示，认为需要加强公共卫生科普场馆建设，提高设施完备度的公众达64.56%。在科技部的统计中，2014年，食品药品监管部门被纳入统计，但数量为0，两年后增至2家。公安类的科普场馆数量较为平稳，2014年和2016年均为12家。

应急相关部门科技馆、科技博物馆的数量为科技部当年统计数据或科普教育基地中科技馆、科技博物馆的数量，综合应急科普教育馆的数量为网络爬取数据，非官方统计，因此用虚线表示

综合应急科普教育馆进入中国时间较短，国内已建成投入使用的综合应

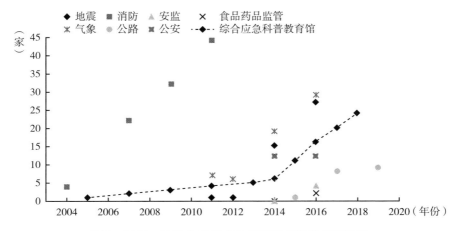

图3 2004～2020年我国应急相关部门科普场馆数量

资料来源：综合应急科普教育馆数据来自数据挖掘，其他数据为科技部科普统计数据的官方数据。

急科普教育馆大多位于经济较发达地区，如北京朝阳区公共安全馆、北京海淀公共安全馆、深圳南山安全教育体验馆、深圳市安全教育基地、四川省防灾减灾教育馆等。2014年起综合应急科普教育馆数量快速增多，目前还有多个场馆在建设中，这与国家对应急科普工作的重视和公众的意识增强密不可分。综合应急科普教育馆通常包含四个方面的突发事件，所涉及的范围也非常广，例如深圳市安全教育基地，占地面积9380平方米，共有16个体验学习馆，分布在不同楼层，游客可根据兴趣预约不同楼层进行参观，依据四类突发事件可细分为自然灾害、消防安全、家居安全、交通安全、建筑施工安全、机械安全、危险化学品、职业卫生、公共安全等。综合应急科普教育馆以体验性和互动性为主要特点，技术方面多使用全息投影、数字多媒体、仿真VR、4D电影、穹幕电影等多种高科技手段，通过最接近真实的实景模拟、互动体验及实物展示等多种形式，融合声、光、电、雾等效果来呈现相关知识点和自救技能。

（三）应急科普设施的问题和未来发展方向

2000年以来，应急科普教育基地和场馆在数量和种类上稳步发展，但

在发展过程中也存在一些问题，主要集中在以下四个方面。

一是应急设施的应急科普人才不足，在科技部的统计中，应急相关的部门，科普人才数量相比其他部门较低，处于末位。科学家科研任务重，较少参与科普活动。另外，应急科普设施的专职科普人才较少，一些科普教育基地的办公室工作人员同时负责宣教工作，常常处于时间紧、任务重的状态，工作内容较为复杂。此外，专职人员职称评定不统一，有些属于工程师序列，有些属于管理序列，相对晋升较为困难。应急科普场馆也有同样的问题，年轻工作人员流动大。

二是应急科普设施宣传力度不够，依托科研院所等建设的科普教育基地主要业务以职能为主，科普宣传不足，很多科普教育基地不能网上预约，在重要的纪念日等时间节点开展活动较多，日常利用率或有不足，这也与科普人才不足有关。对于科普场馆，也存在前期投入较大，后期热情不足，宣传力度跟不上的问题。依托科技馆的科普场馆客流量具有一定保证，独立的应急科普场馆客流量主要依托宣传能力以及馆校结合的能力。多数公众对应急有所了解，但对应急科普场馆了解不多，更不知道一些应急科普场馆多具有公益属性，可以免费体验和学习。

三是科普内容研究不足，科普教育基地的科普人员通常具有相关专业背景，科普内容准确性高，但要将专业的知识转换成公众易于理解的科普内容，需要进一步加强科普内容研究。科普场馆具有先进的展陈方式，但内容的准确性有待进一步提高，科普影院的片源需要加入更多的专业元素，增强内容输出质量。

四是缺乏效果评估，多数应急科普设施没有第三方评估体系，一些设施相关机构与公众的交流较少，不了解公众的需求，也不清楚科普活动的开展效果。

应急科普设施在发展中不断完善，针对以上问题，有以下几方面建议。（1）加强人才培养和培训，提高应急科普人才数量，优化职称评定方式，定期对科普人才进行专业和科普培训，提高应急相关的专业素养以及相适应的科普能力。（2）加大宣传力度，科普教育基地实现定期开放，科普场馆加强后期运维，使得应急科普设施得到良性的发展，加强和学校等的合作，提高应急科普设施利用率，更好地服务更多人群。（3）加强应急科普的内容研究，基于科普教育基地的专业背景以及科普场馆的先进展陈设施，可以讲出更好的科学故事，实现专业性和趣味性的融合，使得公众更好地理解应急内容。（4）建设评估平台，目前有些应急科普场馆已建设数据收集系统，可对公众游览过程进行数据分析，优化科普效果。在此基础上，应急科普设施相关机构可进一步加强和公众的互动和交流，引入第三方评估体系，不断完善和提高应急科普能力。

四　应急科普设施案例

各应急科普教育基地和场馆在不断探索中发展壮大，根据调研情况，选择北京国家地球观象台、深圳气象局、上海市闵行区纪王学校消防教育基地为例，分析应急科普基地具体情况；以地震与建筑科学教育馆、朝阳区公共安全馆、南山安全教育体验馆为例，分析应急科普场馆的科普内容和形式。

（一）应急科普教育基地

1. 北京国家地球观象台

北京国家地球观象台位于北京西郊温泉镇白家疃村，隶属于中国地震局地球物理研究所，又称为北京白家疃地球科学国家野外科学观测研究站，是国家级地震台站、野外地球科学观测研究站、国际科技合作基地，亦是开展防震减灾科普的重要场所。

北京国家地球观象台于2017年入选教育部第一批"全国中小学生研学实践教育基地"，开展防震减灾科普活动及科普讲座，并面向全国中小学生开展研学实践教育活动。该观象台研学活动包括实地参观、互动、讲座、避震演习等多种形式，具体内容为观察地下200米岩心、观察地震井里的地震仪、人工制造地震、岩石压裂实验、地震知识讲堂、搭建抗震积木、避震演习几个部分。基地活动科普人员主要由专职科普老师（2名）和几名志愿者

组成，志愿者通常为地球科学相关专业的研究生或博士生。北京国家地球观象台的科普基地活动以科研场所为依托，可以使受众直接接触前沿研究设备，获取严谨的科普知识。

2. 深圳气象局

深圳市气象局位于深圳福田区竹子林园博园东门气象路。融合科普讲座和科普展厅参观等形式，科普工作较为成熟。2017 年被授予"全国优秀气象科普教育基地""全国优秀科普教育基地""深圳最佳互联网+科普教育基地"等称号。

深圳市气象局主要的科普教育基地有两个，一个是福田市区的气象局（包括展厅、报告厅等），另一个是位于深圳大鹏新区南澳街道西涌的天文台（包含一部分气象科普）。科普活动主要以两个基地的科普活动为主，另外气象局还组织校园科普讲座、高中气象社团活动以及进入社区的气象科普活动等。作为科普教育基地，深圳市气象局建设了气象科普厅，作为对公众进行科普的主要场所，采用先进的触屏、球形投影和 VR 等技术辅助科普。人员构成上，专职科普人员 3 名，兼职大约 10 名，并融入较多的志愿者和社会力量。市民通过网络预约（一般提前两个月才能约上）报名参加科普活动，活动流程为讲座半个小时、参观一个半小时。气象科普在气象灾害发生时由于民众的关注高而发挥重要作用，气象科普工作也通常结合预警一起联动。由于气象与公众生活关系密切，气象主题的应急科普具有较好的受众基础，发展态势良好。

3. 上海市闵行区纪王学校消防教育基地

纪王学校 2004 年开始创建消防安全教育课程，在馆校结合开展科普教育过程中取得了非常大的进展，2011 年被评为国家级消防科普教育基地，同时也是全国消防安全教育示范校、上海市安全文明校园、上海市消防安全教育示范校。

纪王学校针对不同年级的学生，开发了不同的教育方式和课程，每年组织学生到市公安博物馆参观体验，到市消防馆参观学习。在获得知识和参访学习的基础上，该校还定期组织疏散演习，强化学生的消防意识和实践能力。纪王学校也在校园内建设了消防科普教育馆，包括火灾发生时的初期自救、电话报警、火灾逃生路径选择、烟气通道逃生、设置临时避难间、逃生器械体验、紧急救助、消防知识视频测试等模块内容。场馆还配备了专职管理人员和讲解员，学生可以通过选拔担任讲解员。学校通过开展消防科普竞赛等活动，不断提高学生的兴趣，夯实技能。除开展学生消防科普教育以外，纪王学校还服务于社会，向社会免费开放教育馆，通过实战演习提高公众在日常生活中的安全意识，预防火灾等事故的发生，并提高公众应对突发火灾的处置能力。

（二）应急科普场馆

1. 地震与建筑科学教育馆

地震与建筑科学教育馆是北京市传播防震减灾知识、进行地震科普的重要场馆，于2014年5月12日正式对外开放，位于奥林匹克公园下沉广场，临近鸟巢、水立方等奥运比赛场馆，除防震减灾科普设施外，还同时展陈奥运相关的建筑模型等展品。由北京市地震局与北京市规划展览馆联合建设。

公众可到窗口换票，进行免费参观和体验。场馆融合最新的多媒体声光电展示手段，设有地震知识百科、历史重现、应急避险、建筑抗震等多个展区科普地震知识。场馆内定时开放一些体验设施，例如地震体验屋、环幕影院、4D影院等，使公众对地震有更直观的了解。此外，场馆内还设置一些其他应急领域科普展区，例如台风体验、灭火器的使用、内涝脱险等，丰富科普内容。场馆面向社会公众，分流奥林匹克公园游客，公众可以在馆内随意参观，除一些体验展区定时开放外，其余设施参观不受时间限制。

2. 朝阳区公共安全馆

朝阳区公共安全馆位于北京市朝阳区元大都公园内，是朝阳区最大的综合应急科普教育馆，具有公益属性，由北京市朝阳区委、区政府投资建设，是教育部、公安部认定的国家级中小学消防安全教育社会实践基地。

团体参观需提前预约，场馆每周设置不同时间段接待团体或者个人，公众免费参观的同时还有专业讲解员免费讲解，示范例如心肺复苏等实操内容。根据四类突发事件，场馆科普内容涉及自然灾害、消防安全、生产安全、交通安全、食品安全、急救训练、人民防空、治安反恐8个主题。通过设置地震小屋、烟雾通道等进行地震、火灾等的场景模拟，公众可进行互动体验，通过4D影院等新媒体技术公众可更直观地感受什么是灾难，另外场馆内还有多种实操训练，可达到全面提升公众公共安全意识和提高应急能力的作用。朝阳区公共安全馆还通过和中小学合作，激发学生热情，让学生担当部分展区讲解员，拓展了应急科普长效机制的构建方式。

3. 南山安全教育体验馆

南山安全教育体验馆位于深圳市南山区，于2018年开始对外服务，由深圳市南山区政府投资建设。南山安全教育体验馆是在中山公园内建设的免费场馆，所处环境非常优美，距离南头古城较近，公众可将旅游与科普参观活动一起规划，将文化和科学有机联系起来。

公众需要提前预约，选择不同的场次进行参观。上午场次和下午场次参观内容略有不同。公众在免费参观的同时也可获得免费讲解和培训。场馆包含电梯故障等灾难体验中心，还设有居家安全、消防安全、建筑施工安全、交通安全、工业安全、4D等主题的科普设施。场馆内设有多种以应急知识为基础的科普游戏，融合场景模拟及先进的声光电、VR等展陈技术，公众体验更为立体，趣味性较强。此外，场馆还设置心肺复苏、结绳等互动和培训内容，以提高公众参与度。南山安全教育体验馆在每个观众入场时会发一个手环，记录公众活动情况，公众可通过手环积分兑换礼品，场馆则可通过手环积分改善展区设置。场馆目前面向的是社会人员，受众年龄从3岁到老年，通常青少年较多，多数为初一、初二的学生。

应急科普教育基地和科普场馆在一定程度上互相补充。科普教育基地充分发挥专业特长，科普准确性较高，公众可以充分了解某个领域。近几年科普教育基地也不断利用研学等活动构建科普的长效机制。应急科普场馆地理位置优越，场馆内容全面，展陈手段先进，可以让公众一次参观了解多个领域，对灾害、事故的体验更为直观，在体验的过程中增强安全意识。

五　结论

本报告综合整理和分析了应急各相关部门官方数据、2004年以来的中国科普统计数据、一定的数据挖掘数据，对科普设施进行分析，并对代表性的应急科普教育基地和应急科普场馆进行实地调研，以分析应急科普各部门2000年以来的科普设施发展情况，得到以下结论。

其一，20年来的发展过程中，应急科普教育基地也在不断摸索，具有很多种形式，例如公园、遗址等，具有从笼统向具体发展的趋势，例如科普内容更具体、受众更具象，目前较为成熟的模式有综合类、示范学校类和基层社区（乡镇）类。

其二，科技场馆中，应急类的科普场馆逐渐被重视，数量和种类在20年里逐渐增多，参观人数逐渐增多，公众参观的意识逐渐增强。相关的应急科普场馆中，发展较早的有消防、气象、地震等类别，近年来纳入科技部统计，逐步向公众开放的科普场馆有公路、安监、公安、食品药品监管相关类别。综合应急科普教育馆内容较为全面，公众可以在一次参观中，体验多种互动形式，学习多种应急知识。综合应急科普教育馆的建设取得了很大进展，数量逐渐增多，科普形式也从展陈为主发展为以互动、游戏、体验为主，公众体验感不断上升。

其三，四类突发事件相关的科普设施中，发展处于前列的是自然灾害类，逐渐发展起来的为事故灾难类，刚开始起步的是公共卫生事件类和社会安全事件类。具体看来：自然灾害相关部门中气象科普教育基地发展最为完备，科普场馆也逐渐增多，地震部门科普教育基地还可以不断完善和发展，提高资源利用率，科普场馆数量可观；事故灾难相关部门中消防科

普教育基地和场馆发展最早，但近几年关注度不够；公路科普教育基地刚刚开始发展，交通科普教育基地正在筹备，事故灾难相关的科普教育基地整体上处在发展初期，科普场馆种类不断增多；除了消防和公路科普场馆外，安监科普场馆也发展了起来；公共卫生事件类和社会安全事件科普教育基地较少，还没有构建相关体系，近几年公安、食品药品监管逐步纳入科技部科普统计范畴，科普场馆数量上有所增加。公共卫生事件和社会安全事件具有一定的可预防性，相关科普教育基地具有建设性，场馆建设还可进一步加强，多方面加强科普设施建设，可逐渐提高公众认知，进而减少相关事件的发生。

加强应急科普的常态化建设，可以提高公众应对突发事件的意识和能力，减少相关事件的发生。应急科普设施是应急科普常态化的重要支撑，随着应急管理部的建立，应急科普将进一步发展。针对四类突发事件科普设施发展速度不同，可根据不同类别对应加强科普设施的建设，增加公共卫生事件和社会安全事件类的设施投入，完备事故灾难类的科普设施，进一步巩固自然灾害类的科普设施。加强科普教育基地利用率，实现科普教育基地定期开放，完善科普教育基地模式，更好地服务不同受众。同时加强人才培养和培训，提高应急科普人才数量，优化职称评定方式，定期对科普人才进行专业培训和科普培训，提高其专业素养和科普素养。加大应急科普设施的宣传力度，加强科普场馆后期运维，使应急科普设施得到良性发展。加强应急科普的内容研究和投入，最大限度地利用好科普教育基地的专业背景以及科普场馆的先进展陈设施，使得公众更好地理解应急内容。建设评估平台，优化科普效果，加强和公众的互动和交流，引入第三方评估体系，不断完善和提高应急科普能力。

2000年以来，应急科普设施逐步发展，并在不断发展中慢慢完善。应急科普教育基地以及应急科普场馆在数量上逐年增多，种类上不断丰富，形式更加多样化。四类突发事件相关的应急科普发展状态和速度各不相同，所面对的发展问题也不尽相同。应急科普设施仍应加强投入，增强建设，提高应急科普效果，为公众提供更好的科普服务。

参考文献

杨家英、王明：《我国应急科普工作体系建设初探——基于新冠肺炎疫情应急科普实践的思考》，《科普研究》2020年第1期。

吴文晓：《基于本体的突发事件网络舆情案例推理研究》，西南科技大学硕士学位论文，2017。

全国干部培训教材编审指导委员会组织编写《突发事件应急管理》，人民出版社、党建读物出版社，2011。

Zhang, J., Comment, "Transparency is a growth industry," *Nature*, Vol 545 (7655), pp S65 – S65, 2017.

Şükrü Ersoy, Ali Koçak, "Disasters and earthquake preparedness of children and schools in Istanbul, Turkey," *Geomatics*, *Natural Hazards and Risk*, 2015.

Mufti Nadimul Quamar Ahmed. Public Awareness on Earthquake：A study on a Residential Area under Sylhet City of Bangladesh ［J］. International Journal of Scientific and Engineering Research, 2017, 8 (9).

Richard, J., Woods, Sara, K., McBride, Liam, M., Wotherspoon, et al., Science to Emergency Management Response：Kaikōura Earthquakes ［J］. 2016, Bulletin of the New Zealand Society for Earthquake Engineering, 2017, 50 (2).

Field, H., Powell, P., Public understanding of science versus public understanding of research ［J］. Public Understanding of Science, 2001, 10 (4).

"应急科普能力建设研究"课题组：《应急科普能力建设研究报告》，载《科技馆研究报告集（2006～2015）》（上册），中国科学技术馆，2017。

周维丽：《科普基地对小学生科学素养影响的调查》，《上海教育科研》2013年第4期。

凌辉、周勇义、张媛、黄凯：《北京大学科普教育基地工作的探索与实践》，《实验技术与管理》2016年第33期。

王锐锋、陈鲁刚、马利军、宁海雯、韩和平：《地震台站如何做好防震减灾宣传科普工作》，《防灾科技学院学报》2006年第3期。

邹文卫、张英、周馨媛、郭心、杨帆：《防震减灾科普教育基地发展新模式研究》，载中国科普研究所、湖南省科学技术协会：《全球科学教育改革背景下的馆校结合——第七届馆校结合科学教育研讨会论文集》，2015。

李伟、张倩、唐立岩、倪海娜：《全国气象科普场馆建设发展现状与思考》，《科技传播》2016年第8期。

何国家：《"说教式"转向"体验式"让安全教育深入人心》，《中国安全生产报》

2017 年 8 月 18 日。

王涛：《突发公共事件元事件模型及事件演化研究》，大连理工大学硕士学位论文，2011。

姜平：《突发事件应急管理》，国家行政学院出版社，2011。

刘晓峰、付敏、何兢、姚令辉、欧社祥、陈理乐：《郴州市 2004～2014 年突发公共卫生事件网络直报资料分析》，《湘南学院学报》（医学版）2015 年第 17 期。

中华人民共和国科学技术部：《中国科普统计（2010 年版）》，科学技术文献出版社，2010。

中华人民共和国科学技术部：《中国科普统计（2011 年版）》，科学技术文献出版社，2012。

中华人民共和国科学技术部：《中国科普统计（2012 年版）》，科学技术文献出版社，2013。

中华人民共和国科学技术部：《中国科普统计（2013 年版）》，科学技术文献出版社，2014。

中华人民共和国科学技术部：《中国科普统计（2014 年版）》，科学技术文献出版社，2015。

中华人民共和国科学技术部：《中国科普统计（2015 年版）》，科学技术文献出版社，2015。

中华人民共和国科学技术部：《中国科普统计（2016 年版）》，科学技术文献出版社，2016。

中华人民共和国科学技术部：《中国科普统计（2017 年版）》，科学技术文献出版社，2017。

百度百科，https：//baike. baidu. com/item/% E5% 85% A8% E5% 9B% BD% E7% A7% 91% E6% 99% AE% E6% 95% 99% E8% 82% B2% E5% 9F% BA% E5% 9C% B0/6333947？ fr = aladdin。

杨家英、赵菡、郑念：《中国应急科普场地发展分析》，《中国高新技术》2020 年第 6 期。

谢书福：《安全教育体验馆的建设研究》，《科技视界》2017 年第 31 期。

胡莲翠：《突发公共卫生事件中应急科普作用研究》，安徽医科大学硕士学位论文，2016。

杨家英、郑念：《我国应急科普人才培养研究》，载郑念、任嵘嵘主编《中国科普人才发展报告（2018～2019）》，社会科学文献出版社，2020。

张平：《教育一个孩子带动一个家庭——记上海市闵行区纪王学校消防科普教育》，《平安校园》2015 年第 1 期。

崔金涛：《防灾教育体验馆建设体系研究》，北京工业大学硕士学位论文，2016。

B.5
新时代中国现代科技馆体系发展报告

赵 菡 郑 念*

摘 要： 中国现代科技馆体系是以实体科技馆为龙头和依托，统筹流动科技馆和科普大篷车及数字科技馆的发展，辐射带动农村中学科技馆及其他科普基础设施的公共科普文化服务体系。自2012年发展至今，中国现代科技馆体系建设已取得初步成效，但还存在资源下沉不到位、区域发展不均衡、雷同建设、信息化建设不完善、科技馆人才缺乏等一系列问题。本报告以科协系统的科技馆为研究对象，引用历年《中国科学技术协会统计年鉴》中所列数据和中国科技馆的统计数据进行分析。新时代现代科技馆体系建设，应更注重顶层设计规划，研究探索科技馆体系科普服务开展模式，适应以人为本，全面协调可持续发展的需求，实现提高科普服务质量，合理配置资源，实现公平普惠的目标。

关键词： 现代科技馆体系 新时代 资源配置

　　科技馆是提高全民科学素质的重要科普基础设施和国家公共服务体系的重要组成部分。为践行党的十八大提出的"促进公共基础服务均等化"要求，中国科协提出，要以实体科技馆为龙头和依托，通过增强和整合科技馆

* 赵菡，中国科普研究所博士后，研究方向为科技馆体系；郑念，中国科普研究所副所长，研究员，研究方向为科普评估理论。

科普资源开发、集散、服务能力，统筹流动科技馆和科普大篷车及数字科技馆的发展，并通过提供资源和技术服务，辐射带动农村中学科技馆及其他基层公共科普服务设施和社会机构科普工作的开展，使公共科普服务覆盖全国各地区、各阶层人群，具有世界一流辐射能力和覆盖能力的公共科普文化服务体系。^①这就是中国现代科技馆体系。

自 2012 年诞生至今，我国现代科技馆体系建设已经初见成效。实体科技馆量质齐升，流动科普设施覆盖范围逐步扩大，农村中学科技馆基本完成建馆目标，数字科技馆资源量和影响力也有显著提升。党的十九届五中全会提出，要实现"人民思想道德素质、科学文化素质和身心健康素质明显提高"，在科普事业发展新阶段，科技馆体系建设需要进一步与文化融合创新，由"规模建设"向"内涵发展"转变，全面服务人的综合素质提升。

一　现代科技馆体系发展概况

（一）发展回顾及政策提出背景

1. 实体科技馆

我国科技馆建设起始于 20 世纪 80 年代，以中国科技馆为代表，实体科技馆建设在此后的 30 年间迅速蓬勃发展起来，历经了三个重要发展阶段。2000 年 12 月，中国科协在全国科技馆建设工作会议中，发布了中国科协系统《科学技术馆建设标准》，使后续的科技馆建设和改造逐步规范，科技馆建设步入了有序发展阶段。2002 年 6 月，《中华人民共和国科学普及法》颁布实施，规定政府应当将科普场馆、设施建设纳入城乡建设规划

---

① 朱幼文、齐欣、蔡文东：《建设中国现代科技馆体系，实现国家公共科普服务能力跨越式发展》，载程东红主编《中国现代科技馆体系研究》，中国科学技术出版社，2015，第 3～17 页。

和基本建设计划。科技馆成为城市公共基础设施建设的一部分，科技馆建设进入蓬勃发展阶段。2006 年 2 月，国务院发布《全民科学素质行动计划纲要（2006—2010—2020 年)》；2007 年 7 月，建设部、国家发展和改革委员会颁布了《科学技术馆建设标准（建标 101 - 2007)》；2008 年 11 月，国家发展和改革委员会、科技部、财政部联合中国科协，共同发布了《科普基础设施发展规划（2008—2010—2015)》。一系列条例的颁布为科普基础设施建设构建了体系化的发展框架。2012 年底，中国科协提出了中国现代科技馆体系的概念，科技馆事业进入了体系化发展的新阶段。截至 2019 年底，各级科协拥有所有权或使用权的科技馆 978 个，总建筑面积 434.2 万平方米，展厅面积 231.1 万平方米。其中，已有 870 个科技馆实行免费开放，占比达 89%。①

2. 流动科技馆

2010 年，"中国流动科技馆"项目启动。它以"广覆盖、系列化、可持续"为指导方针，通过将科技馆的资源和活动以巡回展出的方式送到县（市）级城市尚未建立科技馆的地区，达到促进科普资源服务公平普惠的目的。2011 年 7 月，流动科技馆在全国 9 个省份启动了巡展试点。2012 年，项目正式由财政部立项。2014 年，中国科协与财政部联合印发了《中国流动科技馆实施方案》，2017 年，中国科协制定了《中国流动科技馆项目管理试行办法》，流动科技馆项目管理逐步规范完善。到 2019 年，流动科技馆已在全国开始了第二轮巡展，作为国家流动科普设施重要组成部分，成为科技馆体系在县域覆盖科普服务的重要一环。

3. 科普大篷车

2000 年，中国科协为了在乡镇开展科普宣传服务，让县域基层和偏远地区的公众能够"看到前沿、看到世界"，启动了"科普大篷车"项目。从 2000 年到 2009 年，先后研制了 4 种车型，搭载各类展品、展板及资源包

---

① 《中国科协 2019 年度事业发展统计公报》，https：//www. cast. org. cn/art/2020/6/19/art_ 97_ 125455. html，最后访问日期：2020 年 6 月 19 日。

等。2012 年，为了保障项目的持续开展，科普大篷车项目由中国科技馆正式承接，不断对车辆和展项进行优化改进，丰富了科普大篷车的展品和内容，显著提升了基层科普能力。到 2019 年底，全国科普大篷车保有量为1057 辆。2019 年全年共下乡 3.5 万次，行驶里程 737.8 万公里，受益人数达到 1834.3 万人次。[①]

4. 数字科技馆

2005 年 12 月，中国数字科技馆项目启动。作为国家基础条件平台，中国数字科技馆由 92 个虚拟科技博物馆和 9 个科普资源库构成，侧重于数字科普资源的集成和在线展示。2010 年，该项目开始由中国科技馆负责常态化的运营和管理，中国科技馆开始逐渐为数字科技馆增设新栏目和新资源，逐步将其从资源共享平台转变为了综合性的科普门户网站，将用户作为科普服务的核心。2013 年以后，中国数字科技馆成为中国现代科技馆体系的重要组成部分，为体系中各组成部分搭建起信息化的桥梁，为体系的协同联动、共享共建提供支撑。

5. 农村中学科技馆

2015 年，为解决公共科普服务覆盖乡镇"最后一公里"问题，中国科技馆发展基金会在中西部经济欠发达地区及少数民族地区选择一定数量的农村中学建立了"农村中学科技馆"。农村中学科技馆不但面向农村青少年，启发其好奇心，提升农村青少年的科学素质，还面向周边居民开放，全面促进科普服务公平普惠。到 2020 年底，全国已建立 1112 所农村中学科技馆，直接服务公众 967 万人次以上。

自 2012 年底现代科技馆体系提出后，以中国科技馆为核心的现代科技馆体系形成了各类场馆既有自身定位又互补共存的协作系统，自此，每个独立的项目都有了新的发展方向，并逐步完善统筹发展，为科技馆科普资源与服务的全覆盖奠定了基础。

① 《中国科协 2019 年度事业发展统计公报》，https：//www. cast. org. cn/art/2020/6/19/art_ 97_ 125455. html，最后访问日期：2020 年 6 月 19 日。

（二）现代科技馆体系结构、功能定位及建设目标

1. 现代科技馆体系结构

现代科技馆体系由核心层、统筹层和辐射层构成，结构如图 1 所示。①

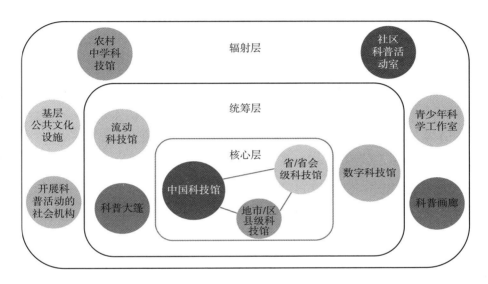

图1　现代科技馆体系结构

如图 1 所示，现代科技馆的核心层是由各地实体科技馆组成，以中国科技馆为核心的各级实体科技馆，形成了一个个承托体系中其他科普基础设施的节点网络，承担着科技馆资源与服务的开发、集散和统筹协调功能。统筹层由流动科技馆、科普大篷车及数字科技馆等构成。辐射层由非核心层负责建设、开发、运行、维护和管理，由核心层提供科普资源和技术等，主要包括农村中学科技馆等基层公共科普设施和其他兼职科普设施，也涵盖了开展科普活动的学校、科研院所、企业等其他社会机构。

---

① 朱幼文、齐欣、蔡文东：《建设中国现代科技馆体系，实现国家公共科普服务能力跨越式发展》，载程东红主编《中国现代科技馆体系研究》，中国科学技术出版社，2015，第 3 ~ 17 页。

从各组成部分的功能来看，各级实体科技馆主要为所在地城镇居民提供科普资源和服务，中国科技馆和省、省会级科技馆负责流动科技馆、科普大篷车、数字科技馆及农村中学科技馆等的科普资源、展教服务的开发、运行、维护、技术保障及资源服务等；地市、区县级科技馆负责科普大篷车、农村中学科技馆的运行、维护、技术保障及资源服务等。流动科技馆由省级科协或科技馆进行运行和维护，提供技术支持和资源服务，主要覆盖未建有科技馆的地市、区、县城镇居民。科普大篷车大部分由地市、区县级科协单位负责运行、维护，服务周边城镇居民。农村中学科技馆等基层科普基础设施由省、省会级和地市、区县级的科技馆或科协及地方协作单位共同负责运行、维护，提供技术支持和资源服务，主要服务农村青少年和周边居民。数字科技馆由中国科技馆及省、省会级科技馆负责开发和运行，主要通过网络化和信息化方式为全国公众提供服务。

2. 现代科技馆体系的功能定位

结构上，形成树网结构，打通资源服务流通渠道，形成中国科技馆、省/省会级科技馆、地市/县级科技馆作为主干的三个层级，上一级科技馆为下一级科技馆提供辐射服务，同级各类科技馆之间交流合作，构建资源共享通道。

资源上，优化资源配置。以实体科技馆为依托，统筹各类科普资源的开发、集散和服务，在区域上实现科普资源服务的集成和合理配置。

功能上，逐层覆盖，协同增效。实体科技馆覆盖大多数地市辖区人口 50 万人以上、中等以上经济发展水平的城市，流动科技馆覆盖尚未建有科技馆的地市、区县，科普大篷车覆盖区县以下的乡镇社区，农村中学科技馆等覆盖农村，数字科技馆覆盖网民，各个项目之间协同呼应，产生倍增效应。

3. 现代科技馆体系的建设目标①

到 2015 年，科技馆体系初步成型，科技馆、流动科技馆、科普大篷车和网络科技馆的发展步伐明显加快，并初步显示协同增效的效应，科技馆专业

---

① 朱幼文、齐欣、蔡文东：《建设中国现代科技馆体系，实现国家公共科普服务能力跨越式发展》，载程东红主编《中国现代科技馆体系研究》，中国科学技术出版社，2015，第3～17页。

人才培养体系初步形成，建成一批科普资源开发与服务基地，为基层公共科普设施服务的机制初步成型，辐射服务能力明显增强，覆盖范围明显扩大。

到 2020 年，科技馆体系基本建成，科技馆、流动科技馆、科普大篷车和网络科技馆等协调发展，科技馆专业人才培养体系基本成熟并培养出一批高水平的专业人才，科普资源开发能力与水平明显提升，接近世界先进水平，各地基层公共科普设施基本获得技术保障、资源更新等常态化服务，体系内各科普设施的公共科普服务能力显著增强，基本建成形式多元、覆盖全国、惠及全民的公共科普服务体系。

（三）现代科技馆体系研究概述

自科技馆体系提出以来，以中国科技馆为核心的研究团队率先开展了系列研究。较有代表性的有：程东红等[1]对建设中国现代科技馆体系，实现国家公共科普服务能力跨越式发展的意义进行了宏观论述，为中国特色新时代科技馆体系建设与研究奠定了基调，指明了目标方向。具体内容涉及从科技发展、科学教育、科学传播与普及的角度论证科技馆体系建设的重要性和必要性，国内外科技馆的政策和机制的比较研究，我国科技馆能力建设研究，以及建设科技馆体系下网络科技馆的需求与必要性等。殷皓等[2]介绍了中国现代科技馆体系的内涵、目标定位、运行机制，以及全国科技馆场馆建设现状、基层科技馆建设发展等情况，分析了中国现代科技馆体系组分中各重点专项，即流动科技馆、科普大篷车、数字科技馆和农村中学科技馆的发展现状及创新升级发展思路，介绍了全国各地在科技馆体系建设实践中取得较好成效的典型案例，为完善科技馆体系建设提供了借鉴与参考。

在论文发表方面，以"现代科技馆体系"为关键词在中国知网（CNKI）上搜索，发文趋势如图 2 所示。主要主题分布为运行机制、体系构建、分析及对策、创新升级、展教应用、标准规范、评级评估等方面。我国

---

① 程东红：《中国现代科技馆体系研究》，中国科学技术出版社，2014，第 4~17 页。
② 殷皓等：《中国现代科技馆体系发展报告（No.1）》，社会科学文献出版社，2019，第 1~19 页。

有关科技馆的学术研究虽然近些年来取得较大进展，但是与其他学科领域相比，重经验、轻理论，成果整体数量不多；特别是有关中国科技馆体系建设，既相对缺乏全面的、系统的调查研究，也缺少深入、综合的学理性分析；对国外先进科技博物馆建设与发展成功经验的研究和借鉴还不足；与国外发达国家存在一定差距。

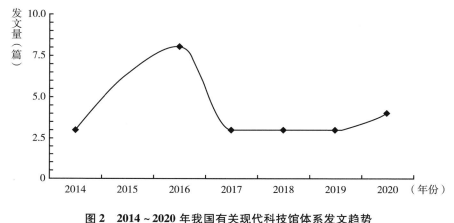

图2　2014～2020年我国有关现代科技馆体系发文趋势

二　现代科技馆体系发展现状

为了解我国现代科技馆体系发展情况，以科协系统内科技馆发展情况为主要研究对象，利用中国科协每年统计科协内部科普设施数据，分析我国现代科技馆体系运行现状及存在的问题。此处引用数据主要来自历年《中国科学技术协会统计年鉴》中所列数据和中国科技馆的统计数据。

（一）实体科技馆规模不断增大

实体科技馆包括科技馆、科学中心、科技博物馆等具备展览教育、培训教育、实验教育等功能，面向公众常年开放的社会科技教育固定基础设施。到2017年底，所属科协的科技馆共有867个，总建筑面积499.0万平方米，展厅面积 194.0 万平方米。科技馆全年接待参观人数 6097.1 万人次，其中少年儿童参观人数 3523.5 万人次。《科学技术馆建设标准（建标 101 – 2007）》规定，将科技馆按照建筑规模分成 4 类：特大型馆建筑面积 30000m² 以上，大型馆建筑面积 15000～30000m²（含），中型馆建筑面积 8000～15000m²（含），小型馆建筑面积 8000m² 及以下。全国共有中型及以上的科技馆 129 个。从 2010 年到 2017 年，实体科技馆数量大幅提升，展厅面积不断扩大，到 2017 年底，全国已有达标科技馆 192 座（见图 3）。

图 3　2010～2017 年我国实体科技馆建设基本情况

2017 年各级科协实体科技馆在各省、自治区、直辖市分布情况如图 4 所示，除海南省外，基本实现了各直辖市和省会城市、自治区首府至少拥有 1 座大中型科技馆的目标。地市级科技馆在辽宁省、湖北省分布最多，均为 10 座，其次是江苏省、广东省和四川省，为 9 座。山东省区县级科技馆最多，共有 97 座，其次是湖北省、江苏省和内蒙古自治区，均在 40 座以上。从区域分布来看，东部地区拥有科技馆占比为 42%，中西部地区差异不大，均为 29%（见图 5）。

如图 6 所示，2017 年我国公民每 161 万人拥有 1 个场馆，与发达国家平均每座科技馆覆盖 70 万人口的数量相比，场馆数量仍然不足。从场馆分布

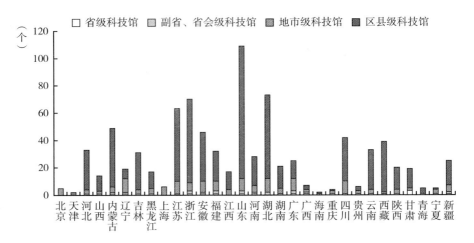

图4　2017 年我国实体科技馆在各省、自治区、直辖市分布情况

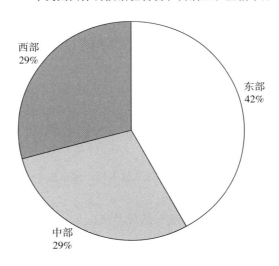

图5　2017 年我国实体科技馆区域分布情况

密度来看，东部地区明显高于中部地区，中部地区高于西部地区。从每座场馆覆盖人数来看，西部地区人口密度较低，西部高于东部地区，中部地区最弱。东部地区人口密度较大，但每万人拥有场馆面积最大①。2017 年全年观

---

① 各省市人口数量参考中商产业研究院大数据库发布的《2017 年中国各行政区人口调查》数据。

众占总人口的 4% 左右，东部地区观众占比较高，中部地区最低。综合来看，中部省份的人均科技馆资源较少，仍需加强建设。

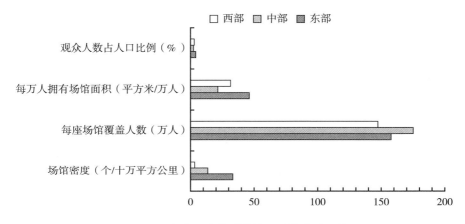

图 6　2017 年我国实体科技馆区域分布差异情况

2015 年 5 月，中国科协与中宣部、财政部共同发布了《关于全国科技馆免费开放的通知》，科技馆免费开放工作正式启动。到 2017 年，我国各级科技馆已实行免费开放的有 776 个，免费开放比例达到 88% 以上。其中，省级科技馆免费开放比例最高，达到 96%，区县级科技馆免费开放比例最低，为 88.5%（见图 7）。

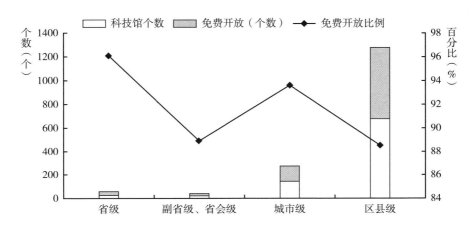

图 7　2017 年我国各级科技馆免费开放情况

（二）流动科技馆覆盖范围逐步扩大

流动科技馆的服务范围主要在尚未建设科技馆的县级行政区域。它是将实体科技馆的展品设计成小型化、模块化的箱体展品，便于拆卸、组装和搬运，展品可以根据展出地需求进行模块化的组合，使展览具备移动展示的特征。流动科技馆的展览内容由两部分组成，分别是科普展览和科普影视，展示面积 800 平方米。科普展览由 60 余件展品组成，分为七大主题。科普影视部分是在充气球幕影院中展示。每套展览每年巡回展出 4 个站点，每个站点展出时间为 2 个月。到 2017 年底，流动科技馆累计配发展览 364 套，巡展 2339 站，参观人数 8751 万人次（见图 8）。其中，中小学生参观比例达 90%，贫困县覆盖率达 80%。

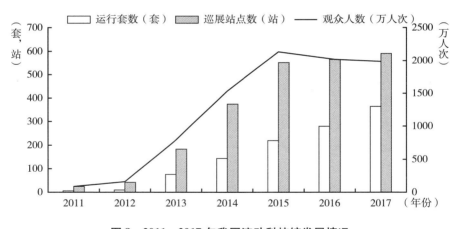

图 8　2011～2017 年我国流动科技馆发展情况

（三）科普大篷车不断升级

科普大篷车是将模块化的展品箱、资源包、展板及投影设备等装配在改装后的车辆上开展科普活动的科普设施。项目共先后研发了 4 种类型的科普大篷车，其中 I 型车和 II 型车研发较早，III 型为主体型展览车，IV 型车主要为服务"三农"设计，开展一些农技实验。目前运行的主要车型为 II 型车和Ⅳ型车。截至 2017 年底，中国科协配发给地方科协用于科普活动的大篷车 1199 辆，科普大篷车全年下乡次数 3.5 万次。科普大篷车全年下乡行驶里程 816.6 万千米，受益人数 2890.4 万人次（见图 9）。国家级贫困县保有量 365 辆，覆盖率达 56%。西部省份和少数民族地区保有量较高，保有量较高的省份有内蒙古、新疆、西藏、云南和贵州等（见图 10、图 11）。

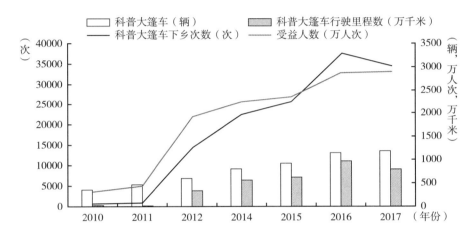

图9　2010～2017 年我国科普大篷车发展情况

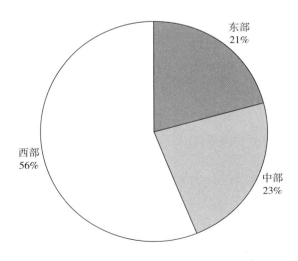

图10　2017 年我国科普大篷车区域分布情况

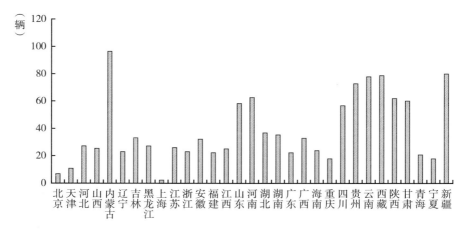

图11　2017年我国各省、自治区、直辖市科普大篷车发展情况

（四）农村中学科技馆聚焦贫困地区

农村中学科技馆是由20件模块化展品和科普挂图组成，主要设立在农村中学校园的60～100平方米大小的教室或场地中开展活动。项目由中国科技馆发展基金会、省级科协和受助学校三方签订合作协议，与当地教育部门一同分工协作实施。已建场馆中86%以上由中国科协、中国科技馆和中国科技馆发展基金会支援建设，其余由地方科协、政府及企业援建。据官方网站数据统计，到2020年初，全国共建成农村中学科技馆853所。累计受益人数385万人以上（见图12）。建设数量最多的集中在西部省份地区，占总数量的67%（见图13），贵州省、云南省和西藏自治区数量最多（见图14），主要覆盖贫困地区学校。

（五）数字科技馆影响力不断增强

中国数字科技馆运用大数据、云计算、物联网等信息技术，让公众可以在线上浏览数字化的展品、展览，足不出户"云逛"实体科技馆，参加各类活动。通过建立优质科普资源库和共享平台，联结起科技馆体系的各个组

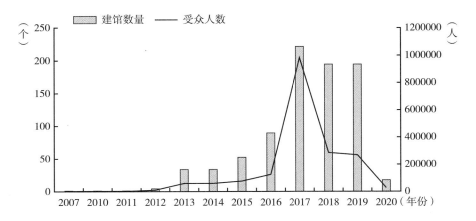

图 12　2007～2020 年我国农村中学科技馆发展情况

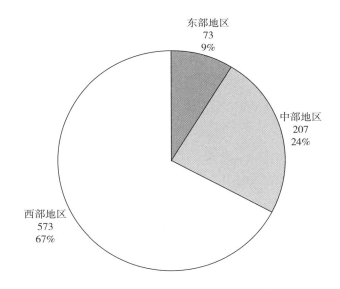

图 13　我国农村中学科技馆区域分布情况

成部分，搭建了互联互通的桥梁。从 2011 年到 2017 年，注册用户增长了495%，资源总量不断提升。截至 2017 年底，中国数字科技馆官方资源总量10.4TB，官网日均页面浏览量达 313 万人次，网站的世界排名在 100 名左右。

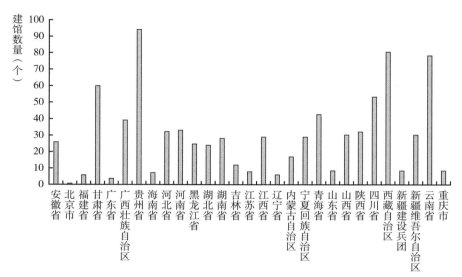

图 14 我国各省、自治区、直辖市农村中学科技馆发展情况

图 15 2011~2017 年中国数字科技馆发展情况

三 现代科技馆体系发展存在的问题

（一）科技馆体系在县域的发展面对困境，科普资源下沉仍需深入研究

科技馆体系的目标就是要实现科技馆资源服务的逐层覆盖，实现公平普

惠。按照目前的科技馆体系结构，县域是联结基层科普资源服务的关键节点，由于经济发展状况、人口、文化环境等综合条件的制约，科技馆体系在县域的发展面对困境。从实体科技馆数量来看，县域的科技馆建设数量仍然不足。按照中华人民共和国民政部官方网站数据统计，全国共有2851个县级行政区划单位，到2017年，科协拥有县一级科技馆数量的县共有681个，占比不到24%，仍不能满足县域科普服务需求。当然，在每一个县级行政区划单位建立科技馆，既不必要也不符合我国实际，但是如何将科普资源和服务输送到未建立科技馆的地方去，仍然是尚未解决的难题。从统筹流动科技馆及科普大篷车的发展来看，县级的实体科技馆仍然面对较大的财政困难和人员不足的问题。流动科技馆和科普大篷车在运行和维护上依赖于县级科协单位和科技馆的支撑。到2017年，有1010辆科普大篷车以县级单位作为运行主体，占到大篷车总数量的75%。由于县级科技馆数量较少，大部分科普大篷车由县级科协运行，运行任务较重。一些中西部地区的县级科协单位受制于经济发展影响，实体科技馆运营困难，运行资金主要来自财政支持。大型的企业和高校及科研院所也多集中在地市级以上城市，县级科协也很难得到社会化的资金支持。资金上的限制也一定程度影响了人才发展，普遍存在人员不足，人才稀缺的困难。这些直接影响了流动科技馆和科普大篷车运行效果，导致流动科技馆巡展次数不足，科普大篷车开展活动受限，一定程度上造成了科普资源浪费。

（二）科技馆建设情况区域差异化明显，不同地区应评估后分城施策

科技馆建设的区域差异，表现在不同地区的人均科技馆资源的差异较大和科技馆资源质量分布不均衡上。总体来说，这是因为不同地区在建立科技馆时缺乏统筹规划。比如，辽宁2017年拥有场馆19座，宁夏5座，从数量上看，辽宁场馆数量高于宁夏。但从人均水平看，辽宁每230万人拥有一座场馆，宁夏每136万人拥有一座场馆，人均拥有的资源要好于辽宁。从每万人拥有场馆面积来说，两省水平相当。所以从场馆建设来说，辽宁仍然需要

继续加强场馆数量，宁夏需要提升场馆面积和质量，相关政策也应根据两省实际来分别制定。科技馆的硬件设施建设发展日新月异，而科技馆建设的区域统筹还停留在比较原始的阶段。随着科技馆管理逐渐实现数字化、信息化和智慧化建设，科技馆的建设也应该进行"智慧化"统筹发展。不同地区在经济发展、人口密度、文化氛围和自然环境方面都有明显差别，需要对已建设场馆的资源与服务进行科学统筹，对未建设场馆进行科学规划，应按照不同区域科技馆体系发展的不同阶段、不同水平分城施策。科技馆体系亟须一套完整的评价体系对不同地区科技馆的发展情况进行评估，还需要一套与之相匹配的政策体系对评估结果给出管理对策。以资金支持情况为例。科技馆的建设运行是公益事业，需要政府的支持引导，所以从 2015 年开始，科技馆免费开放政策惠及了一些开馆困难的地区的实体科技馆，使得一些运行困难的科技馆获得了财政支持，促进了科普资源与服务的公平普惠。但从长远来看，科技馆事业的社会化、市场化、品牌化发展才能使科普事业可持续健康发展。未来的科技馆建设应是更多元化发展的，资金来源也应是多渠道化的，在一些经济水平发展较好的地区，如果经过科学的评估后，可以放开资金来源渠道，允许一定的创收，也许比推行免费更能激发科技馆的建设活力，促进科普事业的市场化发展。

（三）实体馆展教资源服务雷同，流动科普设施、农村中学科技馆展品展项缺乏差异化定位

"众馆一面"一直是困扰科技馆展品展览建设的一大难题，是指各类科技馆的展品展览设计雷同的现象，这使得科技馆建设缺乏特色，科普服务效果受到影响。造成众馆一面的原因是多方面的。首先，是研发能力不足的问题。我国科技馆建设起步较晚，很多地方最初建立科技馆时大多参照国外科技馆或国内已建设科技馆的相关经验，我国科技馆的展品多以模仿或复制国外经典展品或对其进行改进。很多地方仅仅是为了完成政绩而建馆，缺乏对科普工作和科学文化的深层次理解，盲目模仿现象严重。在资金投入二，很多科技馆更多将资金投入在硬件设施上，对展品和展览内容的研发投入也

不够。我国科技馆的设计经费的比例甚至很少达到10%，在欧美发达国家这一比例是20%左右。《科学技术馆建设标准》规定展品"年更新率不低于5%"的要求，除一些大型科技馆外，市、县一级的科技馆研发能力有限，基本都无法达到。其次，流动科技馆、科普大篷车、农村中学科技馆等展品在设计之初就采用模块化设计、标准化生产和"连锁"化运营模式，是基层科普设施雷同化的主要原因。这几类科普设施之所以采用这种形式成套配发展品和展览是为了降低成本，用有限的资金实现科普资源与服务的公平普惠，也给基层运营维护降低难度。但这也间接造成了展品资源和服务雷同、更新缓慢的问题，降低了流动科普基础设施之间的协同和共享能力。最后，从体制机制的建设来说，相关标准的缺乏使展教内容建设缺乏评估和科普效果的保障。科技馆应是最新科学技术成果展示的前沿阵地，科技馆对展品展项是否紧跟科技发展前沿，展示内容是否特色新颖关注较少，缺乏相关标准规定，使科普效果难以保障。

（四）科技馆数字化、信息化建设还处于初级阶段，数字科技馆建设需要拓展功能

随着科学技术的飞速发展，传统的运行管理模式已经很难满足时代发展的需求。新一代信息技术及人工智能技术的发展，为科技馆运行管理模式改革提供了技术支持。同时也可以看到，科技馆体系在运营管理上还尚未完成信息化建设转型，距离"智慧化"场馆建设更是还有很长一段路要走。数字化、信息化和智慧化建设是解决资源集散、统筹和分发的关键。目前，一些实体科技馆已经建立了一些资源库和数字化的网站，并逐步将科技馆内的管理体系进行信息化的转换。对于流动科普基础设施，一些硬件设施建设也逐步将其和实体科技馆连接起来，比如流动科技馆的"大屏主体门头"，科普大篷车的北斗定位系统，等等。但同时也应看到，仅是这些还远远不够，科技馆体系的智慧化发展还处于初级阶段。虽然已建立了数字科技馆这一纽带和桥梁，但是没有强大的存储和计算能力作为支撑，就很难起到作用。

（五）科技馆人才缺乏是重要制约因素

科技馆的发展建设，无论是硬件设施、体制机制建设，还是日常管理、展教资源与服务的开发、运行维护，最不可或缺的就是人才。人才既是提升科技馆研发能力的关键，也是基层科普活动开展的基石。科技馆体系在运行机制上存在的各类问题，归根结底都绕不开人才缺乏的问题。例如，很多地市级以下场馆普遍不具备自己研发和更新展品和展览的能力，最大的原因就是缺乏设计研发人才。展品和展览设计研发本就不是一件容易的事，对科学素养和创新能力都有较高要求，资金的投入不足和人才培养体系的不完善直接导致研发能力低下，展品和展览更新缓慢。从科技馆人才的培养培训体系、评价晋升体系到管理激励体系等方面的建设都远远落后于对科技馆硬件设施的建设，对人才队伍建设的投入也远不及在科技馆体系基础设施上投入得多，对人才的重视程度不够是主要原因。近年来，部分试点高校开设了科技传播学的硕士专业，部分省份试点建设了科普人才的专业职称评审，人才的培养和晋升环境在不断得到改善，但这些措施还远远不够。相较于省、副省、省会级及一些地市级的科技馆而言，区县级的科技馆、流动科普设施、农村中学科技馆等基层科普的人才缺乏更为严重。资金投入不足、缺乏培训和激励制度更加剧了基层科技馆人才的不断流失，致使基层科技馆人员流动性强，科普活动开展难度大，各类基层科普设施难以取得预期服务效果。因此如何加强基层人才队伍建设，是非常值得研究的问题。

四　现代科技馆体系发展建议

（一）拓宽多元资金来源和渠道

加大政府财政或税收拨款的拨付力度向中西部地区倾斜，出台相关政策或制度保障科技馆在人才培养、运行维护和展品展览研发上的投入比例；在有条件的地方采取门票收费或展览收费的方式营收，获取资金用于特色展品展览的研发及科技馆的品牌建设；积极探索理事会制度、会员制度等多元化的资金支持渠道；在不具备条件的偏远地区，由政府主导探索利用科技馆等基础设施的公益属性寻求企业等社会力量资助，提升企业品牌形象。打造多元化的资金来源和融资渠道。

（二）大力培养基层科技馆人才

在资金投入上加大对科技馆人才的资金投入比例，大力培养基层科普人才，要让人才培养专款专用，持续稳定地使财政投入向基层科技馆人才培养倾斜，留住基层科技馆人才。在人才培养上完善人才培养体系，可以试点探索建立地方专科院校专业，在基层培养基层人才。在人才晋升渠道上，完善评估评价体系及激励机制，打通人才晋升通道。完善人才培训体系，使在职人才能力不断提升。

（三）建立第三方评估机制

无论是科技馆体系的整体运行，还是每一个科技馆项目的开展，想要取得更好的效果，获得良性可持续的发展，就需要对科技馆体系运行的各个维度和环节进行评价和反馈。包括但不限于对科技馆管理水平的评估，对展品、展览、展教内容和服务的评估评价，对科普效果和观众需求及满意度的评估和反馈，对地区体系协同能力和共享开放成果的评估评价等。建立第三方的评估机制可以提供更真实的反馈，在项目和活动开展前进行评估可以对即将开展的工作有的放矢，对进展中的项目和活动进行评价可以确保工作的有效推进，在项目和活动等结束后的评估可以提供改进的方向，提升科普服务能力，保障科技馆体系各部分持续发挥作用。

（四）打造"智慧科技馆"体系

科技馆体系是一个整体运作的系统，为保障系统的每一个"毛细血管"都能有充足的"血液循环"，需要对科技馆体系进行数字化、信息化和智慧化建设，打造"智慧科技馆"体系。对现有各级各类科技馆的基础设施建

设要充分考虑建立信息化网络；充分利用好数字科技馆等平台的枢纽和桥梁作用，使各级各类科技馆资源服务实现协同共享，打造线上线下一体化服务平台，开发各类终端应用，链接各类基层科普设施网络节点；强化数据库建设，提升算法质量，实现科学规划、科学决策、科学统筹、精准服务等一系列智慧管理和服务。

（五）完善制度保障

随着科技馆体系逐步建成并快速发展，完善与之匹配的相关制度保障至关重要。尽快完善相关法律建设，将各类科普基础设施在地方的建设以法律形式进行保障。出台相关标准，完善现有标准细则，使评估评价机制有据可依，有标准可参照。完善跨部门、跨区域的统筹协调及项目管理制度，科学决策、科学管理以提升运行效率。出台相关政策，保障资金投入的多元渠道和人才培养体系建设。完善与"智慧科技馆体系"建设相配套的"智慧化"管理制度。

五　新时代科技馆体系的发展方向

（一）深入基层建设，巩固脱贫攻坚成果

建设现代科技馆体系的初心是为实现科普公共服务的公平普惠，覆盖各类人群。为实现更好的辐射作用，现代科技馆体系还将不断深入社区和农村，将科学文化带到田间地头，带到最广泛的人民群众中去，助力巩固脱贫攻坚成果。例如，将科普资源和服务与新时代文明实践中心建设相融合。新时代文明实践中心建设是党中央在新时代加强基层工作的重要战略部署，也是科技馆体系寻求实现科普服务公平普惠，打通科普服务"最后一公里"的又一有力阵地。服务新时代文明中心建设，打造科普志愿服务队伍，将使科普服务更"接地气"，及时满足基层公众对于科普服务的需求。科技馆体系建设未来将为新时代文明实践中心的科普服务工作提供强大支撑，使科普

服务准确、及时、精准地输送到田间地头、社区和乡村，成为科技馆体系品牌化、社会化建设的发展方向。

（二）新基建将发挥科技馆更多功能

步入新时代，随着国家"新型基础设施建设"（以下简称"新基建"）布局加快，人工智能、5G及工业互联网技术的兴起为科技馆等科普基础设施的发展建设带来新契机。"新基建"是以AI为核心技术的硬件科技。新冠肺炎疫情使公众的生活停摆，也为科技馆发展带来了新的思考。"智慧科技馆"建设，已经成为科技馆发展的必需，线上与线下相结合的平台，也成为科技馆发展的必然需求和关键服务。未来的数字科技馆在资源与服务上应更加综合和智能，充分利用用户在网站上浏览点击的数据，提升算法质量，增强应用，为科普资源和服务的集散分发提供更多支持，更加精准地了解受众需求，实现内容与服务的精准投放和对接。打通共享共建的渠道，真正实现基层有需求，数字科技馆有应对。未来的虚拟科技馆，将真正实现互动，让更多人不必出门就能身临其境。高速铁路的快速发展使人群活动范围逐渐扩大，未来科技馆的建设将以提升资源与服务质量为主，从大规模建设走向科学规划合理建设。

（三）应急科普将成为不可或缺的部分

随着我国进入高风险社会，突发公共事件增多，应急科普场馆建设方兴未艾。我国是世界上自然灾害最为严重的国家之一，公民对于自身生产生活安全的应急科普需求巨大。应急科普场馆是开展常态化应急科普工作的必要平台，也是突发公共事件发生时提供应急科普资源服务的重要保障。目前应急科普场馆尚未纳入科普基础设施规划中，缺乏相关权威统计数据。已有相关研究表明，我国应急科普场馆数量稀少，且区域分布不均衡，缺乏专业特色场馆，应急科普场馆建设能力亟待提升。随着人们生活水平逐渐提高，基层公众将更加关注自身健康与安全，如何让相应的科普深入服务基层群众，将是科技馆需要继续考虑的重要课题。

参考文献

蔡文东：《5G 时代推进中国科技馆信息化建设的思考》，《学会》2020 年第 1 期。

郝鹤：《推进中国特色现代科技馆体系建设的思考》，《吉林党校报》2019 年 12 月 15 日，第 4 期。

李朝晖：《新中国科普基础设施发展历程与未来展望》，《科普研究》2019 年第 14 期。

王金：《关于科技馆建立馆内展品标准体系的意义》，《科技与创新》2019 年第 19 期。

苑楠：《关于科技馆体系下主题展览巡展的几点思考》，《科技通报》2019 年第 35 期。

遂宁市科学技术学会：《遂宁市现代科技馆体系建设的现状分析及对策研究》，《今日科苑》2019 年第 3 期。

张梅芳、谢黎蓉：《2018 年华中科学教育与科学传播高层论坛暨现代科技馆体系相关标准与规范研讨会召开》《科学教育与博物馆》2018 年第 4 期。

张祖兴：《基于核心科学概念的科技馆展览教育之思考》，《自然科学博物馆研究》2018 年第 3 期。

Grace：《上海科技馆与巴斯夫联合打造"全链条"科普教育体系》，《上海化二》2018 年第 43 期。

殷浩：《推动中国特色现代科技馆体系的创新升级，助力公共科普服务的公平普惠》，《中国博物馆》2018 年第 2 期。

"全国科技馆评价指标体系研究"课题组：《全国科技馆评级指标体系研究报告》，载《科技馆研究报告集（2006～2015）》（上册），中国科学技术馆，2017。

"中国特色现代科技馆体系'十三五'规划研究"课题组：《中国特色现代科技馆体系建设发展研究报告》，载《科技馆研究报告集（2006～2015）》（上册），中国科学技术馆，2017。

"科技馆体系下利用网络和信息技术提升科普教育能力的研究"课题组：《科技馆体系下利用网络和信息技术提升科普教育能力的研究报告》，载《科技馆研究报告集（2006～2015）》（上册），中国科学技术馆，2017。

"科技馆体系下科技馆教育活动模式理论与实践研究"课题组：《科技馆体系下科技馆教育活动模式理论与实践研究报告》，载《科技馆研究报告集（2006～2015）》（上册），中国科学技术馆，2017。

"科技馆体系下科普大篷车发展对策研究"课题组：《科技馆体系下科普大篷车发展

对策研究报告》，载《科技馆研究报告集（2006～2015）》（上册），中国科学技术馆，2017。

"科普影视在中国特色现代科技馆体系中的发展现状及问题研究"课题组：《科普影视在中国特色现代科技馆体系中的发展现状及问题研究报告》，载《科技馆研究报告集（2006～2015）》（上册），中国科学技术馆，2017。

"科技馆的协同办公和信息化流程研究"课题组：《科技馆的协同办公和信息化流程研究报告》，载《科技馆研究报告集（2006～2015）》（下册），中国科学技术馆，2017。

徐扬、刘姝雯、王冰璐、刘芝玮、董思伽、魏思仪：《流动科技馆评估体系研究进展》，《科技管理研究》2017年第37期。

马麒：《广西推进中国特色现代科技馆体系建设的思考》，《科协论坛》2017年第2期。

赵雯雯：《智慧科技馆服务与管理系统的设计与实现》，安徽大学硕士学位论文，2017。

《中国科学技术协会事业发展"十三五"规划（2016～2020）》，《科协论坛》2016年第9期。

蔡文东、庞晓东、陈健、任贺春、吴彦旻：《在中国特色现代科技馆体系中开展应急科普工作的研究》，《科普研究》2016年第11期。

《中国科协科普发展规划（2016～2020年)》，《科协论坛》2016年第7期。

中国科学技术馆：《中国数字科技馆建设进展》，《科技导报》2016年第34期。

束为：《全面推进中国特色现代科技馆体系建设》，载《科技馆研究文选（2006～2015）》，中国科学技术馆，2016。

束为：《着力升级整合　服务创新驱动　开创中国特色现代科技馆体系新局面》，载《科技馆研究文选（2006～2015）》，中国科学技术馆，2016。

朱幼文：《科技馆体系下大中城市科技馆　科普展教能力面临的机遇与挑战》，载《科技馆研究文选（2006～2015）》，中国科学技术馆，2016。

王舒：《基于家长视角的科技馆亲子游戏活动评价体系的构建与应用》，华中师范大学硕士学位论文，2016。

齐欣、朱幼文、蔡文东：《中国特色现代科技馆体系建设发展研究报告》，《自然科学博物馆研究》2016年第1期。

张楠楠、高杨帆：《基于免费开放的科技馆绩效评价体系初探》，《科技传播》2016年第8期。

谭焱、朱珈仪：《科技馆常设展厅科普活动实施第三方评价体系的探究——以重庆科技馆为例》，《科技经济导刊》2016年第5期。

俞梁：《科技馆展览与科学知识建构互动模式设计与体系构建》，载王康友主编《全球科学教育改革背景下的馆校结合——第七届馆校结合科学教育研讨会论文集》，2015。

张鹰：《科技馆科学教育能力评估体系初探》，载王康友主编《全球科学教育改革背

景下的馆校结合——第七届馆校结合科学教育研讨会论文集》，2015。

王贤：《我国"四位一体"科技馆体系的发展探究》，《科技传播》2015 年第 7 期。

苑楠：《科技馆体系下流动科技馆人才队伍建设浅析》，《科技传播》2015 年第7 期。

刘菁：《在科技馆体系天文科普工作中运用互联网的研究》，《大众科技》2015 年第 17 期。

柏长春、陈智生、汤成霞、仇济群：《网络科普在科技馆体系中的功能和作用》，《科协论坛》2014 年第 12 期。

曾川宁：《关于特色科技馆体系建设的思考》，《科协论坛》2014 年第 11 期。

崔滢滢：《中国特色现代科技馆体系建设探析》，《科技传播》2014 年第 6 期。

付森：《论中国特色现代科技馆体系建设——科技馆面临的机遇与挑战》，《才智》2014 年第 31 期。

于峰：《战略思维与行业引领——"三馆合一"科普云远程视信体系关键技术研究中的思考》，载中国科普研究所编《中国科普理论与实践探索——第二十一届全国科-普理论研讨会论文集》，2014。

龙敏：《关于湖北省科技馆新体系建设的几点思考》，载中国科普研究所编《中国科普理论与实践探索——第二十一届全国科普理论研讨会论文集》，2014。

黄曼、聂卓、危怀安：《免费开放的科技馆观众满意度测评指标体系研究——基于 7 座科技馆的实证分析》，《现代情报》2014 年第 34 期。

隋家忠、毕瑞芝、李丽：《浅谈科技馆有效开展基层流动科普服务的思路和对策》，《学会》2014 年第 7 期。

张彩霞：《科技馆实验类教育活动体系研究》，《科普研究》2014 年第 9 期。

陈珂珂：《中国科普基础设施建设的成就、原因与预测》，《科普研究》2014 年第 9 期。

管昕、勾文增、侯的平：《文化建设视域下科技馆的创新发展》，《广东科技》2014 年第 23 期。

冯江围：《科学发展视野下的现代科技馆科普教育创新发展体系构建》，载中国科学技术协会、云南省人民政府编《第十六届中国科协年会——分 16 以科学发展的新视野，努力创新科技教育内容论坛论文集》，2014。

马佳宁：《科技馆网站系统的设计与实现》，厦门大学，2014。

潘文、陈飞：《浅论我国科普产业的现状与发展》，《科学咨询（科技·管理）》2014 年第 1 期。

梅红：《关于构建网络科普的思考》，《新西部》（理论版）2013 年第 22 期。

莫扬、沈群红、温超：《科技馆专业人员评价制度研究》，《科普研究》2013 年第 8 期。

刘春霞：《有效开展科技馆体系下辐射基层的流动科普服务探讨》，《科技视界》2013 年第 24 期。

陈静：《科技馆旅游服务体系构建研究》，华侨大学，2013。

吴成涛：《浅析"三标一体化"管理体系在科技馆（科学中心）运行管理中的作用》，《广东科技》2012 年第 21 期。

王洪鹏：《浅谈科技馆展品的评价标准》，《科普研究》2011 年第 6 期。

安庆红：《科技馆员工绩效考核体系设计》，天津大学，2011。

张小林：《互联网科普作品质量控制体系建设——关于互联网科普的若干问题之二》，《科普研究》2010 年第 5 期。

谭岑：《大中型科学技术馆评价模型及其应用研究》，合肥工业大学，2010。

曾明花：《论科技馆培训体系的构建》，《学会》2007 年第 7 期。

曾明花：《M 科技馆工作人员培训体系的研究与设计》，厦门大学，2007。

周俊青：《建立科技馆科普评估体系之我见》，载李象益编《中国科协 2005 年学术年会论文集——西部科普场馆建设与发展》，2005。

程东红：《中国现代科技馆体系研究》，中国科学技术出版社，2014。

殷皓主编《中国现代科技馆体系发展报告（No.1）》，社会科学文献出版社，2019。

案例报告
Case Reports

B.6
博物馆未来发展趋势与策略

冯羽　王晨玮　倪杰　郑念*

摘　要：　博物馆是科普基础设施的重要组成部分，近十年来，我国博物馆数量不仅快速增长，而且公共文化服务的水平也有了明显提升，这都得益于博物馆定级评估和运行评估标准的建立和不断完善，"以评促建"大大提升了博物馆建设运营水平，形成了博物馆之间"比学赶超"的良好氛围，促进了博物馆公共服务效能的提升。本报告通过对博物馆定级和运行评估标准变化的分析，介绍国家一级博物馆运行管理中可供其他博物馆借鉴参考的案例，研判博物馆未来发展的趋势，最后提出博物馆提升能级的建议，以期全国博物馆都能够在党和政府的领导下，实

---

* 冯羽，上海博物馆副研究馆员，研究方向为博物馆传播，博物馆文化建设规划与政策研究、科普场馆发展能力评估，科学与技术教育传播等；王晨玮，上海博物馆监察专员，研究方向为新生代农民工素质教育；倪杰，上海科技馆副研究馆员，研究方向为博物馆学、科普理论与实践、数学教育；郑念，中国科普研究所副所长，研究员，研究方向为科普评估理论。感谢上海博物馆党委书记汤世芬、党委副书记、纪委书记朱诚，党委办公室主任、监察审计室主任蔡敏对本研究工作的支持和指导。

现科学发展，以此不断丰富公众文化生活，提升公民科学文化素养，从而为大力推动社会主义先进文化建设做出贡献。

关键词： 博物馆　定级评估　运行评估

近年来，我国博物馆数量快速增长。据国家文物局的统计，"从 2010 年到 2018 年底，博物馆数量增长了 1939 家，目前注册的已经达到 5354 家"。据中国博物馆协会公布的相关数据，"截至 2020 年 12 月，被评为国家一、二、三级博物馆的数量已达到 1224 家，比 2010 年增长了 682 家。目前，一级到三级博物馆数量比例接近 1∶2∶3，其中，国家一级博物馆有 204 家，比 2010 年增长了 121 家"。博物馆不仅整体数量大幅度增加，根据评上一、二、三级博物馆的数量来看，博物馆运行管理的总体质量和服务水平也有大幅度提升。

根据 2019 年博物馆定级评估，博物馆按照性质进行分类，分为文物博物馆、行业博物馆和非国有博物馆。因此，根据 2019 年博物馆定级评估最新分类，历史文化与综合类、遗址类和部分纪念馆类属于文物博物馆，自然科技与专题类属于行业博物馆。

本报告通过分析博物馆定级、运行评估标准的变化，介绍国家一级博物馆在运行管理中可供其他博物馆参考借鉴的案例，研判博物馆未来发展的趋势，最后提出博物馆提升能级的建议，以期全国博物馆都能够创新体制机制，逐步提升自己的管理、运行水平，以此不断丰富公众文化生活，提升公民科学文化素养，从而为大力推动社会主义先进文化建设做出贡献。

一　博物馆定级和运行评估的变化情况概述

"博物馆定级评估"提供了博物馆管理的标准，对于博物馆的办馆质量起到管理、监督的作用，各个博物馆也形成了"比学赶超"的良好氛围，促进了全国博物馆事业的发展。该项工作于 2008 年启动。目前，定级评估

等级包括国家一级、国家二级和国家三级，其中国家一级为最高级。

"博物馆运行评估"重点考核被评为"国家一级"博物馆的业务绩效水平，突出强调博物馆对社会的服务产出实效与贡献。评估主要由专家与社会公众共同评价，因此，博物馆的信息公开是评估体系中非常重要的考核要素。评估结果分为"优秀、合格、基本合格、不合格"。

此处主要探讨国家一级博物馆定级和运行评估标准的变化。

（一）国家一级博物馆定级评估标准的变化

2019版和2016版博物馆定级评估标准相比有较多变化，这些变化对于博物馆的发展方向和日常工作有非常大的指导意义。下面将变化之处一一筛出，以清晰了解2019版博物馆定级评估标准修改之处，同时也可供博物馆决策者参考。

1. 综合管理与基础设施方面

（1）章程与发展规划：强调了博物馆要"服务国家和地区的战略规划"，增加了"博物馆自身的发展规划要能体现特色性和差异性，同时要提供高品质的公共文化服务"。

（2）人力资源：去除了"专业技术人员占在编人员的75%以上"，放宽了高、中级管理人员具备大学以上文化程度的标准要求，加了"一般应"具备大学以上文化程度；员工考核方面，去除了"上岗人员培训合格率达100%"，增加了"上岗人员岗前培训管理"，强化了"博物馆管理人员应具有相关行政机构认定的干部培训经历及证书"。

（3）信息化建设：去除了"有功能完善、运行可靠的局域网办公信息系统"，增加了"信息化基础设施建设完备，适应智慧博物馆建设的基本要求；要有一套支撑智慧博物馆建设与发展的业务系统和流程"。

2. 藏品管理与科学研究方面

（1）藏品管理：对于博物馆收藏藏品总量进行了修改，仅要求博物馆拥有"藏品总量300件/套以上"即可，但对于藏品的总体价值品质要求提升了，要求藏品价值从"很高"到"极高"，并要求价值具有世界意义。此外，补充了多种征集渠道的方式，增加了"接收捐赠等"。

（2）科学研究：删除了"有科技部门"，要求博物馆能够"与高校和科研院所经常开展学术交流"，同时鼓励"联合研究、科研成果共享与转化推广"，对于人才方面，鼓励"合作培养人才，实行双向兼职"。

3. 陈列展览与社会服务方面

（1）影响力：年观众量从"50万人次以上，其中海外观众2万人次以上"修改为"年观众量20万人次以上"；增加了"博物馆进社区开展活动，年均不少于20次""积极参与行业组织"，鼓励"区域之间博物馆的业务交流"，积极为"中小型博物馆和民营博物馆的建设等提供帮扶并形成机制"，鼓励临时展览实行"联合办展、巡回交换展览和合作办展等"。

（2）展示、教育和传播：标题增加"传播"，增加了"具有基本陈列动态调整机制"，要求临时展览具备"原创性"，同时要重视"观众调查"，积极了解"观众需求"，要求博物馆"积极运用现代信息技术"，开展丰富多彩的活动，鼓励博物馆把活动带进"社区与乡镇"，积极参与"国际交流"，积极推动"博物馆进校园进课堂进教材"。

（3）公众服务：2016版标题为"社会服务"，2019版更改为"公众服务"；2019版对博物馆每年开放时长做出了新的规定，从300天缩短为240天；要求在特定时间段，博物馆常设展览可以"免费向公众开放"，同时增加了建议向特定受众免费开放，如"教师、军人、老年人、未成年人等"；年免费接待青少年观众人数占观众总人数的20%提高到30%；管理观众承载量，增加了"测定"；鼓励博物馆在安全保障前提下，举办"夜场"活动，探索"错时开放"；售票增加了"设室内售票点，或实施互联网售票、二维码验票"；销售服务设施增加了"文创产品"；卫生设施增加了"维护清洁及时"；要求博物馆制定并规范"馆藏资源的知识产权授权制度，为社会合法使用博物馆数字资源提供路径"。

（二）国家一级博物馆运行评估指标体系的变化

2017版国家一级博物馆运行评估指标体系（见图3）相较于2009版

（见图1和图2）运行评估指标体系变化较多。通过对比2009版和2017版国家一级博物馆运行评估指标体系的变化，可以看出2017版不再分定性和定量评估，评估标准更加精准。

对于国家一级博物馆，传播内容、传播效果和传播主体的管理效能就是重点评估方向，所占的重要性为3∶1∶1，这也是评估的一级指标。

在二级指标里面，内容传播方面，不管是陈列展览，还是公众教育，抑或是科学研究，作为博物馆的基本业务它们几乎同等重要。重要性排序方面，陈列展览排在首位，其次是公众教育，最后是科学研究。内部管理和社会反馈同等重要，进一步阐明了博物馆不仅要做好内部管理，同样要高度重视公众的意见反馈。

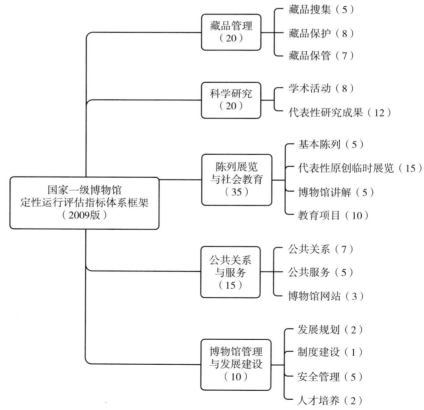

图1　国家一级博物馆定性运行评估指标体系框架（2009版）

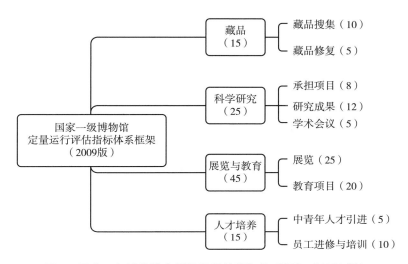

图2　国家一级博物馆定量运行评估指标体系框架（2009版）

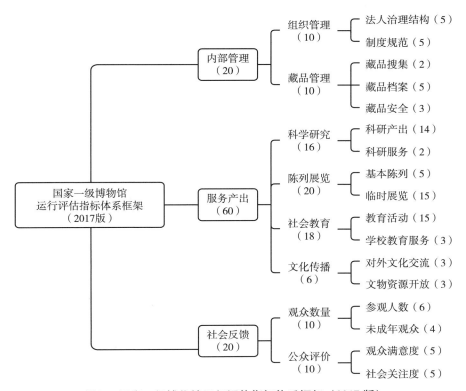

图3　国家一级博物馆运行评估指标体系框架（2017版）

二 博物馆定级和运行评估的变化情况分析

（一）从博物馆定级标准变化看

1. 对博物馆的发展规划有了更高的要求

第一，要求博物馆要服务国家和地区重大发展战略。博物馆的发展规划绝不能只是自己一馆之规划，要充分考虑并对接国家和地区的发展战略规划。博物馆要有构建"中华文化传承体系"的使命担当，要有增强国人"文化自信"的使命担当，要有推动构建"人类命运共同体"的使命担当。

第二，要求发展规划符合博物馆自身的定位、宗旨。博物馆的发展规划必须要有符合自身发展的规划定位，科学编制办馆规划，并对规划的分解、落实情况加强监督。年度工作计划要与中长期规划有效衔接，任务明确，可操作性强，要让年度工作计划与中长期规划对标对表，确保每一项任务有效完成。

第三，要求博物馆在保证高品质的同时，能够办出特色，拒绝"千馆一面"。博物馆要合理定位自己的优势和特色，明确建设与发展的重点，在满足社会公众多层次、多样化的文化消费需求的同时，推出各具特色的精品展览和文化服务，在不同层次、不同领域呈现优势、体现特色，拿出个性化方案。

2. 对博物馆信息化建设提出了新的要求

第一，博物馆基础设施要能够适应智慧博物馆建设的要求。博物馆的网络接入、网络安全、终端和配套设备等是搭建"智慧博物馆"这个庞大建筑群的地基，通过物联网、云计算、大数据、人工智能等新技术构筑"钢筋水泥"，以全面透彻的智能感知、万物泛在的互联互动，组建全新的学习和交流"空间"。

第二，博物馆业务系统要能满足智慧博物馆中心工作需要。所谓智慧保护，就是要从"内"到"外"精准监测藏品健康状态，提高藏品预防性保护的深度和力度，在藏品本体、环境、修复、运输、安防等方面真正实现风险预控；所谓智慧管理，就是要最大限度地减少内部与外部管理工作的人工参与，提升馆内业务协同效率，保障人、财、物管理的精细化，决策的科学化；所谓智慧服务，就是以多维展现互动形式，为观众提供无处不在的服务体验，让知识在潜移默化中传播。最终，建立起全面的互联互通，消灭信息孤岛，提供"物、人、数据"三者之间的双向多元信息互联互通，支撑博物馆业务流程。

3. 对博物馆提升影响力有了更全面指导

第一，博物馆要主动融入当地群众文化生活，参与社区文化建设。长期以来博物馆的工作是"以物为本"，如今的博物馆已不再只是"藏宝之地"，博物馆的藏品等资源也不能再是"深藏闺中无人识"，博物馆要关注和研究公众对博物馆文化产品的需求，绝不能再"关起门来搞策划"，而应该根据公众的需要去设计策划文化产品，拓展服务功能，开展"菜单式""订单式"服务，主动走进"社区"，通过举办夜场延长开放时间等形式，增强公众对博物馆的"亲切感"和"亲近感"，努力满足公众不断增长的多样化、个性化需求，实现建设"公众友好型"博物馆的目标，打造博物馆与公众之间的新型关系。

第二，博物馆要积极参与行业组织，引导区域内博物馆共同发展。从近年来国家一级博物馆的运行评估看，被评为"优秀"的博物馆多数属于中央、地方共建国家级博物馆，通过中央、地方共建国家级博物馆，引导优秀的博物馆带动区域内的博物馆共同发展，从而有效促进博物馆事业发展水平的整体提高。中国科协、中国博协和各省、市博物馆协（学）会和科普教育基地等，通过各种评奖评级、先进表彰、培训活动、藏品展览等，有效地促进了各级各类博物馆的发展。因此，国家一级博物馆要充分发挥"领头羊"效应，各级行业组织也要积极发挥推动作用，共同促进区域内博物馆业务能力的提升与发展，以此满足公众多元化的需求。

第三，博物馆要加强馆际交流与合作，对口帮扶中小博物馆。目前，在我国馆与馆之间的发展水平并不均衡，中央、地方共建国家级博物馆资源相

对较多，在收藏研究、陈列展览和人才储备等方面的优势非常明显，实力非常雄厚，而一些中小型博物馆和非国有博物馆，相对资源就比较缺乏，因此，在不同博物馆之间，应探索加强馆际协作、交流机制，藏品、人才等资源共享的机制，建立博物馆之间竞争、互补、协作的良性互动，共同培养和发展博物馆文化，提高公众文化需求和科学素养。同时应该探索中小型博物馆托管制度，探索围绕国家一级博物馆为中心的博物馆协作网络，以强扶弱，以大带小，激发广大中小博物馆的活力与服务能力。

4. 对博物馆与学校合作提出了新的要求

第一，积极探索与高校、科研院所合作机制。与高校联合探索博物馆人才培养机制，培养高素质的博物馆专业技术人才。与高校开展联合研究、双向兼职，为博物馆专业人才的成长提供发展机遇，同时也为高校教师提供实践的场所。积极与高校开展学术交流活动，促进博物馆人才专业能力的提升。通过高校与科研院所的成果共享和转化，让更多成果能够在博物馆展示，让公众有机会了解最新的科研成果，对于科学家所从事的科研工作有所认知，促进公众理解科学，从而提升公众的科学文化素养。

第二，探索与中小学教材、课程等的有效对接。博物馆专家不能仅仅是到中小学做讲座，博物馆优质教育资源更需要与教委进行积极对接，对接课程教改等计划，把博物馆教育纳入义务教育体系当中，促进博物馆资源更好地被利用，与现有教育体系融合，成为中小学教育课程当中的必修课，构建和完善博物馆青少年教育课程体系。

（二）从博物馆运行评估指标体系变化看

1. 博物馆理事会制度被提上议事日程

建立博物馆理事会制度是创新博物馆管理和服务能力，满足人民对博物馆高质量发展要求的一个重要举措，是博物馆公共性的组织体现。博物馆要加快建设"理事会制度"，让社会贤达等各界关注、支持博物馆事业发展的人士共同参与到博物馆的建设中，这样才能真正提升博物馆面向公众办馆的能力，才能为博物馆事业可持续发展提供源源不断的动力。

2. 向国外推介中华文化得到高度的重视

在全球发展战略合作框架内，博物馆不仅要传播中华文明，还要促进各国在相互理解、相互尊重的基础上共同发展、共同繁荣，要让博物馆成为文明互鉴的"形象大使"、构建"人类命运共同体"的重要基石，因此，伴随中华民族的复兴征程，在"一带一路"倡议下，博物馆推介中华文化"走出去"正当其时、大有可为，是真正实现"各美其美，美人之美，美美与共，天下大同"。

3. 重视 IP 授权开发文创并创造经济效益

博物馆作为传播科学与文化的重要场所，要注重馆藏资源的 IP 授权，创新 IP 授权方式，不断孵化"馆藏＋旅游""馆藏＋教育""馆藏＋传媒""馆藏＋智造"等新业态，让馆藏资源不仅"活"起来，更"火"起来，融入人们的日常生活。同时，博物馆也可以通过 IP 授权所带来的经济效益，反哺博物馆的收藏、科研等业务工作，酿厚博物馆在文化传承与传播上的基底，促进博物馆运营的可持续发展。

4. 扩大馆藏资源对社会的开放与使用

根据国家文物局组织编制的相关文件，馆藏资源不仅包括一些我们常说的"藏品"，还包括很多围绕藏品等开发的信息资源，如藏品数据、图像、视频等。博物馆应当从公众需求出发，更多地面向公众开放资源，实现建设"公众友好型"博物馆的目标。通过对资源合理的利用和创造性劳动，尽可能地放大博物馆资源的效能，不断满足公众日益增长的文化需求。当下，新冠肺炎疫情导致人们的出行受到一定的限制，国内各大博物馆都开始注重开发"云上游博物馆""线上听讲座"等数字资源，馆藏数字资源的高效利用被快速地推进。

5. 重视观众的结构比例和未成年人教育

信息时代，博物馆被重新定义，不仅是收藏、展示、研究与教育机构，博物馆愈加成为一个地域内汇集各类活动与消费的文化中心，是向外界展示一个城市文明的窗口。因此，作为文化中心和文明窗口的博物馆不仅要关注参观人流总量，更要关注来自不同地域的参观人群量，为推动城市文化复

兴，推动地域文化与经济的发展繁荣做出贡献。此外，博物馆青少年教育职能已越来越被博物馆界及教育界所重视，博物馆蕴藏着丰富的历史文化、社会人文资源，在培育青少年艺术感受、科学思维、品格素养等方面具有重要价值。博物馆每年应该积极组织青少年到博物馆参观，帮助青少年系统、科学并充满乐趣地建立艺术素养和科学思维。

6. 重视公众评价对服务质量与效能的提升

要重视公众的评价，要以公众的获得感为导向，为公众提供更好的服务，增强公众对博物馆的"获得感"和"亲近感"。要关注、研究公众对博物馆的需求，无论是陈列展览，还是文化活动，包括文创产品，在设计策划前，应当注意了解公众的需求。目前，各大博物馆开始注重提升设施环境，不仅注重基础设施等方面的新建与改造，也开始注重提升公众参观体验等方面的建设，包括实行预约参观，减少现场排队的时间，推出智慧导览，收集参观者意见反馈，安排专人为无智能化移动设备的老年人提供参观预约服务，在场馆内提供哺乳室和家庭专用厕所，帮助来博物馆参观的家长更方便地照顾孩子等，以提升公共服务的质量，满足公众不同的需求。

三　国家一级博物馆案例分析

截至 2020 年底，在国家一级博物馆中，历史文化与综合类、纪念馆类、自然科技与专题类和遗址类博物馆共 204 家。本报告将选择国家一级博物馆的部分代表性案例，以此从不同方面介绍这些馆是如何提升自己的公共服务能级的，以供其他博物馆借鉴参考。

（一）上海博物馆

上海博物馆建立于 1952 年，是全国 11 家中央、地方共建重点博物馆之一，作为国家一级博物馆，其主要以展示中国古代艺术珍品为主，馆藏文物百万件，其中珍贵文物十万余件。地处考古资源相对比较稀缺的上海，上海博物馆得益于近 70 年的专业研究功底和对待收藏家诚恳的态度，众多国家级文物宝藏相继入藏上海博物馆，铸就起上海雄厚的文物家底，享誉全球。

1. 服务国家战略，彰显城市品牌

为助力长三角一体化高质量发展国家战略，打造"江南文化圈"，上海博物馆于 2019 年启动关于"江南文化"方面的课题调研工作，调研重点在于如何发挥博物馆作用来提升"江南文化"的影响力，促进长三角一体化国家战略的实施。上海博物馆党委领导亲自挂帅，带领研究人员走访了中国航海博物馆、南京博物院、苏州博物馆、浙江省博物馆、安徽博物院等 20 多家博物馆，与新华社上海分社、新民晚报、东方网、上海广播电视台等主流媒体进行了洽谈，还向上海市文联、社联等组织取经学习，最终提出了针对政府层面和博物馆行业层面实用而有效的对策建议。

2020 年，上海博物馆举办了首个提升至"江南文化"主题层面的展览——"春风千里——江南文化艺术展"，同时推出了社科大师与文博专家共同对话的"江南文化讲堂"，还特别推出了荣膺 2020 年度全国"最美的书"称号的《江南文化丛书》，与长三角地区博物馆共同打造"长三角文化产业共同体"，研发了几十种具有"江南文化"特色的文创伴手礼，邀请著名主持人结合"江南文化艺术展"里的珍贵艺术品共同演绎"诗书画·忆江南"系列节目，推出了游戏"梦回江南"、"国宝说"线上课程和"了不起的江南"主题夏令营，通过"文荟华阳"项目，将"江南文化"送进街道社区，建立青龙镇遗址考古工作站，推进福泉山遗址、柘林遗址和广富林遗址等考古挖掘工作，丰富了公共文化供给，助推了长三角"三省一市"以"江南文化"为纽带的高质量一体化发展。

为了更好地服务"一带一路"建设，促进沿线各国文化交流，上海博物馆的"一带一路"研究发展中心于 2018 年成立，并与斯里兰卡等国签订协议，共同开展考古研究，同时先后举办了"考古发现与海上丝绸之路"国际研讨会和"一带一路"博物馆管理高级研修班等，其中，"一带一路"博物馆管理高级研修班得到中宣部的表彰。此外，上海博物馆还积极组织境外展览，先后在美国、俄罗斯、乌兹别克斯坦、法国、匈牙利、日本和中国

台湾举办"青花瓷的起源、发展与交流""古代中国的香文化"等展览，并在新冠肺炎疫情常态化防控的背景下，通过举办"云上对话"，促进了国际博物馆人的交流，持续推动了不同地域之间多元文明的互通互鉴。

上海博物馆坚持国家站位，突出上海特色，通过打响"上海文化"品牌，加强了"江南文化"的传承和创新，助力了长三角一体化高质量发展国家战略的实施，弘扬了中国优秀传统文化，传播了上海"追求卓越、海纳百川"的城市品质，提升了上海博物馆公共服务的品质和效能，真正用行动践行着"人民城市人民建，人民城市为人民"的理念。

2. 提升智慧感知，促进自主学习

早在2018年，上海博物馆就建成了首个博物馆数字化管理平台，系统可及时反馈展厅参观者数量进行聚集性风险提示，还可根据数据分析观众对展品的喜爱程度、观展需求等。当前，上海博物馆正筹备建设"智慧上博"六大应用场景系统，包括智能化管理系统、博物馆智能导览、智能视频分析、智慧客流分析、智慧辅助藏品修复和古籍文献智能研究，将通过大数据平台与AI能力平台两大平台建设，实现智慧化创新式博物馆的愿景。

为了满足博物馆观众日益更新的参观体验需求，更好地提供全方位观展导览服务，上海博物馆在现有的多方位导览服务的基础上，于2019年12月推出一款新型导览设备——"智慧导览"观众导览服务系统。"智慧导览"观众导览服务系统是以平板电脑为载体的全新一代智能讲解导览服务系统，集成了物联网、移动互联网和大数据等新技术，以便捷、智能、人性化的优势，通过实现展品的自动定位、游客定位和游客行为识别等功能，向游客推送相关展品的语音讲解、延伸信息及互动体验等内容，在展品的解读上与观众实现智慧互动，提升观众的参观体验，以此来讲好展品的故事。依托智慧化建设，2020年2月上海博物馆推出"上博邀您云看展"专题合集，内容包括三维虚拟特展、在线教育课程、网上主题展和珍品专题等，在疫情期间有效丰富了市民的文化生活。

上海博物馆正逐步构建起一个智能、便捷并充分保护公众个人隐私的智慧化博物馆系统，促进博物馆由"公共教育场所"向"自我学习"空间的转变。突破博物馆的有限空间，最大限度地利用博物馆资源，改变传统的你听我说的"教育"形态，赋予公众更多自主性，帮助公众跨越由信息技术快速发展所带来的"技术鸿沟"，方便公众获得更多专业的、严谨的、准确的知识，为社会发展和提升公众科学文化素养服务。

（二）上海科技馆

上海科技馆 2001 年正式对外开放，作为一个综合性的科普场馆，其集科学技术馆、自然博物馆和天文馆为一体，不仅是国家一级博物馆，而且是国家 5A 级旅游景区，曾经连续两年获得"全球最受欢迎的 20 个博物馆之一"的荣誉。可以说，上海科技馆已在业界有较大的影响力，并逐渐走向国际一流科技馆行列。

1. 强化战略规划，引领科学办馆

在 2016 年制定的《上海科技馆"十三五"发展行动纲要》中提到："一个定位"是发展目标，即成为国际上具有行业引领地位的科学技术博物馆集群；"两大工程"是重大项目，即上海天文馆的建设工程和上海科技馆的更新改造工程；"八个提升"是重点任务，即在集群管理、国际影响力、智慧场馆、教育服务、展览展示、科学研究、人才队伍、科普产业八个方面实现全方位提升。目前上海科技馆已基本实现总体发展目标。

上海科技馆在申报"国家科技与文化融合示范基地"的时候，提出了"将进一步整合科普资源，鼓励创新性成果的转化，并建设具有国际科学博物馆事业引领力的系统化、多元化、普惠化的科普与文化资源融合的示范基地"的发展目标，2019 年其被批准为示范基地。上海科技馆未来还将规划建立科普文创产品研发中心，开展科普文创示范团队建设、加强科普文创产业市场培育、打造科普文化产业的新模式等。

2020 年底，上海科技馆发布了本馆的"十四五"发展规划，提出了新的发展目标，提出"要构建开放共享的科学教育生态体系，要打造独具特色的上海科创中心建设的展示平台，要成为代表创新精神的世界级科学文化

地标"。在此基础上，提出了"五个重点任务"，分别从展览、教育、科研、管理、人才五个方面提出了新的要求。其中，最为引人注目的是"打造专业策展团队，打造科普游戏实验平台，建设有科技、自然和天文馆特色的藏品中心和建设高端科普智库"。

从《上海科技馆"十三五"发展行动纲要》到《上海科技馆"十四五"发展规划》的发布，可以看出规划对于一个博物馆未来发展的重要性，规划设计了美好的蓝图愿景，规划引领了前进的发展方向，规划让每年工作计划都有的放矢。更为可贵的是，上海科技馆在规划实施过程中，配套制定了可实施、可量化、可评估的实施方案，并根据结果适时动态调整目标任务，确保了每一项任务都能保质保量地完成。

2. 探索馆校合作，提升内生动力

随着时代的变迁，上海科技馆发现，馆内现有的人才队伍无法满足本馆的未来发展和建设，上海科技馆一方面开始探索与高校合作培养高级专业人才，另一方面提出了创新引进"外脑智慧"的模式，上海科技馆从一期、二期到新自然博物馆的建成，都离不开开放式的馆校合作。

上海科技馆通过调研馆内现有人才队伍的专业，发现几乎没有和科技馆未来发展所匹配的专业人才，从 2010 年开始，上海科技馆着手探索与高交合作，培养"科技教育""科学传播"等专业的硕士研究生，向教育部和中国科协汇报了相关的方案后，教育部决定亲自牵头，在全国联系了清华大学、华东师范大学等 6 家一流的高校进行试点，负责为全国科技馆、各地科协等科普机构培养科普教育和科学传播的高级专业人才。通过全国硕士研究生统一招生考试，不少在科普基层一线有着多年丰富工作经验的大学本科毕业生，在工作多年后有机会得到进一步的提升，同时对于基层科普机构，也通过内部人才的培养，为自己未来发展储备了既有专业知识又有实践工作经验的高级专业人才。

上海科技馆在一期和二期展示建设过程中，高度重视与高校、科研院所合作，如机器人剧场导演是上海戏剧学院导演系主任龙俊杰，中国美术学院院长著名画家许江教授亲自参与上海科技馆公共空间长廊浮雕的设计制作。

上海自然博物馆（也称上海自然博物馆新馆、上海科技馆分馆）迁建的时候，不仅有中国科学院院士褚君浩、何积丰的指导，还有复旦大学生命科学学院钟扬教授、上海纽约大学校长俞立中教授、华东师范大学生命科学学院王天厚教授、上海科学研究所原所长李健民研究员等为新上海自然博物馆提供了非常专业的内容建议。正是由于不断引进"外脑智慧"，新上海自然博物馆在建成后，受到无数的好评。

上海科技馆在建设与发展过程中不断探索"馆校合作"的新模式，不断改革创新，不断突破前进，勇当科普先锋，促进了科技馆自身内生动力的提升和跨越式成长，其正在朝着建设具有引领示范效应的世界一流科学博物馆集群、代表创新精神的世界级科学文化地标的目标不断努力。

四 博物馆未来发展趋势研判

（一）博物馆发展呈现新趋势

从博物馆的发展趋势看，博物馆是连接过去、现在和未来的纽带，是呈现文化多样性、凝聚文化认同感的重要平台，是激发公众产生思考、创造想法的理想空间，是宾至如归的美好家园。

1. 作为记忆空间的博物馆

不仅强调博物馆是收藏各类珍贵文物、珍稀标本等的空间，更强调其保存历史记忆的属性，博物馆要让人们知道自己来自哪里，未来我们将走向何方，今天我们该承担怎样的历史责任，如何更好地担负起记录新时代、书写新时代、讴歌新时代的使命。

2. 作为文化空间的博物馆

不仅强调博物馆在空间轴上的超级链接，更强调其传播科学与文化的属性，秉持求真的精神，以文育人、以文培元，维护文化多样性，为不同文化的交流提供一个对话的平台，让人们用更加包容、开放的心态来认识彼此，促进不同文化的交流互鉴。

3. 作为网络空间的博物馆

不仅强调博物馆在有限空间内的展示传播，更强调其作为文化网络的中心需要发挥的功能，突出以"网络"为本，搭建时间网络、地域网络和社交网络，从而建立历史的"连续性"、突破地理的"边界性"、实现人际的"互动性"，使其真正成为"指尖上的博物馆""可行走的博物馆"。

4. 作为景观空间的博物馆

不仅强调博物馆在展览空间上的感召力，更强调其作为文化景观空间功能的营造，突出以"环境"为本，重视传统文化符号和人文关怀在内的文化空间，让博物馆周边的空间环境、博物馆内部的公共空间和展览空间产生文化景观效应，充分营造不同功能需要的建筑空间，使公众能够在博物馆里感受到安逸、舒适和有回忆的生活。

（二）我国博物馆发展面临新机遇

以国家战略为引领，扎实推进科学文化领域供给侧结构性改革，让公众日益增长、不断升级和个性化的科学文化需求得到满足。

1. 国家战略要求：助推"一带一路"文明互鉴

加强与"一带一路"沿线国家和地区在考古研究、藏品修复、展览、人员培训、世界遗产申报与管理等方面的合作。博物馆要积极推进"互联网＋中华文明"项目，通过"科普中国"平台，建设博物馆科普资源库，促进不同文化之间的对话、理解和互信。

2. 区域发展要求：推动区域内博物馆协同发展

积极推动区域之间博物馆协同创新平台建设，对于中小型的区县博物馆或科技馆要积极在展品、藏品、展览、人才等方面对接帮扶，强化合作办展、展览互换，开展联合考古和文化遗产保护等，全面推动区域内博物馆的协同发展。

3. 公众文化需求：提高博物馆公共服务的水平

要充分发挥博物馆内的科普资源在促进地区经济文化发展中的作用，打造特色展览，设计适应不同受众的教育活动，充分运用 AR、VR 等信息技术帮助公众更好地在博物馆内参观学习，在博物馆内设计能够用来休闲、小憩片刻的舒适空间环境，进一步促进博物馆优质资源通过各种方式深入社区，服务县乡等民众，进一步提升博物馆公共服务的能级和能效。

4. 创新发展要求：培育文化科技融合示范载体

2018 年，中宣部和科技部共同发文，鼓励各单位积极申报文化科技融合示范载体，一旦申报成功，将给予示范载体项目资金等方面的扶持。通过培养示范载体，可以全面、有效地推进信息网络、智能制造、虚拟现实、大数据、云计算等高新技术在博物馆的应用，加强成果的创新型转化、宣传和推广，进一步激发博物馆创新和创造的活力。

五　进一步提升博物馆发展能级的对策和建议

（一）加强政治意识，强化战略规划的引领与监测评估

1. 服务国家和地区重大发展战略

无论是何种类型的博物馆，在制定规划和行动计划方面，需要以服务国家和地区重大发展战略规划为基准，坚持党的全面领导，坚持社会主义核心价值观为引领，不断改革创新，以高质量发展水平扩大供给侧，刺激国内和国际双循环的需求侧，充分调动一切积极因素，为建设社会主义文化强国和科技强国，贡献博物馆的智慧。

2. 构建中国博物馆的新发展格局

博物馆要以新发展理念为指挥棒，着力构建博物馆"十四五"新发展格局，强化规划引领，强化品牌建设，要切实把新发展理念贯穿到规划发展的全过程中，促进博物馆发展质量得到全面提升，推动博物馆结构得到持续优化，完善现代博物馆体系，要进一步促进在不同地域不同文化之间的交流、对话与互信，满足人民日益增长的美好生活的需要。

3. 不断完善日常跟踪监测评估机制

博物馆在发展过程中，通过定级和运行评估，充分调动了博物馆工作的

积极性和主动性，很好地促进了全国博物馆的发展，形成了"比学赶超"的良好发展氛围，但需要不断完善对于博物馆日常工作的跟踪监测评估机制，制定可实施、可量化、可评估的实施方案，加强中期评估与指导，动态调整目标任务，抓好各项计划任务跟踪监测评估和落地落实。

（二）搭建"智慧博物馆"系统，增强公共文化服务效能

1. 完善"智慧服务"，提升公众满意度

智慧服务是针对公众需求，实现不论何人、何时间、何地点、以何终端，都能获得任何想要的博物馆信息的愿景，实现各载体全面融合，以及不同终端、不同观众的精准推送。在参观体验上，世界各地的游客可以随时随地通过移动设备零距离欣赏馆藏陈列，参观虚拟博物馆，云端点选专家讲座视音频资料，了解馆藏陈列背后的故事，实现资源最大化共享，提升公众满意度。

2. 构建"智慧保护"，加强风险性防控

智慧保护是指通过三维建模形式，量化分析博物馆馆藏品状态，并呈现立体可视化结果，形成一套馆藏品诊断、分析、处理和评价体系，达到预防性保护目标。在展（藏）品安全方面，对展（藏）品出入库、修复、运输、展览的全流程进行实时安全监控，展（藏）品的安全性将大大提升，在藏品修复与现场考古方面，可实现远程无线连接，即使藏品修复专家和考古学家遍布世界各地，无法立即聚在一起商议工作，也能够立即展开远程修复的会诊或考古调查。

3. 推进"智慧管理"，提升管理的效率

智慧管理是指在藏品管理方面，可将藏品和 RFID（无线射频识别技术）电子标签绑定，让藏品的信息可查询，藏品的管理过程可追溯，藏品的安全性可被保障，"智慧管理"是一种全流程、高效的管理新模式。在财产管理方面，智能跟踪固定资产、大型科研仪器设备等的配置、使用和调动情况，评测报废与否，有利于科学地制定预算决策。在内部流程管理方面，可不受时间、地点的限制随时随地办公，将大幅度提高工作效率。

（三）加强协作，扩大博物馆共享联动集群效应

1. 积极打造"公众友好型"博物馆

博物馆应与大中小学校、各类协会学会、高科技企业、社区等开展更为密切的合作，建立与中小学老师、高校学者、企业专家长期合作的机制，搭建起跨界交流的平台，将科普讲座、文化讲堂、主题纪念日等活动送进学校、企业、社区、军营等，全面提高博物馆开门办馆"走出去"的主动性，同时也应积极邀请各行各业社会贤达，包括科学家、艺术家、企业家等参与博物馆建设，为弘扬科学文化贡献力量。

2. 不断扩大"博物馆联盟"朋友圈

博物馆应将跨区域、跨行业、跨领域机构纳入博物馆联盟组织体系，积极引入民营资本，引导社会资源力量投入博物馆事业，扩大"博物馆联盟"的朋友圈，促成和强化博物馆藏品研究、教育服务、展陈设计、文创设计等多元化、多层次、全方位的联动发展，推动形成以国家一级博物馆为辐射源点，助力博物馆行业的全面提升，从而进一步促进文化产业上下游的良性、有序发展的新局面。

3. 建立联展等大型活动长效合作机制

建立定期举办主题联动展览的长效机制，每期以轮值形式在不同地区博物馆设立联动展览发起点和中心点，其他地区博物馆在同一时期开设分支展览，用以补充展览内容，扩大文化影响力。此外，巡回展览也是联动展览的一种可选方式，每年由国家一级博物馆牵头，其他参与博物馆协助，形成最为完善、多维度诠释的主题展览体系，为观众带去更为系统性的科学文化盛宴。

六　结语

新时代，博物馆正面临着难得的发展机遇，扮演着十分重要的角色，是社会可持续发展的文化驱动力之一，肩负着重要的文化责任。它是文化遗产

的保护者，是精神文明的建设者，是地域文化的传播者，是城市文明的交流者，是文化创新的推动者。

博物馆定级和运行评估标准的变化，是以国内博物馆多年的实践经验为基础，借鉴了博物馆经营与管理的国内外学术研究成果，修订了原标准的一些内容，使其能更好地推动博物馆的发展，并指引了博物馆未来的发展方向。评估标准的变化，对于博物馆是一种风向标，博物馆应该抓住机遇，苦练内功，与时俱进，顺应潮流，为社会主义先进文化的发展贡献智慧。

参考文献

国家文物局：《国家文物局关于公布施行〈博物馆定级评估办法〉（2019 年 12 月）等文件的决定》，http：//www. ncha. gov. cn/art/2020/1/20/art_ 2318_ 43606. html。

国家文物局：《关于印发〈全国博物馆评估办法（试行）〉、〈博物馆评估暂行标准〉和〈博物馆评估申请书〉的通知》，http：//www. ncha. gov. cn/art/2008/2/15/art_ 2318_ 43488. html。

国家文物局：《关于公布施行〈博物馆定级评估标准〉等文件的决定》，http：//www. ncha. gov. cn/art/2016/8/31/art_ 2237_ 4757. html。

国家一级博物馆运行评估报告撰写组：《国家一级博物馆运行评估报告》，《中国博物馆》2012 年第 5 期。

国家文物局：《国家文物局关于发布〈国家一级博物馆运行评估指标〉的通知》，http：//www. ncha. gov. cn/art/2017/10/23/art_ 2237_ 23560. html。

国家文物局：《国家文物局印发〈国家文物事业发展"十三五"规划〉》，http：//www. ncha. gov. cn/art/2017/2/21/art_ 2237_ 42551. html。

文化部：《文化部关于印发〈文化部"十三五"时期文化科技创新规划〉的通知》，http：//zwgk. mct. gov. cn/zfxxgkml/ghjh/202012/t20201204_ 906373. html。

文化部：《文化部关于印发〈文化部"十三五"时期文化产业发展规划〉的通知》，http：//zwgk. mct. gov. cn/zfxxgkml/ghjh/202012/t20201204_ 906372. html。

文化部：《文化部关于印发〈文化部"十三五"时期公共数字文化建设规划〉的通知，http：//zwgk. mct. gov. cn/zfxxgkml/ghjh/202012/t20201204_ 906376. html。

文化部：《文化部关于印发〈文化部"一带一路"文化发展行动计划（2016 - 2020 年）〉的通知》，http：//zwgk. mct. gov. cn/zfxxgkml/ghjh/202012/t20201204_ 906371. html。

文化部：《文化部关于印发〈文化部"十三五"时期文化产业发展规划〉的通知》，http：//zwgk. mct. gov. cn/zfxxgkml/ghjh/202012/t20201204_ 906372. html。

科技部、文化部、国家文物局：《科技部 文化部 国家文物局关于印发〈国家"十三五"文化遗产保护与公共文化服务科技创新规划〉的通知》，http：//www. most. gov. cn/xxgk/xinxifenlei/fdzdgknr/fgzc/gfxwj/gfxwj2016/201612/t20161221_ 129720. html。

新华社：中共中央、国务院印发《国家创新驱动发展战略纲要》，http：//www. gov. cn/zhengce/2016 – 05/19/content_ 5074812. htm。

单霁翔：《博物馆的文化责任》，天津大学出版社，2017。

宋新潮：《关于智慧博物馆体系建设的思考》，《中国博物馆》2015 年第 2 期。

B.7
植物园科普的影响要素分析报告

—— 以北京、西双版纳、杭州、沈阳4个植物园为例

莫扬　孙子晴　马奎*

摘　要： 本报告选取管理部门、区域、功能、特色不同的4个植物园为
案例，实地调研影响非专业性科普机构科普的要素。调查发
现，科普投入和科普产出是科普资源条件及支撑条件影响下
的结果。案例植物园科普主要影响要素不是科普资源条件，
而是科普支撑条件，体现在科普的政策环境、科普定位、科
普组织管理建设上。

关键词： 植物园　科普　案例研究

《中华人民共和国科学技术普及法》（以下简称《科普法》）指出：科
普是全社会的共同任务。科学研究和技术开发机构、高等院校、自然科学和
社会科学类社会团体，应当组织和支持科学技术工作者和教师开展科普活
动，医疗卫生、计划生育、环境保护、国土资源、体育、气象、地震、文
物、旅游等国家机关、事业单位，[①] 应当结合各自的工作开展科普活动。这
就是说，社会各界应当积极组织并参加各类科普活动。尤其是科普资源条件

---

* 莫扬，中国科学院大学教授，研究方向为科技传播；孙子晴、马奎，中国科学院大学2017
级传播学硕士研究生。

① 全国人民代表大会常务委员会法制工作委员会：《中华人民共和国科学技术普及法释义》，
科学普及出版社，2020，第4页。

丰富的行业领域，更应该承担起科普的社会责任。然而至今，学界对行业领域科普状况的研究仍非常薄弱。因此，选取科普资源丰富的典型行业进行科普状况及其影响因素研究非常有现实意义。

植物园是人们获取植物和生态知识最为重要的核心场所，是对公众进行生物多样性和环境议题等宣传教育的有效渠道。国际植物园保护联盟（BGCI）对植物园的定义是"拥有活植物收集区，并对收集区内的植物进行记录管理，使之可用于科学研究、保护、展示和教育的机构①"。据统计，每年有1.5亿人次访问世界上148个国家的1800多个植物园。我国目前已建立了160多个植物园和树木园，每年有3000多万人次参观。

本报告选取科普资源丰富的植物园为典型行业，采用案例研究方法，选取管理部门、区域、功能、特色不同的4个植物园为案例，其分别是中国科学院植物研究所北京植物园（以下简称"中科院北京植物园"）、中国科学院西双版纳植物园（以下简称"西双版纳植物园"），以及隶属杭州西湖风景名胜区管委会的杭州植物园、隶属沈阳旅游集团的沈阳植物园。在2019年1月至9月，从人、财、物投入的物质视角，以及政策、定位、组织等软环境视角，对其科普发展状况及其影响要素进行调研。

我们的主要研究问题是，对于非专门从事科普工作的企事业单位而言，其科普资源条件、科普政策环境、科普意识、科普组织管理能力与科普人、财、物投入及科普产出的关系如何？科普工作的主要影响要素是什么？

（一）案例选取思路及案例植物园发展基本情况

1. 案例选取思路

根据《科普法》，我国各个部门和社会团体、企事业单位应是开展科普工作的重要主体，应该根据自身特色和特长开展不同类型的科普工作。

在我国，各类植物园分别隶属于中国科学院、林业、文化旅游、地方政

---

① 〔爱尔兰〕威士·杰克逊、P. S.、苏哲尔兰、L. A.：《植物园保护国际议程》，胡华斌、李黎明译，云南科技出版社，2020，第12页。

府等多个部门。本报告案例选取的思路是，选取管理部门隶属多样、区域不同、功能多元、科普资源丰富的植物园为研究对象，即便于研究我国不同科普政策、不同科普资源条件、不同科普投入产出植物园领域的典型案例，以期了解典型植物园科普发展情况，尤其是分析影响科普发展的重要因素，对科普基础设施的科普效果和能力提升有现实意义。

经过文献检索，以及咨询相关专家等预研究工作，本报告确定了中科院北京植物园、西双版纳植物园、杭州植物园、沈阳植物园 4 个植物园为案例，进行科普能力发展及其影响因素研究。

2. 案例植物园隶属变迁及建设发展状况

20 世纪 50 年代，是我国植物园建设大发展时期，中科院北京植物园、西双版纳植物园、杭州植物园、沈阳植物园 4 个植物园分别位于华北、西南、华东、东北，应国家植物园大发展而建。4 个植物园在地域分布、隶属部门、主要功能等方面均有不同的代表性（见表 1）。

表 1　案例植物园开始建设时间及目前隶属情况

名称	隶属	开始建设时间
中科院北京植物园	中国科学院植物研究所	1955 年
西双版纳植物园	中国科学院	1959 年
沈阳植物园	沈阳旅游集团	1959 年
杭州植物园	杭州西湖风景名胜区管委会	1957 年

本报告的 4 个案例植物园中，中科院北京植物园和西双版纳植物园隶属中国科学院（前者是中国科学院植物研究所的所下园，后者是中国科学院的独立研究机构），沈阳植物园隶属于市属国有企业，杭州植物园隶属于市属旅游事业单位。

追溯 4 个案例植物园发展历程，各个植物园的隶属关系一直在变化，隶属不同，对其政策环境、功能定位等都有一定的影响。

（1）中科院北京植物园

中科院北京植物园的历史发展有其特殊性，经历了从独立面向社会服务的植物园向研究所下属植物园转变的历程。

它是新中国成立后由中科院较早建立的一个植物园。在老一辈植物学家呼吁下，1956年国务院批准建北京植物园，以面向公众开展科普为基本任务。"文化大革命"期间，有三年时间对当时的植物园产生了毁灭性打击，植物损毁非常严重，对外功能几乎为零。1972年，以中科院为主重新建设植物园。1978年，开始有温室及引种等功能。1979年，经中科院党组会议正式批准，植物园面向社会开放。至1992年，植物园相对独立并面向社会开放。

1992年，中科院植物研究所搬迁至中科院北京植物园，中科院北京植物园成为中科院植物研究所下属植物园。中科院植物研究所科研能力国内一流，作为研究所下属园的植物园的职能更多地转变成为支撑科研工作，相当长一段时间内，科普工作并不被重视。随着中科院北京植物所的科研力量越来越强大，研究组越来越多，直至2013年，中科院北京植物园面向社会服务所带来的一些项目基本被分割到研究组。2013年以后，面向社会服务的研究组被整合成了资源植物实验室，目前其职能主要是做科普工作。2017年，中科院北京植物园被命名为全国科研科普基地，其科普功能变得更加重要。

（2）西双版纳植物园

西双版纳植物园由我国著名植物学家蔡希陶于1959年在云南省西双版纳傣族自治州创建，位于勐腊县勐仑镇葫芦岛，在昆明市设有分部，原名为西双版纳热带植物园。西双版纳植物园是我国面积最大、拥有最多植物的专类园区，收集的物种最为丰富，既是一个综合性研究机构（集物种保存、科学研究及科普教育为一体），又是一个国家级的风景名胜区。

直至1970年6月，西双版纳植物园始终隶属于中国科学院昆明植物研究所。当年7月，国务院批准将其下放给地方，更名为云南省热带植物研究所且隶属于云南省科委。1978年3月，其更名为中国科学院云南热带植物研究所且直属于中国科学院。1996年9月，经中编办批准，昆明植物研究所所辖的西双版纳热带植物园与昆明生态研究所合并，中科院西双版纳热带

植物园成立，成为中国科学院的独立研究机构。1998 年底，其成为首批中国科学院知识创新工程试点单位之一。2011 年 7 月，其成为国家 5A 级旅游景区。2013 年 6 月，其成为中国植物园联盟理事长单位①。

（3）杭州植物园

杭州植物园一直是杭州市政府支持建设的植物园，是城市植物园的典型。

杭州市人民委员会关于植物园的任务、方针和领导关系的报告于 1957 年 10 月得到正式批复。杭州植物园于 1965 年 7 月正式成立，余森文（杭州市副市长）任第一任主任。1966 年至 1976 年，植物园的科研、建园、生产、养护等相关工作受到的破坏非常严重，陷于瘫痪状态。1978 年十一届三中全会后才得以全面发展。1991 年 4 月 9 日，浙江省编制委员会批准其为副县团级事业单位。1999 年 4 月 6 日，其被定为正处级单位，内设机构为正科级（市编委杭编〔1998〕93 号文件）。2001 年 2 月 26 日，经杭州市园林文物管理局党委决定，领导职务名称由原正副主任更改为正副园长。2015 年 1 月，其升格成立了杭州市园林科学研究院（与杭州植物园实行了合署办公），自此至今隶属于杭州西湖风景名胜区管委会②（杭州市园林文物局）。

（4）沈阳植物园

沈阳植物园在隶属方面与其他植物园区别较大，并且隶属变化也较大，以至于对其发展有较大影响。

1959 年 2 月，沈阳市城市建设局和中国科学院沈阳林土研究所在沈阳市委第一书记焦若愚的指示下，成立了沈阳植物园。沈阳市园林处于 1962 年将其接管。植物园建制于"文化大革命"期间被撤销，并入了东辉林场。1973 年建制恢复。1981 年植物园被划入沈阳市绿化处。1988 年其隶属于沈阳市园林科学研究所。1993 年 7 月 18 日其正式对外开放，实现科研、科

---

① 中国科学院：《版纳植物园》，http：//www. cas. cn/zz/yq/201001/t20100107_ 2723461. shtml，最后访问日期：2020 年 1 月 2 日。

② 浙江省林业局：《观草木葱茏赏园林雅趣》，http：//www. zjly. gov. cn/art/2018/11/9/ar_ 1277855_ 24179989. html，最后访问日期：2018 年 11 月 9 日。

普、旅游共同发展。1994 年其又成为沈阳市城建局的直属事业单位。2002 年 4 月根据沈阳市政府发展东部旅游区域的整体规划,其被划归沈阳市棋盘山开发区管委会①。2016 年其被归入沈阳市国资委建设的沈阳旅游集团有限公司,从此定位完全以旅游发展为主。

（二）案例植物园科普资源条件分析

科研、植物、展示设施及游客等资源是植物园开展科普工作的重要基础和保障。本节对案例植物园科普资源情况进行比较分析。

1. 案例植物园的科研资源（见表2）

表 2　案例植物园科研资源基本情况

名称	科研资源
中科院北京植物园	在国内植物科研领域综合实力领先。98 项通过专家鉴定的科研成果,其中 8 项获国家级奖,40 余项获部级、省市级和全国性协会级奖,10 余项专利;引种选育和杂交培育的新优种类和品种约 310 个
西双版纳植物园	在我国热带雨林科研领域实力第一。有 2 个中科院重点实验室,27 个研究组等研究部门;有 3 个野外台站,1 个标本与种质保存中心等研究支撑系统。科技人员近 200 人,中国"国家杰出青年科学基金"获得者 1 人,中科院"百人计划"入选者 8 人。完成科研项目千余项,取得国家级、省部级成果奖励 100 余项,发表学术论文 3000 余篇,授权专利 100 余项
沈阳植物园	与沈阳农业大学有科研合作,沈阳农业大学的部分课题以植物园为基地
杭州植物园	有实力较强的科技队伍:专业技术岗位 63 人,高级职称者 24 人。2013 年为国家自然科学基金依托单位。完成各类研究项目 140 余项,研究成果获奖 100 余项,其中有一项获得 1978 年全国科学大会奖

除沈阳植物园外，3 个案例植物园都有丰富的科研资源，中科院北京植物园在国内植物科研领域综合实力领先，西双版纳植物园在我国热带雨林科研领域实力第一，杭州植物园是中国植物引种驯化的科研机构之

---

① 百度百科:《沈阳植物园》, https：//baike. baidu. com/item/沈阳植物园/1449660？fromtitle = 沈阳市植物园 &fromid = 175359&fr = aladdin，最后访问日期：2020 年 4 月 29 日。

一，沈阳植物园作为基地与沈阳农业大学有一些科研合作。科研资源条件排序是：中科院北京植物园、西双版纳植物园、杭州植物园、沈阳植物园。

2. 案例植物园植物资源及展示设施（见表3）

表3　案例植物园植物资源、展示设施情况

名称	植物资源	展示设施资源
中科院北京植物园	近 5000 种植物，近 500 种花卉，约 2000 种乔灌木。种子标本 75000 余号 22500 余种，居亚洲第一、世界第三	有 13 个专类植物展览区和一个我国北方最大的热带亚热带植物温室
西双版纳植物园	各类热带植物约 1400 种号 130 科 1000 余种	我国第一个热带雨林博物馆；有 38 个专类植物园区，在中国专类园区最多
沈阳植物园	在东北植物展园中植物种类最多，有 2000 余种露地草本、木本植物和温室植物	有 100 多个植物展园。科普馆建筑面积为 1400 平方米，有已空置 3 年多的两个 1 万多平方米的展览场馆
杭州植物园	3000 余种植物，木本植物原生种质 848 种，裸子植物 62 种，被子植物 786 种	观赏植物区内有 8 个专类园。有专业的科普场馆"桃源里自然中心"

4 个案例植物园都具有鲜明的区域特点，都是所在区域、城市中植物种类、植物展示设施最多的植物园，能够转化为科普资源的植物资源基本处于同一水平。

3. 案例植物园品牌及游客资源

植物园的旅游品牌、交通情况、占地面积等，都是影响植物园参观者数量以及植物园发展的要素。植物园游客是潜在的科普受众，是宝贵的可以转化的科普资源条件，而旅游收入是植物园经费的重要来源，也是可能转化为科普投入的要素。下面从旅游资源角度介绍案例植物园的科普资源条件（见表4）。

表4 案例植物园旅游称号及近年旅游人数、收入情况

名称	旅游称号	旅游人数及收入
中科院北京植物园	北京市旅游局定点旅游单位	年游客20余万人次，园区门票年收入100万元左右
西双版纳植物园	首批"中国十大科技旅游基地"国家5级旅游景区（2011年）	年游客82万人次左右，年收入约6000多万元
沈阳植物园	国家5A级旅游景区（2007年），也是沈阳市唯一的5A旅游景区	年游客100万人次左右，年收入5000多万元
杭州植物园	无称号	年游客100万人次左右，年收入1000多万元

从表4可以看到，4个案例植物园都有丰富的旅游资源。相比而言，西双版纳植物园与沈阳植物园这两个国家5A级景区，不仅有亮眼的旅游品牌，旅游人数和收入大大高于中科院北京植物园和杭州植物园。

（三）案例植物园科普支撑条件分析

1. 科普政策环境分析

科普政策是非专业科普机构开展科普的重要基础和推动力。我国科普法规政策除了国家层面的《科普法》外，还有各级、各行业科普基地认定和管理办法，一些行业或者地区还出台科普工作管理办法、科普奖励政策、科普评估管理办法，等等。

《科普法》《全国科普教育基地认定办法》《全国青少年科技教育基地申报和命名暂行办法》等法规政策是全国性的，全国性的科普政策环境、管理办法对我国各行业、各地区、政府部门、企事业单位而言都是一致的。全国性科普法规政策明确了科普是全社会的共同任务。社会各界都应当组织参加各类科普活动。中国科协发布的《全国科普教育基地认定办法》，提出了科普教育基地发展的基本要求，也是科普工作的导向性文件。全国科普教育基地的基本条件包括：（1）重视科普工作，具备开展科普工作的制度保障，将科普工作纳入本单位的工作计划，纳入年度工作目标考核及表彰奖励范

围。（2）具备一定规模的专门用于科学技术教育、传播与普及的固定场所。（3）拥有主题内容明确、形式多样的科普展教资源。（4）具备开展科普活动的专兼职队伍。（5）能够保障开展经常性科普活动所需的经费。[①]

近年来，国家和各级科普教育基地都曾有各种支持、激励政策，比如，针对科普教育基地的项目资助，在科普项目申报时，科普教育基地也有竞争优势。另外，获得"科普教育基地"的称号有利于旅游发展，一般情况下，基地挂牌越多，对游客的吸引力就越大。

本报告所选取的案例植物园分属。不同的行业、区域，在科普方面的政策环境有所不同，主要体现在引导、要求、评估、激励等方面。

4个案例植物园所在省市面向省级科普基地的政策差异不大。除沈阳植物园外，其他植物园都积极申请各级科普基地挂牌（见表5）。一方面，获得科普称号多的植物园，对科普工作都有一定的重视，科普工作制度及组织保障、人员及经费条件保障、基础工作设施设备等也达到各级科普基地的要求，另一方面，获得科普称号多的案例植物园享受到多级、各地、各行业科普政策支持和荣誉，工作支撑条件好。

表5　案例植物园的科普称号

名称	科普称号
中科院北京植物园	全国科普教育基地、全国青少年科技教育基地、全国林业科普基地、国家科研科普基地、北京市科普教育基地
西双版纳植物园	全国科普教育基地、全国青少年科技教育基地、国家环保科普基地、云南省精品科普基地
沈阳植物园	曾被认定沈阳十大科普教育基地（有效期已过未被再次认定）
杭州植物园	全国科普教育基地、全国林业科普基地、全国野生植物保护科普教育基地、浙江省科普教育基地、杭州市青少年科普教育基地、杭州市第二课堂活动基地

沈阳植物园曾在归属于政府部门时，被评为沈阳市十大科普教育基地。但是，归属于旅游企业后，由于旅游行业并没有像中科院系统或者林业、气

---

① 《全国科普教育基地认定办法（试行）》，法律教育网，http://www.chinalawedu.com/falvfagui/fg22598/488631.shtml，最后访问日期：2009年4月9日。

象等行业，出台类似于基地管理办法等相关要求及奖励政策，同时沈阳植物园对科普的重视程度也不够，沈阳植物园未被再次认定为科普教育基地称号。

其他 3 个案例植物园，由于所处地区的差别，其科普政策环境也存在差异。2015 年中科院出台了一系列科普工作引导、评估要求政策管理办法，2017 年杭州市则在全国率先出台科普社会责任评估办法，这些政策的出台，对当地植物园的发展产生了一定的影响。

2015 年 3 月，中科院和科技部联合发布了《关于加强中国科学院科普工作的若干意见》，强调：未来中科院要建设科普工作国家队，引领我国科普工作发展。中科院、科技部将积极拓展科研机构科普经费筹集渠道，启动国家科技计划项目增加科普任务，逐步增加科普经费。[①] 2016 年中科院制定了《中国科学院科学传播工作管理办法》；2018 年出台《中国科学院科学传播奖管理办法（试行）》，要求中科院的各单位、各部门每年一次，将科普活动、科普作品的情况录入中科院科学传播业务能力建设与工作绩效统计平台，作为评优评先的依据；2018 年 2 月，中科院与科技部制定《国家科研科普基地管理办法（试行）》[②]，指出经过认定的国家科研科普基地每三年要综合考核一次，考核合格重新认定并给予经费支持。

2017 年《杭州市科普社会责任评估办法》出台，在科普社会责任评估方面走在全国的前面。同年，杭州市科协首次开展科普社会责任评估工作，对履行科普社会责任 A 类的社会法人，采取相应措施予以激励。如：申报"科普教育基地"的在评选时予以加分；优先推荐上一级科普等各种先进单位；申报科普工作项目，优先安排资金或加大财政扶持力度。[③] 2017 年杭州

① 中国科学院：《中国科学院科学技术部关于加强中国科学院科普工作的若干意见》，http：//www. cas. cn/tz/201503/t20150319_ 4324125. shtml，最后访问日期：2015 年 3 月 19 日。
② 《国家科研科普基地管理办法（试行）》，http：//www. bsc. cas. cn/gzzd/201802/t20180223_ 4636433. html，最后访问日期：2018 年 2 月 23 日。
③ 杭州市科学技术协会：《杭州市科普社会责任评估办法（征求意见稿）》，https：//www. hkx. org. cn/wjzl/wjzl. asp？ tpf = 1&tp = 2016&newsid = 12583，最后访问日期：2016 年 12 月 16 日。

市首次评估三家单位，杭州植物园被评为 A 类（A 类表示该社会法人履行科普社会责任工作扎实，成效显著）。

对比各案例植物园的科普政策环境，可以看到，中科院已经形成了完善的科普政策体系，包括与相关部门联合制定了上位政策，从宏观层面引领和指导科普工作，并制定了相应的规章、制度、办法，以促进和规范科普工作项目实施、组织管理，又制定并实施评价奖励制度加强政策的支撑和保障；杭州市开创了科普社会责任评估制度，形成有力支持、鼓励科普的政策环境；相比之下，沈阳市及旅游行业没有特别的科普指导政策。

2. 案例植物园科普定位分析

不同植物园功能定位有所不同。至 2019 年 8 月，我们完成了对 4 个案例植物园科普工作负责人的访谈，并对沈阳植物园、中科院北京植物园、杭州植物园的 3 位园长进行了深入访谈，重点了解现任领导对科普工作的重视程度和定位（见表6）。

表6　案例植物园宣传的科普定位及领导对科普的定位

名称	官网表达的定位	领导对科普的定位
中科院北京植物园	3 个定位：国家战略植物资源（物种、基因）的储备库、我国北方和全球温带地区植物多样性迁地保护与可持续利用研究基地、国家科普教育基地	现任植物研究所领导比较重视科普工作。作为研究所下属植物园的职能一方面是支撑科研工作，另一方面是科普工作
西双版纳植物园	中国面积最大、收集物种最丰富、植物专类园区最多的植物园，集科学研究、物种保存和科普教育为一体的综合性研究机构和风景名胜区	科研与科普并重。不但是我国最重要的热带植物科学研究基地、热带植物种质资源保存库，也是我国热带植物科学知识传播中心
沈阳植物园	集绿色生态观赏、精品园林艺术、人文景观建筑、科研科普教育、娱乐休闲活动于一体的多功能综合性旅游景区	现任领导认为沈阳植物园亟须挣钱维持运营和还债，争取游客，不清楚科普对植物园能起到什么作用
杭州植物园	主要功能是保护、科研、科普、游憩和开发	打造国内科普最好的植物园，与社会外界联系密切，把科普作为首要任务

4 个案例植物园对科普工作的实际定位及领导对科普工作的重视差异较大。西双版纳植物园把科普与科研并重,是我国植物园科普界的排头兵。杭州植物园领导认为虽然自身的科研能力与中科院系统的植物园相比存在差距,但在科普工作方面则要领先国内。中科院北京植物园领导表示,植物园只是研究所下设的处级部门,植物研究所的工作重点是以植物种植保护支撑科研,科普工作需要对外争取项目支持、对内协调其他部门以及研究组的力量。沈阳植物园是沈阳市唯一的 5A 级景区,2019 年 8 月,被国家文化和旅游部通报批评要求整改,被国家文化和旅游部和沈阳市批评定位不清。沈阳植物园领导层认可科普工作是植物园的社会责任,但领导层也同时表示,沈阳植物园是国内极少数主要靠自己经营维持运营的植物园,属于市旅游集团,财政拨款少,还有世博园建设时期的债务压力,相对而言确实没有重视科普,但是并不确定科普经费的投入能为经营压力巨大的植物园带来哪些收益。

3. 科普组织管理体系分析

根据实地调研,4 个案例植物园科普工作管理运行体系及特点有显著不同。不仅科普工作机构名称、属性、级别、人员规模不同,科普工作组织方式也有很大差异。案例植物园科普机构设置情况见表 7,人员规模见表 8。

表 7 案例植物园科普机构设置及管理体系

名称	科普机构设置及运行管理体系
中科院北京植物园	北京植物园是中科院植物研究所(正局级)下的处级机构,负责中科院北京植物园科普工作的是植物园下属科普开放组。植物园现任园长曾是科普开放组组长
西双版纳植物园	植物园专职科普机构包括环境教育中心、旅游管理部,是与科研部门、管理部门并列的业务机构,科普工作部门由植物园园长亲自主管
沈阳植物园	设置有科研科普中心,与运营、景观工程部门相比是非常小的部门,2 位专职人员负责针对春游学生的科普课堂和树木标牌制作等最基本的科普工作
杭州植物园	设置科普宣教中心专门负责科普工作,属于科技研发系统,与管理系统、技能支撑系统并列,与植物资源与保护进化研究所和办公室等同级。党政工团共同组织科普活动

在科普工作体系建设方面，4个案例植物园不仅科普工作机构设置名称不同，科普工作机构属性、级别和人员规模也有很大差异。

中科院北京植物园是中科院植物研究所下的处级机构，科普开放组是其处级植物园的组织机构，工作人员6人，组织协调整个植物研究所的科普工作，包括向各级科协、教委等部门多方申请科普项目。依托强大的科研实力，组织植物研究所内外科研人员参加科普项目，以项目带动科普，是中科院北京植物园的科普运行的突出特点。

西双版纳植物园科普、科研并重，负责科普的环境教育中心和旅游管理部是与科研、管理部门并列的处级业务机构，有近百名专职科普人员。

杭州植物园包括管理系统、技能支撑系统和科技研发系统。其中，科技研发系统中设置科普宣教中心，编制11人，还有40多名专兼职讲解员。科普宣教中心与植物资源与保护进化研究所、办公室等同级。更为特殊的是，杭州植物园还搭建了科普平台，吸引阿里巴巴基金等社会力量共同组织科普活动，整合植物园党、政、工、团各组织的力量，共同开展科普工作。

沈阳植物园2018年4月成立科研科普中心，2名专职科普人员，主要负责面向学生的科普课堂和树木标牌制作等常规科普工作。

可以看到：西双版纳植物园、杭州植物园负责科普工作的是单位的二级部门、核心部门，科普管理人员多，直接由主要领导主管；中科院北京植物园作为研究所下属植物园，其科普工作主要由三级机构——科普开放组负责，科普工作专职机构相对级别低人员少；沈阳植物园没有独立的科普部门，只能做一些对于植物园而言最基本的科普工作。

根据以上情况可以发现，科普工作组织管理工作体系差异大，则科普工作组织动员管理、投入产出都会存在差异。

（四）案例植物园科普投入

1. 科普人员及经费

4个案例植物园科普机构及科普人员投入、经费投入情况差异也很大（见表8）。

表8　案例植物园科普人员、经费制度及经费投入

名称	机构	人员	科普经费制度/2019年经费投入
中科院北京植物园	科普开放组	专职6人,志愿者100余人	项目制,本单位无科普专项,申请政府部门及科协的科普专项
西双版纳植物园	环境教育中心科普导游队伍	专职21人,导游70余人,培养环境教育研究生21名	本单位预算制+项目制旅游收入3%投入科普,2019年220万元
沈阳植物园	科研科普中心	2人负责最基础的科普展教	科普无预算、无经费制度
杭州植物园	科普宣教中心	专职11人,40名专兼职讲解人员	项目制+自筹资金申请政府部门及科协的科普专项与社会化基金稳定合作+党政工团活动经费,2019年80万元左右

中科院北京植物园科普专职人员只有6人,但植物园充分发挥其科研力量强大的优势,组织植物研究所科研人员积极开展科普工作,并在此基础上大量招募科研教育界人士等,承担科普志愿者工作。总体上说,其科普人员组织动员能力强大,能够支撑其开展大量活跃的科普活动。

西双版纳植物园专职科普人员加导游共近百人,植物园主任陈进十分重视环境教育的研究和科普实践工作,创新性地在云南省首次培养环境教育专业硕士研究生,已培养了21名研究生,其中博士7名,硕士14名。

中科院北京植物园的经费主要来源是项目,多数项目主要来源于北京市教委、北京市科协、中国科协等。科普项目立项根据情况而定,并没有稳定的项目。其中,科普设施建设项目属于经费投入比较大的部分,如2018年财政部修购专项500多万元投入,全方位修缮、改造了展览温室,科普项目经费突破了600万元。

西双版纳植物园建立了稳定的科普投入制度,其科普投入在国内植物园不仅是最有保障的,也是日常投入科普经费最大的。近年来,西双版纳植物园年旅游收入接近6000万元,旅游收入的3%作为科普固定投入,并形成制度。除了这部分经费外,还经常有来自其他渠道的资金作为科普经费的补

充。2019 年，科普教育中心的经费达 220 万元。与此同时，科普教育中心还积极开拓其他经费渠道，包括申请研究课题、组织培训等。

杭州植物园的经费来源非常有特色。除了与其他植物园一样，争取科协、教委系统的科普项目之外，杭州植物园还是我国植物园开发平台创新的典型，探索建设了以"桃源里自然中心"为代表的社会化平台，开拓吸引社会资源，依托植物园开展科普的模式。2016 年 4 月，杭州植物园和阿里巴巴公益基金会、桃花源生态保护基金会共同打造"桃源里自然中心"，建设自然教育众创中心，开展一系列科普活动。2019 年，自然教育众创中心以杭州植物园为平台和基地，组织开展两次科普嘉年华大型活动，经费投入大约 50 万元。

沈阳植物园旅游收入高达 5000 万元/年，据介绍其旅游收入满足植物园运营还有一些盈余。然而，2019 年 9 月以前，除了基本的树木标牌制作、园艺展览说明制作等植物园最基本的植物科普知识宣传外，沈阳植物园并没有更多经费投入科普中，也没有向其他各个部门及组织、各级政府申请科普项目。

2. 科普设施

4 个案例植物园中都有非常丰富的温室、主题植物园及科普场馆类科普设施。然而，科普基础设施投入真正转化为产出科普产品及服务的能力却差异很大，科普基础设施的转化效率测算比较复杂，本报告概略性地给出各植物园的基础设施情况（见表 9）。

表 9　案例植物园科普设施投入情况

名称	科普设施
中科院北京植物园	植物园区有 13 个专类植物展览区。2018 年，在财政部修购专项 500 多万元投入支持下，将 20 世纪 50 年代修建的京城最古老展览温室改造成有热带亚热带植物 2000 余种（含品种）的温室
西双版纳植物园	有我国第一个能系统介绍热带雨林及民族森林文化的专题性博物馆——热带雨林博物馆；有热带雨林景区等 38 个不同的专类植物园区
沈阳植物园	有 100 多个植物展园。科普馆的建筑面积为 1400 平方米，分三个展厅，普及动物、动植物化石及昆虫三部分生物科学知识。还有已经空置了几年的两个 1 万多平方米的展览设施建筑，以及几个小型场馆
杭州植物园	设有森林公园、经济植物区、植物分类区、观赏植物区（专类园）。观赏植物区内有 8 个专类园。有专业的科普场馆"桃源里自然中心"

（五）案例植物园科普活动情况

1. 常规科普活动

各植物园普遍都组织的常规科普活动一般包括科普展览、科普讲座、中小学课外课堂。植物园间常规科普活动的差异体现在活动频率和受欢迎程度上。

（1）案例植物园的科普展览活动

案例植物园都有以介绍特色、应季植物资源为主的科普展览，还有植物园在自己科研基础上开展相关科技内容更加丰富的科普展览。

中科院北京植物园能结合自身的科研优势，注重自然与环境教育，开展科普展览是其常态化的科普工作，强大的科研背景和众多科研人员能够保证其科普展览内容丰富多彩。"名园名花展"是其重要展览之一，每年如期举办；在研究所科研项目基础上开发的"走近转基因"系列科普活动持续开展近10年，仅2015年就达10场次，吸引超5万名公众参与，帮助参观者了解了转基因技术原理、转基因作物、转基因食品安全方面的法律法规，社会反响很好。中科院北京植物园近10年开设的展览还突破了植物园内部的植物资源，延展到更多观众有兴趣的植物知识领域。如展示几百张有毒植物图片、30多种罕见的有毒植物活体、50多种有毒植物标本的"有毒植物科普展"；热带植物展览温室内的"多肉植物展"，展出100余株北方地区常见毒品植物大麻、罂粟、草麻黄及在生活中常见的形似罂粟的欣赏类花卉800余株野罂粟、虞美人、鬼罂粟、花菱草等的"活体罂粟禁毒展览"；增进公众对生物保护意识的"'一带一路'珍稀植物展——非洲猴面包树的故事"展览；来自四川成都、河南鄢陵和重庆北碚近20个蜡梅品种200余株的"迎新春蜡梅主题展"，等等。除了上述植物类展览之外，还有涉及科技与人文的综合类展览。其中，科技成果的科普展，如具有很高的创新性和艺术性的"创新压花作品展"，通过互动体验、恐龙知识展板介绍、恐龙化石触摸、动态仿真恐龙四项内容展示的"首届恐龙科普展"；面向国民经济主战场的重要科研成果之一的"生态草牧业科技成果展"，运用现代种植技术的"植物工厂科技成果展"，等等。涉及人文科技艺术内容的展览，如赏千

朵牡丹、学科研成果的"牡丹科技文化展";围绕我国珍稀濒危植物并专门为全国科技周和中科院公众科学日策划的特色展览项目"植物科学绘画展";以"兰韵德风、情系中华"为主题的朱德与兰花专题展;"纵横世界园林之母"——威尔逊的中国植物采集展。这些展览既与生物学内容有联系,又各具特色,科普性强,受众面广。

西双版纳植物园挖掘自身资源优势,推动"高端科研科普化",拉近人与自然的距离,展览数量多、受众广、影响大、评价高,其中最有特色的是王莲展。每年 7 月中旬至 8 月推出"我的'王莲'我的'船'"科普活动。仅 2019 年就开展了十余项大型展览活动,受众面十分广泛(见表 10)。

表 10　2019 年西双版纳植物园部分展览

时间	科普活动名称	科普内容及规模
2019 年 1 月 3 日起	"西园谱"	展厅有 11 个篇章,文字、图片、实物及音频影像的展示是以时间为轴线,再现拼搏奋进的 60 年。周围有引种、驯化、研究、开发的资源植物——油瓜、萝芙木、瓜儿豆、美登木、蕉麻、星油藤、龙血树、荜芨等与植物园的历史相互呼应,是开展科普教育和爱国主义教育最理想场所
2019 年 1 月 3 日至 5 月 10 日	第二届"艺术邂逅科学"画展——热带雨林中国画写生作品展	西双版纳植物园主办、中国植物园联盟协办,共展出 135 幅画作,其中 100 幅是来自全国 16 个省(市)的 100 位画家以热带雨林为题材的代表作品,35 幅是来自西双版纳植物园收藏的首届画展中的画作
2019 年 4 月 12 日至 16 日	第六届"自然之兰——大自然的馈赠"兰花展	展览现场有趣味辨识体验活动"叫兰不是兰",有兰花纪念品 DIY,有科普读物《幽兰之性》《自然之兰——大自然的馈赠》,这些都深受亲子家庭中成年女性和儿童的喜爱,约 200 人参与
2019 年 7 月 21 日至 8 月 28 日	蜕变·告别——喋喋幼儿园特别展览	由环境教育中心刘婉路与上海久牵志愿者服务社的马来西亚籍驻华艺术家 Kriss Wong 共同策划,以"尊重每一个小生命"为理念,展出了喋喋幼儿园 3 年来的自然收藏

时间	科普活动名称	科普内容及规模
2019 年 8 月 10 日至 13 日	首届中国科普研学产品展交会暨第五届昆明科普（教育）产品科博会	多年的成功案例和研学成果得以展示，认识八色鸫、进化之旅游戏、孔雀之乡话孔雀等研学活动，《鸡年话鸡》《鸟的故事》《雨林飞羽》等活动手册，科研和文创产品吸引了家长及教育机构，他们纷纷表示会亲自来植物园体验
2019 年 9 月 19 日	"一树一世界"科学节优秀海报展览	由最新科研成果转化而成的科普故事、图文并茂的海报为 1200 余名中学生提供了认识前沿科学的新视角
2019 年 11 月 2 日至 12 月 31 日	第四届西双版纳州青少年自然笔记大赛作品展	植物园与州自然保护区管护局和州教育体育局联合举办，首日迎来了 500 余名当地中小学生和游客的参观与投票，艺术创作与科学探究有机融合，激发了青少年关注当地生物的热情，提升了其自然观察和记录能力

资料来源：中国科学院西双版纳植物园：《版纳植物园"西园谱"建成并对公众开放》，http：//www.xtbg.ac.cn/xwzx/zhxw/201901/t20190105_5225324.html，最后访问日期：2019 年 1 月 5 日。

中国科学院西双版纳植物园：《版纳植物园开展自然之兰科普活动》，http：//www.xtbg.ac.cn/xwzx/kpbd/201904/t20190421_5277927.html，最后访问日期：2019 年 4 月 21 日。

中国科学院西双版纳植物园：《版纳植物园参加"首届科普研学产品展交会暨第五届昆明科普（教育）产品科博会"》，http：//www.xtbg.ac.cn/xwzx/kpbd/201908/t20190814_5359661.html，最后访问日期：2019 年 8 月 14 日。

杭州植物园的科普展览数量没有前两个植物园多，近年来举办花事活动，以公众喜闻乐见的方式进行科普宣传，既符合植物园的定位要求，又丰富了广大市民游客的精神文化生活。杭州植物园以"月月有花展，四季不间断"为目标，举办了"灵峰探梅""杜鹃花会""金秋展览"等特色展览。除此之外，还有每年临时举办的一些特色展，如硕果园、芳香植物展、杜鹃花展览、石蒜展览、西湖菊展、金鱼展。2019 年 1 月 1 日起举办了为期 2 个月的"手绘自然，心绘万物"博物绘画展；9 月 30 日至 11 月 3 日举办了"西湖秋韵——2019 浙江省园林艺术精品展"；2020 年 4 月 19 日至 5 月 5 日，展出了"良渚地区 24 节气物候记录"（"绿马甲——良渚自然笔记达人训练营" 44 幅优秀作品）。

沈阳植物园的展览多数为花展（郁金香、杜鹃、兰花、牡丹、芍药、百合、鸢尾花、睡莲、菊花等展览），此外还有一些植物铭牌涉及科普。比

较突出的有一定科普效果的作品是结合 5D 技术制作的"昙花一现",真实
呈现花卉冒芽、长叶、抽蕾、开花全过程的视频与解说音频。

虽然案例植物园并没有历次科普展览活动参与者数量和评价的完整统计
和记录,但从活动组织的频次看,4 个案例植物园科普展览数量由多到少的
排序是:西双版纳植物园、中科院北京植物园、杭州植物园、沈阳植物园。

(2)案例植物园科普讲座

中科院北京植物园的科普大讲堂(2013 年开始)和各类科普讲座常年
开讲,目标明确,形式多样,预约灵活,学校、家长、学生对其评价很高。
植物园常年接受科普活动预约服务的 19 个项目中就有多项科普讲座,如
"穿过时空隧道看北京——一亿多年来的植被和环境变化"讲座和"绿色植
物的呼吸作用"讲座,内容都是针对中小学生,每次活动 40~100 人,时间
为 60 分钟;"花色的秘密"专题互动讲座(每年 5 月至 8 月)和"光合功
臣叶绿素"专题互动讲座(每年 4 月至 10 月),面对中学生,每次活动
15~20 人,时间为 60~90 分钟。2019 年植物园接待科普公众 20 万人次、
中小学校外科学教育 3000 人次。

西双版纳植物园的科普讲座内容丰富,涉及植物、动物、鸟类、昆虫、
生物多样性保护、生物进化及科学人生等诸多方面。2018 年 9 月至 2019 年
7 月共举办了 9 次不同主题的科普讲座,包括涵盖"鸟类的重要性"、"鸟类
的进化与分类"和"鸟类的繁殖"的鸟类主题讲座,以及"探秘毛毛虫的
世界""蜘蛛行为与生态"主题讲座;2019 年 2 月 23 日,以《嗨!亚洲
象》为题,举办了 2019 年第三期"艺术邂逅科学讲堂";5 月 11 日和 18 日
开展了连续观鸟主题讲座、魅力兰花讲座等 4 个有关博物知识与技能的讲
座,参与人数近 100 人次;9 月 17 日,开启第一期生物多样性主题的科普
讲座;9 月 19 日,开展了"成长中的望天树"青年科学家讲座、蜘蛛专题
自然观察讲座;10 月 1 日至 6 日每天 10:30~11:00 讲解若干棕榈科普故
事;10 月 28 日至 11 月 30 日,开展《热带雨林从不吝啬惊喜》《物以类聚,
是真的吗?——从进化角度思考》的科普报告;11 月 2 日至 3 日开展了
"一带一路"生物多样性保护和"科学人生"主题讲座。这些科普讲座内容

注重启发青少年的好奇心和想象力，鼓励他们勇于探索大自然。植物园还依托科技创新成果，对科普工作者、学校教师开设各类论坛和培训课程，学员们表示收获颇多，将引导更多人热爱自然、热爱科学、保护环境。

杭州植物园的科普讲座没有前两个植物园的场次多。其涉及的内容有植物类讲座，如杭州植物园的"大师讲堂"推出山茶花品种繁殖主题讲座，推广普及了山茶花品种繁殖相关专业知识，从而实现了技能交流和传承的作用（还可以扫描二维码，加入微信交流群在线咨询山茶花的种植技巧）；有环境教育类讲座，如《植物——人类生存环境的忠诚卫士》专题科普讲座，从植物生长的现状和植物的保护两方面进行介绍，让学生们能够明白保护绿色植物势在必行，甚至于有学生当场表示为了补偿自家汽车的废气排放要植一棵树；还有艺术绘画类讲座，如杭州植物园的园林景观工程师陈钰洁在"西湖秋韵·科普大讲堂"做了一期"走进博物绘画的世界"讲座。这些讲座可操作性较强，科普效果较为直接，很受公众的欢迎和喜爱。

沈阳植物园的科普讲座主要是菊花展相关课程，讲座包括互动、使用植物园种子种植等参与活动。

4个案例植物园科普讲座数量由多到少的排序是：西双版纳植物园、中科院北京植物园、杭州植物园、沈阳植物园。

（3）案例植物园中小学课外课堂

案例植物园目前都有面向中小学生开展的科普课堂，其中中科院北京植物园和西双版纳植物园表现较为突出。

中科院北京植物园自2014年起面向中小学开展了"科普大讲堂"系列科普活动，有内容丰富的科普讲座、形式多样的体验课程及博士科技游园讲解，每年中小学校外科学教育3000人次以上。配合北京市教委校外教育活动设计了观摩学习、动手体验、考察探究、科学实验、研究发现五个类型十余个科普实践课程（如水生植物世界、仿生花制作体验、植物标本的采集与制作、花色探秘、光合功臣叶绿素、有趣的微生物等），并汇编成册，科普效果明显。植物园与多所中小学校开展"一对一"的科普教学服务，搭

建课程和资源共享平台。至 2018 年，完成了"叶的形与色""植物花朵探秘""植物的爱情使者——传粉昆虫"等 15 个中小学课外课程研发并汇编成册，同时成功举办 2018 年植物所首届科普课程设计大赛，征集课程 55 个，使课程内容不断得到补充，整个科普教学体系较为完善。

西双版纳植物园的课外课堂有创意，学生参与感强。尤其是西双版纳州青少年自然笔记大赛已连续举办四届，植物园科普老师亲临指导的学校达60 余所，直接影响受众 10000 余人，此项活动可谓全国中小学生课外课堂中的典范。与小街小学合作"零灭绝"项目长达 5 年，不仅创办了自然观察俱乐部，还在校园里建立了自然科普园，该小学荣获"国际生态学校"称号。"探秘热带雨林"科学探索营展现了研学课程研发的显著成效，2017年植物园成为首批全国中小学生研学实践教育基地。

杭州植物园是杭州市青少年学生第二课堂活动"十佳先进基地"，2019 年第二课堂刷卡量达 40000 余次（杭州市要求 6 个老城区学校的中小学生每学年必须参加 6 次以上第二课堂活动）。"科学松果会"2018 年第 18 期内容包含野外观察动植物、科学探索、神奇实验室、夜间奥秘等多个系列；"桃源里自然教育中心"开设了"乐自然、游自然、学自然、创自然"系列课程：自然笔记创作活动及自然笔记学生作品展览参与人数达 2 万人，中草药识别及香囊制作、植物拓印、植物盆栽制作、酵素制作体验等活动参与人数达 4 万人。

沈阳植物园将科普课堂融入中小学生春游、秋游活动中，在活动中融入与菊花展相关的课程。2019 年 9 月后，由科普体验馆、科普研学馆、文旅创客空间共同组成科普研学基地，开展青少年植物、昆虫科普与实践活动，总体来说第二课堂活动尚属于起步阶段。

中科院北京植物园、西双版纳植物园、杭州植物园的中小学课外课堂形式多样，各具特色，但是各个植物园都缺乏完整的参与者数量统计和比较规范的评估。在科学教育体系构建和课程设置方面，中科院北京植物园较为突出。沈阳植物园科普课堂内容单一。

（4）案例植物园科普日活动

全国科普日活动是全国范围内的大规模群众性科普活动，2003 年由中国科协、中央宣传部等部门发起，2005 年起改为每年 9 月的第三周举办。

中科院北京植物园发挥科研优势，整合中国林学会等多方资源，每年的活动主题丰富，且与人们日常生活紧密相关，如"节约能源资源、保护生态环境、保障安全健康、促进创新创造""跨越千年——树木年轮解读""植物气味体验""走近转基因"等。饮食文化主题尤其受到公众关注，"舌尖上的植物园——植物饮食文化"科普展览，展览历时 20 天，直接受众达20000 余人次，受到公众一致好评，并荣获 2012 年全国科普日优秀特色活动。

西双版纳植物园每年都参与全国科普日活动，其间组织的活动项目多、有特色。例如：2009 年开展"倡导绿色文明，共建洁净勐仑"科普活动，参与者亲身体验环境污染的严重性，从而意识到保护环境的重要性，开幕式参加人数近 1000 人；2014 年以"植物园与基于社区的生物多样性保护"为主题，通过自然体验、环境解说、展览等群众性科普活动，向公众传递和渗透保护生物多性的科普理念，受众面广，直接吸引了近 5000 人参加，并荣获全国科普日优秀特色活动；2019 年 9 月 5 日至 19 日，实现两地联动，"礼赞共和国智慧新生活"系列活动在西双版纳州和成都市举办，内容和形式包括勐腊县民族中学师生体验研学课程、生物多样性主题的科普讲座、"一树一世界"科学节展览、"科普进校园"活动，共计 2000 余名师生、博物爱好者、市民及教育人员参加了活动。

杭州植物园组织的"走近自然，共创和谐"系列科普活动使其被评为杭州市 2009 年全国科普日活动优秀组织单位，其"低碳社会，绿色生活"系列科普活动被评为杭州市优秀活动项目一等奖。杭州植物园注重公众的直接体验，2018 年开展"体验农耕乐趣　回归田园生活"系列科普活动，展出十余种"药食同源植物"和"造型瓜果"，播放科普生态影片，开展了科普大讲堂、科普活动等多种互动形式，社会评价较好。

沈阳植物园至今未开展过全国科普日活动。

参加科普日活动的 3 个案例植物园活动参与者数量没有统计数据，也没有进行过效果评估，而且由于活动内容各有特色，无法从数据上得出影响力

比较。

调研结果显示，虽然无法做出非常精准的量化比较，但从活动情况的梳理看，近年来，案例植物园常规科普活动按照组织频率及影响力由大到小的排序是：西双版纳植物园、中科院北京植物园、杭州植物园、沈阳植物园。

2. 特色科普活动

除了沈阳植物园外，其他 3 个案例植物园不断开发创新一些科普方式、内容新颖的特色活动，例如，以中小学生或家庭为服务对象的夜游活动、夏令营，各种层次的培训，自然嘉年华等。

（1）西双版纳植物园率先开展夜游活动

自 2010 年起西双版纳植物园率先开展夜游活动，经过 10 年时间的摸索，夜游项目已成为西双版纳植物园中非常受游客欢迎的一个品牌活动，在行业内美誉度极高。目前，夜游涉及的内容主要包括：观赏适合夜间看的植物，如发光蘑菇、睡莲、夜花、闭合的植物叶片等，观赏夜行动物，如大壁虎、螽斯、蜘蛛、蛙、萤火虫、竹节虫等，观星等多项活动。游客通过自己的感观真切地感受自然，讲解者借助有趣的故事传递保护生物多样性的理念。

中科院北京植物园于 2017 年也开始组织"夜观植物园"活动；杭州植物园的夜观活动目前由不同的民间组织分期承办，但它们在活动的内容和活动的规模上都不如西双版纳植物园；沈阳植物园目前未开展过夜游活动。

（2）中科院北京植物园及西双版纳植物园组织夏令营等多样化的短期培训

中科院北京植物园自 2016 年 7 月承办中国科协青少年科技中心"英才计划"综合性野外科学考察活动，2017 年 8 月 7 日至 12 日，全国 12 个省市的 60 余名师生参加了"英才计划"内蒙古野外科学考察活动，并完成了5 个科考小课题，提高了野外科学考察技能。该项活动探索验证了在科研院所对优秀中学生进行短期培训的可行性。

西双版纳植物园面向亲子家庭常年开展"探秘雨林"自然体验营活动，寒暑假面向全国中小学生开展以"走进雨林，探索科学，感受文化"为主题的科学探索营活动，期期爆满。有着雄厚生态学研究背景的科普团队组织了采茶割胶、雨林动物在哪里、闻香之旅、探究小课题（150余个）等体验活动，满足了不同层次受众的需求。

目前，全国各地开展的研学旅游项目更进一步推动了植物园的夏（冬）令营活动。上述两个植物园都发挥了自身的科研力量，更注重营员的科学探究能力的培养，营员在发现问题、设计实验、分析数据、得出结论、提出质疑、汇报交流过程中提升了科学素质，这样的科学探究环节成了区别于其他植物园夏（冬）令营的最典型的特色；杭州植物园有科学松果会夏令营，但其科普成分不及前两者浓厚；沈阳植物园未开展夏令营活动。

（3）杭州植物园整合社会资源打造自然教育新形式——自然嘉年华

杭州植物园不局限于植物园系统内部的交流和发展，充分利用浙江省和杭州市的社会资源，搭建科普资源及活动平台。以杭州植物园为基地搭建桃源里自然中心科普平台。

桃源里自然中心成立于2016年4月。"桃源里"取自三家发起机构，桃——桃花源生态保护基金会，源——杭州植物园（保障场地），里——阿里巴巴公益基金会（提供运营经费）。其宗旨是让自然成为生活，打造优秀的自然教育众创空间。

杭州植物园自然嘉年华是桃源里自然中心打造的一项特色科普活动。自然嘉年华属于桃源里自然教育四大板块之一"乐自然"板块，自2017年10月起一年两次（春、秋各一次），至2019年8月，杭州植物园举办了五届自然嘉年华活动。从第一届18家自然教育网络成员发展到第四届三地（杭州、上海、福州）联动150家公益机构打造自然盛会，自然嘉年华有游戏体验、深度课程体验、自然市集、自然运动、自然朗读亭、环保"笑点屋"、趣味垃圾分类、"再生地球"旅程、自然音乐会等活动，演员担任自然体验官，直接带动了超过600万人在线关注自然教育。全国越来越多的植物园参与进来，多城同步联动已成为自然嘉年华对公众开展自然教育的新形式，目前已形成系统工程。

（4）西双版纳植物园打造科普旅游品牌及科普培训、论坛等高端品牌

活动

1999年，西双版纳植物园时任园主任许再富在全国科普大会上率先提出了科普旅游。2017年西双版纳植物园入选国家旅游局与中国科学院组织评选的首批"中国十大科技旅游基地"。"万种植物园"项目实施，10000多种植物引种目标完成，建设、改造30多个植物专类园区，对外开放热带雨林民族文化博物馆，完善科普设施并成立科普机构，建成科普网站，寓教育于游览、娱乐、休闲之中，在发展旅游的同时结合科研优势打造科普品牌，极大地彰显了"科普旅游"的特色，做到旅游和科普共同发展，其为拉动旅游加大科普投入的做法是国内植物园科普旅游的典范。

至2020年，西双版纳植物园高级生态学及保护生物学野外培训班已连续开展11年，在国内外取得了较好的影响力，为东南亚国家培养了近200名优秀青年学者，其间学员的独立课题已累计发表期刊论文十多篇；连续多年举办生态旅游环境解说培训班、小学教师科学教育和自然教育培训；2016年以来，西双版纳植物园创办的罗梭江科学教育论坛、植物园+青年科学节已经连续举办4届，已成为公众与青年科研人员面对面交流的舞台，获得了科技部2019年全国科技活动周重大示范活动优秀奖，入选中国科协《全国科普教育基地2019年优秀科普活动案例》（教育科研类）。西双版纳植物园把植物园科普做成了王牌。

从创新性、影响力等方面分析，4个案例植物园组织特色科普活动的能力由大到小的排序是：西双版纳植物园、杭州植物园、中科院北京植物园、沈阳植物园。

3. 基础性科普标识、解说内容制作

植物园最基础的科普工作就是以植物铭牌和宣传板进行植物知识科普传播。4个案例植物园的基础性科普解说内容制作能力略有差异。

作为植物园基础性科普项目的植物铭牌也有所创新。近年来，一些植物园在植物铭牌上加上了二维码，扫描植物铭牌上的二维码就能获取比铭牌上丰富很多的植物知识。4个案例植物园中，杭州植物园和西双版纳植物园植物铭牌有加二维码，而中科院北京植物园和沈阳植物园没有加二维码。并且，扫杭州植物园植物铭牌上的二维码还能进入杭州在线植物志网站。

科普宣传板在植物园内随处可见。中科院北京植物园科普橱窗将流动科普展与科普展厅有机地结合起来；杭州植物园在园内长椅上标有一句介绍植物相关知识的金属牌，增强了科普的趣味性、实用性；西双版纳植物园热带雨林民族文化博物馆里有大量的实物、文字展板传播"保护热带雨林就是保护人类自己"理念，还有游客免费领取并据此寻找和观察植物的"探索地图"，及用于日常科普活动的《植物园濒危植物探索地图》。

整体来看，基础性科普解说内容制作能力由大到小的排序是：西双版纳植物园、杭州植物园、中科院北京植物园、沈阳植物园。

4.案例植物园科普传媒

（1）传统媒体科普宣传

4个案例植物园都利用传统媒体进行科学普及，主要包括：编写科普著作和科普文章，与报刊、电视合作开展科普活动宣传。

在传统媒体方面，4个案例植物园的代表作品及与媒体合作情况如下。

西双版纳植物园与国内外电视台合作多个与热带雨林及民族森林文化相关的电视节目：针对西双版纳植物园的植物多样性保护、科研进展、科学传播等方面的内容分别在 CCTV1、CCTV2、CCTV4、CCTV10、CCTV13、CGTN 等频道播出，共计43 场次；纪录片《探秘热带雨林》在央视《地理·中国》栏目播出；央视大型益智文化节目《绿水青山看中国》曾以热带雨林动植物为开篇，穿插西双版纳等多市的森林故事和旅游资源；中宣部与英国独立电视台合作的《米尔斯探秘生态中国》于2020 年在西双版纳植物园拍摄其中一个部分；先锋青年试验旅行真人秀节目《小小的追球》（芒果 TV）在西双版纳植物园版纳生态站录制，有周冬雨、尹正、黄子韬、王彦霖等人参演。西双版纳植物园还发行了多个系列的科普图书，如《鸡年话鸡》（鸡的起源、驯化与多样性）、《鸟儿的故事》（科学让观鸟更有趣）、《幽兰之性》（兰花传粉科学）、《飞舞吧！萤火虫》、《妙趣棕国：棕榈科植物文化与生存智慧》，还有科普绘本《大湄公河绘本》。西双版纳植物园在案例植物园中，利用传统媒体开展科普方

面作品最多、影响大。

杭州植物园曾编印与植物相关的系列科普图书，包括《山野珍馐——杭州常见野菜及食用安全》、《杭州珍稀濒危与重点保护野生植物》、《新闻植物园》、《六十年画册》、《十年（2006～2015）年科研成果汇编》、《科学植物园》、《杭州植物园植物名录》（2016年版）、《杭州植物园木本植物图鉴》、《我心中的植物园》、《杭州植物志》（全套三卷，240万字）等。杭州植物园与20余家省市主流媒体都有联系，尤其是2014年与杭州日报联合打造出致力于做一流的青少年科普教育的全媒体平台——"科学松果会"，由杭州市政策扶持，受众影响较广，活动频次较高。两年时间微信粉丝数为12000人，平均每月组织活动2～3次，经过6年的运作，活动项目越来越满足学生及家长的需求，深受欢迎。杭州植物园在传统科普传媒方面产出能力和效果都比较好。

中科院北京植物园与中央电视台国际频道《远方的家》栏目、北京电视台科教频道《非常向上》栏目联合开展"植物园探宝"等品牌科普活动，出版了介绍植物园的发展历史及现状的《生命世界》专辑、按照收录的300种代表性植物的最佳观赏日期排序的《植物园四季观花手册》。王英伟著的《中国科学院北京植物园图谱》（2018年）成为广大中小学生、植物专业学生及植物爱好者的必备参考书。中科院北京植物园在传统科普传媒方面产出能力较西双版纳植物园和杭州植物园稍弱。

沈阳植物园与传统媒体的合作内容局限于宣传植物园特色活动，报道花期展览。

案例植物园通过传统媒体方式进行科普宣传的作品数量和影响力由大到小排序是：西双版纳植物园、杭州植物园、中科院北京植物园、沈阳植物园。

（2）新媒体科普传播

新媒体已成为当今社会科普传播的最主要方式之一。

4个案例植物园都有官方网站，配有专人维护，设有科普板块，内有科研介绍、植物常识介绍。其中，杭州植物园官方网站有一个比较有特色的服务，进入网站后可自主进行园内植物标本查询。

4 个案例植物园科普新媒体除了官方网站，还有官方微信公众号、微博、App、抖音。由于微信公众号无法查询到粉丝量，本报告选取 2019年公众号的发文量和阅读超过 1000 人次的内容数量进行能力和影响力的比较分析（见表 11）。

表 11　案例植物园新媒体科普平台及传播力

名称	微博	公众号	App	抖音
中科院北京植物园	微博 647 条, 粉丝 1.65万人, 平均每条 10 个赞左右, 评论极少	2019 年 24 篇推送文章中, 有 8 篇文章阅读量在 1000人次以上, 1 篇阅读量超过 1万人	无	无
西双版纳植物园	微博 7822 条, 粉丝 33.2万人, 平均每条动态 20条, 评论 50 个点赞, 10人次转发	2019 年 235 篇推送文章中, 有 74 篇阅读量在 1000 人次以上	无	113 条视频, 获赞8.3 万个, 粉丝 1.2万人
沈阳植物园	微博 1069 条, 粉丝 3154人, 主要转发公众号内容	"每周一花科普"系列文章, 2019 年 126 篇推送文章中, 有 48 篇阅读量在 1000 人次以上	无	98 条视频, 粉丝237 人, 获赞 844个
杭州植物园	微博 1674 条, 粉丝 2.85万人, 评论点赞数几乎为零	有百草识别栏目, 2019 年223 篇推送文章中, 有 26 篇阅读量在 1000 人次以上	杭州植物园	23 条视频, 获赞319 个, 粉丝 432人

中科院北京植物园 2019 年发文数量最少，阅读量在 1000 人次以上的文章数最少，但有一篇文章《中科院植物所北京植物园展览温室游览攻略》的阅读量高达 1 万人次，可见公众对修缮后的展览温室十分期待。在访谈中，中科院北京植物园相关负责人表示，他们在新媒体传播方面投入不大，他们认为线上的传播无法代替线下参与。

在调研中了解到，西双版纳植物园与中科院计算机网络信息中心合作，建立了"虚拟网上植物园"，公众可以进入这个"虚拟网上植物园"，了解各类植物，极大地激发了对植物的兴趣，以及保护植物多样性的热情。2019年 7 月 18 日植物园与新华社在 YouTube、Twitter、Facebook 平台开展"莲中

王者"直播，突破了 200 万人次的浏览量，当天就成为新华社的海外社交媒体直播类节目的第一名。

根据对传播力的分析，按传播力由大到小，案例植物园开展新媒体科普的排序是：西双版纳植物园、杭州植物园、沈阳植物园、中科院北京植物园。

虽然案例植物园都开展了一些新媒体科普，但科普力度和质量还远远无法满足当今社会的需要，提高科普内容的多样性、生动性、趣味性，扩展科普资源的延伸空间，将科普新媒体打造成为科普传播的主流媒介就变得尤为重要。

在科普产出方面，本报告认为最值得重视的是特色科普活动的创新能力和新媒体科普能力，结合常规性科普活动能力、基础科普内容及传统科普创作出品能力，本报告对案例植物园整体上的科普产出能力由大到小的排序是：西双版纳植物园、杭州植物园、中科院北京植物园、沈阳植物园。

（六）植物园科普影响要素分析及其启示

1. 科普资源条件与科普投入产出关系的定性分析

在对案例植物园科普工作进行调研的基础上，本报告的重点在于探讨分析植物园科普投入和产出的影响要素。

科普资源条件对科普投入、产出有影响。在 4 个案例中，西双版纳植物园科普各项资源条件都最好，科普投入、产出能力均明显领先。其他 3 个植物园的科普资源条件整体上在一个层级水平上，但在科普投入和产出方面差异很大，杭州植物园稳居 4 个案例中的第二，中科院北京植物园第三，沈阳植物园则远远落后。

从另外一个视角看，各级别、行业的科普基地的认定要求主要体现在科普投入及科普组织管理方面，主要包括重视科普、科普工作制度完善、具备一定规模的科普场所及一定质量的科普展教资源、科普队伍、能够保障开展经常性科普活动所需的经费。而从表 12 案例植物园的科普基地称号的认定情况对 4 个案例植物园科普投入和科普产出进行评判，其结果与我们调研分析的排序一致。

可见，科普资源条件对科普投入和产出有影响，但并不是主要影响要素。

表 12 案例植物园科普基地认定情况

名称及归属	所获得的科普基地称号
中科院北京植物园，归属于中科院植物研究所	全国科普教育基地 全国青少年科技教育基地 全国林业科普基地 国家科研科普基地 北京市科普教育基地
西双版纳植物园，归属于中科院	全国科普教育基地 全国青少年科技教育基地 国家环保科普基地 云南省精品科普基地
沈阳植物园，归属于沈阳旅游集团	沈阳十大科普教育基地 （有效期已过未被再次认定）
杭州植物园，归属于杭州西湖风景名胜区管委会	全国科普教育基地 全国林业科普基地 全国野生植物保护科普教育基地 浙江省科普教育基地 杭州市青少年科普教育基地 杭州市第二课堂活动基地

2. 案例植物园科普投入及产出的主要影响要素分析

组织管理和政策环境对科普投入及产出能力建设具有重要影响已是科普理论界和实践者的共识。

本报告虽然只是案例分析，并不能得出普遍性结论，但在实地调研基础上，我们尝试从 4 个有典型性的案例植物园的科普实践中探讨科普支撑条件的作用，分析对于非专门从事科普工作，但科普资源丰富的机构组织的科普政策环境、科普工作定位及科普组织管理对科普的影响。

对于案例植物园而言，政策要求和引导对植物园科普起着第一推动作用，政策环境直接影响植物园领导的认识和植物园科普工作定位。根据科普

工作在植物园的功能、目标定位，案例植物园决定建设什么样的科普组织管理体系。而科普组织管理建设是影响科普投入、产出的关键。

中科院系统和杭州市近年来出台了一系列有目标引领、评估激励管理制度、科普项目资金支持导向的科普政策。中科院西双版纳植物园建立了科研、科普并重的定位，杭州植物园要打造国内科普最好的植物园，中科院北京植物园作为研究所的下属处级植物园也把科普列为支撑科研之外第二重要任务。3个植物园也建立了与科普工作定位相匹配的科普部门设置、人员和经费投入，而科普产出与科普投入明显是正相关。

沈阳市旅游行业、沈阳市均没有有效的引导、支持科普工作的政策。属于沈阳市旅游集团的沈阳植物园定位为市场化游乐休闲旅游机构，其科普工作定位不清，科普组织管理没有专门部门，科普经费无规划无制度，原有科普场馆设施大部分空置多年，丰富的植物资源和旅游资源没有转化成为科普能力。

综上，从案例分析来看，科普投入及产出能力是科普资源条件、科普支撑能力共同影响下的结果。科普资源条件是案例植物园开展科普的基础。科普支撑能力是科普的主要影响要素。其中，科普政策是科普的第一推动力，科普工作定位是科普的导向要素，科普组织管理能力是开展科普的关键。

3. 植物园科普影响要素分析的启示

科普能力评价已经成为我国科普工作一个重要的引导，科普能力评价的投入和产出指标项成为衡量评价科普工作的重要指标，影响着科普工作的方向。对植物园科普影响要素的研究，可以作为分析其科普能力的重要依据。在科普能力的理论研究方面上，我国学者主要依据科普能力的概念和内涵构建指标体系，借鉴科技评价工作中从投入、产出两端进行衡量的成熟体系，将科普能力评价指标大体分为科普投入、科普产出和科普支撑条件三个维度。然而，在评价实践中，以往我国科普能力评价指标体系构建依赖于科普投入及产出数据，缺乏科普支撑能力维度的科普政策、组织管理等定性调查，而仅仅分析科普投入及科普产出难以找到提升科普能力的抓手。

通过植物园行业典型案例研究来分析科普能力影响要素，所得到的研究发现对于评价科普主体的科普效果、提升其科普能力等有一定的启示意义。基于科普政策环境、科普工作定位、科普组织管理对科普能力和科普事业发展的影响，本报告提出以下建议。

第一，区域和行业的科普能力提升，应该加强科普政策环境建设，发挥科普政策对科普能力建设的第一推动力作用。借鉴学习杭州市、中科院经验，特别要加强评估激励制度建设。对植物园等非专业从事科普的机构而言，科普是其多种功能中的一个，对科普的重视与否主要由政策、领导认识等因素决定。科普工作的功能、目标定位是科普工作开展的导向要素，科普定位清晰才能起到带动作用，并取得好的工作效果。

第二，加强科普组织管理体系建设是科普能力建设的关键。要建立有力的科普组织动员机构、有效的科普组织动员体系和管理制度，才能拉动科普投入、提升科普产出数量和影响力，实现科普工作目标。

第三，建议在将来的科普效果评价中将定量和定性评价相结合。不仅要调查科普投入、科普产出，还要对科普资源条件进行调查，更加科学地分析不同资源条件下科普能力的发展指数；更应该加强对科普政策环境、科普定位、科普组织管理等支撑条件的调查评价，找出影响科普工作的主要因素，真正以评价引导促进科普能力的提升。

参考文献

王康友主编《科普蓝皮书：国家科普能力发展报告（2006~2016）》，社会科学文献出版社，2008。

王刚、郑念：《科普能力评价的现状和思考》，《科普研究》2017 年第 1 期。

全国人民代表大会常务委员会法制工作委员会：《中华人民共和国法律汇编 2002》，人民出版社，2003。

〔爱尔兰〕威士·杰克逊、P. S.、苏哲尔兰、L. A.：《植物园保护国际议程》，云南科技出版社，2020。

李佳、刘凤、胡永红：《与科学传播结合是博物学的新出路——以博物植物学为例》，《生命世界》2018 年第 9 期。

齐培潇、郑念：《我国科普能力发展的影响因素分析》，《科协论坛》2018 年第9 期。

尹霖、张平淡：《科普资源的概念与内涵》，《科普研究》2007 年第 5 期。

张青、叶昀：《探索科教融合新模式：中科院高端科研资源科普化在中学的实践与思考》，《传播与版权》2018 年第 1 期。

李国忠、蒙福贵、赵忠平：《科技资源科普化的实践与思考》，《大众科技》2011 年第 7 期。

程嘉宝：《浅析与社会资源结合的武汉植物园科普夜游活动的可行性研究》，载中国植物学会植物园分会《中国植物园第十八期》，2015。

贺赫、陈进：《中国植物园游客游览动机及满意度调查》，《生物多样性》2011 年第 19 期。

陈昭锋：《我国区域科普能力建设的趋势》，《科技与经济》2007 年第 2 期。

《中央政府门户网站关于加强国家科普能力建设的若干意见》，http：//www. cast. org. cn/n435777/n435781/38609. html，最后访问日期：2008 年 2 月 5 日。

李健民、杨耀武、张仁开等：《关于上海开展科普工作绩效评估的若干思考》，《科学学研究》2007 年第 12 期。

陈昭锋：《我国区域科普能力建设的趋势》，《科技与经济》2007 年第 2 期。

佟贺丰、刘润生、张泽玉：《地区科普力度评价指标体系构建与分析》，《中国软科学》2008 年第 12 期。

李婷：《地区科普能力指标体系的构建及评价研究》，《中国科技论坛》2011 年第 7 期。

任嵘嵘、郑念、赵萌：《我国地区科普能力评价——基于熵权法 – GEM》，《技术经济》2013 年第 2 期。

张慧君、郑念：《区域科普能力评价指标体系构建与分析》，《科技和产业》2014 年第 2 期。

张立军、张潇、陈菲菲：《基于分形模型的区域科普能力评价与分析》，《科技管理研究》2015 年第 2 期。

马宗文、陈雄、董全超：《科普投入对中国科普能力的驱动研究》，《中国科技论坛》2018 年第 7 期。

B.8
中国数字科技馆发展报告
（2010～2019）

任贺春　赵铮*

摘　要：　中国数字科技馆自2005年开始建设，利用数字技术开展科普工作和科普活动，经过14年的发展，已经成为集国家科技基础条件平台、面向公众的科普网站、现代科技馆体系建设的枢纽及权威科学教育平台于一体的综合服务平台，是国内最大的数字化公益性科普基础设施。本报告系统梳理了中国数字科技馆在发展过程中经历的三个阶段、取得的成效、存在的问题及发展的方向，为数字化科普设施在科技馆体系中如何更好地发挥效能提供参考。

关键词：　数字科技馆　服务平台　体系化建设

一　中国数字科技馆发展背景

自2005年底"中国数字科技馆"项目启动建设，"数字科技馆"一词被人们广泛提及。现实中，人们经常用"虚拟科技馆""数字科技馆""网上科技馆""网络科技馆"等名称将网络上综合的科普设施区别于实体科技馆。本文更倾向于2010年中国科协立项的"数字科技馆发展研究"课题组

---

* 任贺春，中国科学技术馆网络科普部研究员及高级工程师，研究方向为网络科普、科技馆信息化研究；赵铮，中国科学技术馆网络科普部工程师，研究方向为网络科普。

提出的关于数字科技馆的定义，即数字科技馆是指利用数字技术开展科普工作和科普活动的公益性科普基础设施，它以互联网及移动互联网平台为主要载体，以数字化公共科普教育和服务为主要功能，以虚拟形式展现实体科技馆的教育功能和虚实结合为特色，以提高全民科学素质为主要目标，同时开展其他形式的数字化科普教育和服务。①

中国数字科技馆建设初期，全国掀起了一股建设数字科技馆的热潮，在2010年，已有山东省数字科技馆、福建省数字科技馆、江西省数字科技馆、海南虚拟科技馆（由于其建设早于中国数字科技馆，故虽名称上不叫数字科技馆，但本文也将其视同数字科技馆）、济宁市数字科技馆、长沙数字科技馆、上虞数字科技馆、兖州数字科技馆等8家名称叫作数字科技馆的网站。随着互联网技术的飞速发展和移动互联网的广泛应用，大部分数字科技馆将线上科普服务功能转到微信、微博等更为快速轻便的成熟平台上，不再投资进行数字馆的建设和维护。目前，上述提到的数字科技馆，除了中国数字科技馆作为国家级的网络科普平台、依然每年有持续投入、发展良好之外，只有福建科技馆作为福建数字科普资源开发平台，依然在正常运行更新。山东省数字科技馆、江西省数字科技馆、济宁市数字科技馆都多年没有更新过内容，仅作为中国数字科技馆的二级子站而存在。而海南虚拟科技馆、长沙数字科技馆、上虞数字科技馆、兖州数字科技馆早已停止对公众的服务，在网上已经搜索不到。

二 中国数字科技馆的三个发展阶段

从2005年项目启动至2019年12月底，中国数字科技馆由最初作为服务于科普机构和科普工作者的数字科普资源集成和共享平台，发展为如今服务于公众、科普工作者和科普机构，同时服务于中国特色现代科技馆体系，

---

① "数字科技馆发展研究"课题组：《数字科技馆发展研究报告》，载束为主编《科技馆研究报告集（2006～2015）》（上册），科学普及出版社，2017，第140～166页。

成为现代科技馆体系建设的枢纽和权威的科学教育平台。集科普门户网站、远程管理平台、线上线下活动平台、新媒体传播平台等多功能为一体的综合性网络科普服务系统，拥有超过 14TB 的数字化科普资源和超过 1100 万人的互联网用户，网站日均页面浏览量超过 400 万人次。

中国数字科技馆是随着互联网技术变革和时代需求的变化而发展的，大致历经以下三个阶段。

（一）国家科技基础条件平台项目建设阶段（2005～2009年）

2005 年 12 月，在科技部和财政部支持下，中国数字科技馆作为科技部的国家科技基础条件平台项目正式启动建设，中国科协为牵头单位。项目成立了领导小组和项目管理办公室，由中国科协、教育部和中国科学院的相关领导组成，负责决策和项目管理；设立专家顾问组，以专家咨询评议意见作为重大问题决策的基础。通过专家评议、签订合同的方式来确定 9 个子项目的承担单位，子项目承担单位来自中国科协、教育部和中国科学院的下属单位（见图1）。

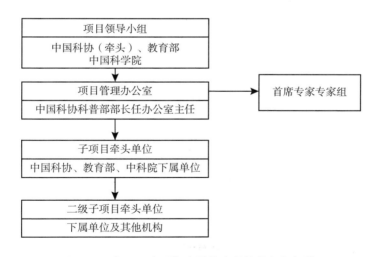

图1 平台项目建设期中国数字科技馆组织机构

2009 年 9 月，项目顺利通过验收。当时的中国数字科技馆定位是基于互联网的多学科、多媒体、综合性的科普资源集成和服务平台，以建设国家

级的数字化科普资源库为目标，主要功能是数字科普资源的集成和在线展示。网站主要服务于科普机构和科普工作者，为他们提供在线浏览科普资源，并提供得到授权的科普资源的下载服务。网站的主要构成是利用多媒体等技术搭建的 92 个科技博览馆以及科普展览库、科技馆展品库、科普报告库、科普动漫作品库等 9 个科普资源库。

这一时期，在各类科普资源相对匮乏的大背景下，中国数字科技馆提供的数字化科普资源集成和下载服务，极大地提高了科普服务效率，节约了服务成本。以汶川地震后的科普服务为例，在汶川震后 72 小时内，中国数字科技馆快速集成整合各种与地震相关的科普资源，建成网上地震科普专题，并在专题中开设了下载专区，提供 5 类 31 种地震科普资源，包括科普挂图、音像及其他电子宣传品等，地方科普机构下载后直接付诸印刷或进行科普宣传，体现出中国数字科技馆在应急科普方面的快速反应能力和资源支持优势，改变了一套科普挂图从开发、印刷、邮寄再到张贴需要数周时间的局面。

（二）公共科普服务平台阶段（2010～2014年）

2010 年 7 月起，中国科技馆全面承担起中国数字科技馆的常态化运行和管理工作。2011～2014 年，国家财政对中国数字科技馆专项投入资金，科技部国家科技基础条件平台中心每年对中国数字科技馆的运行服务情况进行考核（见图 2）。

中国数字科技馆在此阶段的定位是公共科普服务平台，主要目标是建设国家级科普网站，扩大网站的受众、知名度和影响力，让更多的社会公众、科普机构能通过互联网获取权威的科普资源，助力全民科学素质的提升，让科普资源发挥更大的社会效益。因此，中国数字科技馆的服务对象由科普机构和科普工作者转变为以普通公众、网民为主，科普机构和科普工作者为辅，服务的载体也由纯粹的 PC 端网站发展为网站、手机端和离线服务等多种形式。

为了吸引普通公众，中国数字科技馆网站内容不再局限于项目期已建成

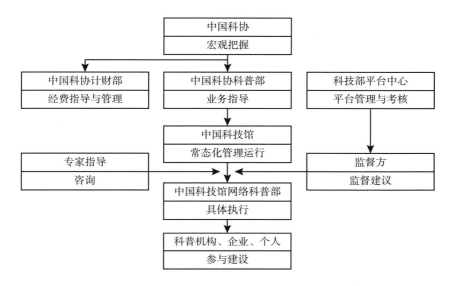

图2　常态化运营期中国数字科技馆组织机构

的科技博览馆和科普资源库，开始通过原创、合作共建等方式建设新栏目，丰富扩充新内容。如开创《榕哥烙科》《学姐来了》《你好星空》等原创品牌栏目；以科技热点专题和科普文章的创作进行"新闻导入，热点解读"；创作科普挂图和漫画、科普音视频、轻游戏等多种公众喜闻乐见的形式的科普内容。同时，不断拓展网站功能，加强与公众的交互。增设问答、博客、论坛、网络直播，开通评论、投票等互动功能，开发3G版网站、移动端应用，开展线上线下活动，并开通和运营中国数字科技馆官方微博、微信。

　　另外，在业内，中国数字科技馆通过发动和联合地方科技馆等科普机构，以建设数字馆子站的方式，凝聚业内人士共同重视和开展科普信息化工作。中国数字科技馆开发了建站工具，提供服务器和带宽资源、网络安全防火墙以及7×24小时技术保障，引导和支持地方科普机构建设地方数字科技馆。这些地方数字科技馆作为中国数字科技馆的二级子站，在中国数字科技馆网站拥有统一入口，以统一的技术规范，集中展示具有地方特色的科普资源。自2011年中国科技馆启动"地方优质科普资源征集及二级子站建设项目"以来，有58家单位进驻中国数字科技馆，为公众累计贡献"青稞沙

213

龙"科普讲座 98 场、科普专栏 73 个、科普游戏 207 个、科普视频 2689 部。

在这一阶段，中国数字科技馆逐渐成为公众学习科学知识、讨论科学问题、发表科学见解的平台，成为科普工作者和科普机构获取科普资源、交流科普经验、了解科普市场的平台。

（三）科技馆体系信息化服务阶段（2014～2019 年）

2014 年起，由于互联网技术和潮流的发展转变以及中国科协对科普信息化工作有了新部署和新要求，中国数字科技馆的建设开始聚焦于为现代科技馆体系服务，增加"现代科技馆体系的枢纽"这一定位，致力于发展成为科技馆体系创新升级的引擎，并以体系为基础进一步带动公共科普服务。

为了发挥枢纽作用，中国数字科技馆建设了一批服务实体馆的信息化应用系统，包括展品信息管理系统、后勤保障综合业务工作平台、客流密度系统、电子票务系统等，初步建成了服务体系的信息化管理系统，并为体系各部门建设具有针对性的数字化科普资源，扩展和提升体系受众的科普体验。

建设全国流动科普设施服务平台。平台利用北斗卫星系统，自动监测和显示全国科普大篷车和流动科技馆的运行情况，实现远程管理和工作成果展示，提升了流动科普设施的运行管理水平。

大力开展围绕实体馆展览展品和活动的数字化与网络服务。一是开发建设数字化展品。基于增强现实技术的 AR 专题体验馆利用 AR 技术把展品变"活"。"展品荟萃"栏目集中展示数百件实体科技馆、流动科技馆、科普大篷车和农村中学科技馆的展品，每件展品配以文字、漫画、音频或视频等多种形式的展品介绍或操作说明，有些还有相关知识的拓展。观众除了在网上直接能够看到展品的各种信息外，在参观的过程中，也可以通过扫描展品旁边的二维码，将展品的信息和拓展知识带回家，进行参观后的回顾和学习。二是网站围绕中国科技馆的重点展览和活动，着力开发针对实体科技馆的特色资源和服务。例如，2019 年中国科技馆开展"律动世界"国际化学元素周期表年主题活动期间，中国数字科技馆网站上线了相应的综合性网络专题，专题包含"律动世界"主题展览的虚拟漫游、化学类 VR 科普资源 6

个、原创科普视频9个、化学实验30多个，以及根据118位中国青年化学家资料制作的"中国青年化学家元素周期表"等丰富内容。同时，网站推出了"你问我答"征集公众问题并邀请化学专家解答的活动，以及"请你来答"化学元素有奖答题活动，并制作了以化学元素周期表为主题的电子杂志。针对科技馆的重点活动，比如中科馆大讲堂、全国科技辅导员大赛、科技馆联合行动等，提供活动预约报名、活动报道、网络直播和投票、内容展示及新媒体传播等全方位的线上服务。三是建设了"虚拟漫游科技馆"。2014年，中国数字科技馆建设了"遨游中科馆"栏目，利用全景技术真实再现了中国科技馆各个展厅的场景和展品。观众只需一台电脑或一部手机，就能够在任何有网络的地方以360度全景虚拟漫游的方式自由"参观"中国科技馆。四是提供基于手机的讲解及导览服务。利用微信服务号为公众提供展品讲解、场馆信息推送等服务，打通了实体科技馆与线上优质科普资源的连接渠道。如：2018年为"庆祝改革开放四十周年科技成就科普展"提供定制化信息系统服务，为60余件展品开发配置二维码导览讲解系统；设计开发智慧语音讲解服务，利用微信订阅号提供展览的智慧语音讲解；策划机器人导览服务，设定展览现场巡航路线，为机器人配置展览、展品信息，公众可通过与机器人对话获得导览信息等。

开发通过互联网远程操控、实时互动的科技馆展品，为"展品＋互联网"提供了新方案，也为打造7×24小时永不闭馆的科技馆提供了基础。在整体建设过程中，中国数字科技馆积极应用AR、VR、iBeacon、远程控制、网络直播、大数据、人工智能等新技术手段，丰富网站资源形式，优化用户体验。

以VR技术为例，中国数字科技馆把握时代潮流，于2016年起率先在网络科普领域应用虚拟现实技术，开发了数学、生命科学、应急避险等十大类别的229个VR科普微场景，打造"移动VR科技馆"，公众只需用"手机扫码＋虚拟现实眼镜"就能在线体验。2019年，中国数字科技馆联合百度百科与科普中国，为"纪念新中国成立70周年科技成就科普展"的12件展品制作了互动AR科普资源，投放在百度App上。

在此期间，中国数字科技馆还应用新技术对网站进行了整体改造。架构改造实现了网站的动静分离，有效规避了由网站程序漏洞引起的安全问题，进一步完善了网站功能，提高了网站的易用性，并且用公有云服务取代原有的自建机房，大大降低运营费用，也为网站提供了更专业的硬件和安全支持。

三 中国数字科技馆的建设成效

（一）网站用户、浏览量和资源量显著提升

从 2010 年常态化运行之初至 2019 年底，中国数字科技馆的注册用户从 5.21 万人增长到 2019 年底的 125.71 万人，9 年内增长了约 23 倍（见图 3）；网站日均页面浏览量从 12.65 万人次增长到 445.00 万人次，增长约 34 倍（见图 4）；网站资源总量从 1.00TB 增长至 14.55TB，增长了 13.6 倍（见图 5）。

用户和浏览量的激增使网站的 ALEXA（国内排名从 2010 年 6 月的 42843 名上升到 2019 年的 80 名左右）知名度和影响力大幅提高。

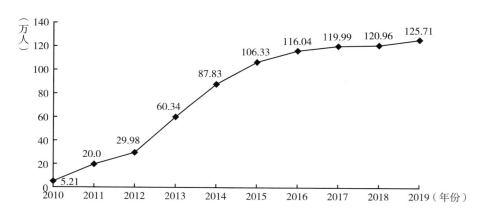

图 3　2010～2019 年中国数字科技馆网站注册用户变化情况

资料来源：中国科技馆网络科普部历年工作总结。

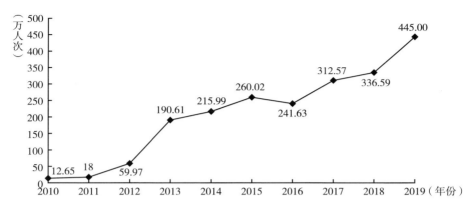

图4 2010～2019年中国数字科技馆日均页面浏览量变化情况

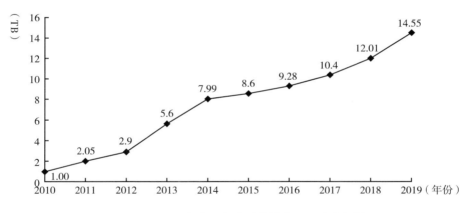

图5 2010～2019年中国数字科技馆资源总量变化情况

（二）资源传播渠道极大拓展，影响力提升

为顺应互联网发展对科普工作提出的新要求，中国数字科技馆从以资源为中心逐渐转变为以用户为中心，从以网站为中心逐渐转变为网站、移动端社交媒体、自媒体平台等多媒体融合发展，资源建设、网站体验、用户服务和品牌传播并重（见图6）。

在科普领域，中国数字科技馆是最早开通微博、微信账号的单位之一。2011年，在新浪和腾讯平台开设官方微博账号，开启了中国数字科技馆的

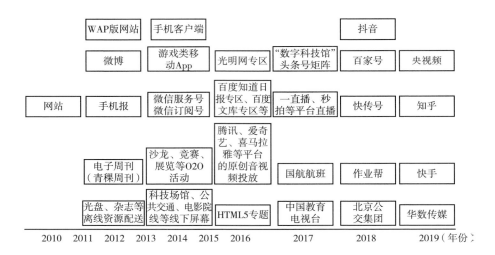

图6 2010～2019年中国数字科技馆传播渠道拓展情况

新媒体运营；2013年，开通了"中国数字科技馆"微信服务号；2014年起，陆续开通了"掌上科技馆"微信订阅号、"中国数字科技馆"今日头条官方账号等。中国数字科技馆从建设团队、培养专业运营人员、制定内容采编和发布机制等多方面着手，加大基于移动互联网和社交媒体的科普微平台建设力度，卓有成效。到2019年末，中国数字科技馆开通账号的新媒体平台有新浪微博、微信、头条号、百家号、企鹅号、抖音、快手、知乎、央视频等，涵盖了当前主流移动社交媒体和自媒体平台。中国数字科技馆新浪微博粉丝为805万人，微信（服务号与订阅号）粉丝总数为114.6万人，抖音粉丝40万人。

2019年，中国数字科技馆新浪微博全年发文数约3900条，新增阅读量超过5000万人次，日均阅读量约13.7万人次；百家号平台发布文章4900余篇，阅读量超过3.5亿人次，同时，利用百家号直播各类活动72场，播放量达352万人次。

一批原创科普栏目逐渐发挥品牌效应。中国数字科技馆建设了《榕哥烙科》《科学开开门》《学姐来了》《论剑》《科技热点》等原创栏目，充分利用百度、腾讯、光明网、今日头条、喜马拉雅、知乎、抖音等大型互联网平台输出优质内容。截至2019年底：在百度百科上传的视频播放量达2800万人次，百度知道日报文章阅读量近1700万人次；《榕哥烙科》科普脱口秀进驻中国教育电视台"微课堂"频道，平均每期收看人数50余万人次；原创科普音频栏目《科学开开门》在喜马拉雅的播放量超3100万人次，稳列儿童科普节目的前十名；2017年，原创儿童视频节目《开心问航天》在中国国际航空公司的《空中博览》栏目播出，覆盖了国航378条国际国内航线的380架飞机，每天有30余万名乘客观看。

此外，开展"科学连线""青稞沙龙""宝贝报天气"等线上线下相结合的品牌活动扩大科普服务受众。其中，2018年推出的"科学连线"，以介绍和探讨科技前沿为内容特色，以和国外知名科学家视频连线，同时又和国内学校及地方科技馆等通过视频连线互动为形式特色，既有现场观众，又对活动进行同步网络直播，进而与网民互动，实现了线上与线下的深度结合。截至2019年底，该活动共举办了7期，直播收看人数超过170万人次，反响良好。

搭建科学教育网络平台。2019年开发并上线"科技馆里的科学课"直播平台，面向黑龙江、山西、青海、重庆、广东等多个地区70个小学组织了试点教学；为"中科馆大讲堂""科学影迷沙龙"等中国科技馆品牌科普活动提供网络直播服务，2019年全年累计对外直播117场，观看人数超686万人次，扩大了科普资源的辐射范围。

（三）发挥科技馆体系建设枢纽作用，带动行业共建共享

为发挥集群效应，扩大数字科技馆影响力和科普服务受众，中国数字科技馆多年来一直致力于数字科普资源的共建共享工作，引领行业的网络科普和科普信息化工作，成为科技馆体系建设的枢纽。

2010～2017年，共建共享工作的重点是中国数字科技馆二级子站建设。各地科技馆利用其提供的网站开发工具和运维服务，在中国数字科技馆网站以子站的形式建设自己的数字科技馆，发布具有各自地方特色的数字化科普

内容；中国数字科技馆每年会倡议地方数字科技馆围绕某一特定主题制作、发布科普资源，也会联合地方数字科技馆共同开展线上、线下活动，如"科技大辩论"线上活动与"青稞沙龙"对谈类讲座活动。截至 2017 年，中国数字科技馆网站上共建成地方数字科技馆 58 家，其中省级参建单位 31 家、市级参建单位 22 家、县级参建单位 5 家。

2017 年下半年起，共建共享工程工作的重点转移到移动端。中国数字科技馆联合地方科技馆在今日头条上建立"头条号"矩阵，地方馆加入矩阵，可利用"头条号"矩阵发布科普内容，联合开展大型科普活动等。截至 2019 年底，有 41 家单位进驻数字科技馆矩阵，总发文量近 16000 篇，发布文章的总阅读量超过 7200 万人次。同时，中国数字科技馆开展 H5 移动科普资源建设项目，为地方科技馆等单位提供交互功能强、自适应各类手机和平板电脑等移动设备、适合在新媒体上进行传播的 HTML5 Web 开发工具，帮助和支持地方科技馆制作基于 HTML5 技术的响应式科普专题。

2018 年，启动面向全国各地科技馆的虚拟漫游服务。通过规范流程、统一技术标准、统一展现形式，拍摄并制作各地科技馆的全景漫游，集中在中国数字科技馆的科技馆虚拟漫游平台展示。到 2019 年底，在中国数字科技馆已集群上线的有上海科技馆、广东科学中心等 115 家全国各级科技馆的超过 5000 个高清全景场景，数据总量超过 3T，供网民在线浏览或利用手机和 VR 眼镜进行沉浸式虚拟参观。同时，对中国科技馆近年来的短期展览，也通过虚拟漫游的形式为公众提供在线浏览服务。中国数字科技馆提供这些服务，不仅解除了观众参观时地域空间和时间上的限制，也延长了展览的生命周期。

四　中国数字科技馆发展中存在的
问题和下一步发展方向

中国数字科技馆经过 14 年的发展，经历了国家科技基础条件平台项目建设阶段、公共科普服务平台阶段和体系服务阶段。其发展建设重心逐步从科普内容建设转向为体系成员及全社会提供开放平台，实现用户细分、资源共建、交互体验、智慧服务，为体系成员创造学习、展示、交流的机会，成为科技馆体系智慧化发展的重要载体。同时，中国数字科技馆运用互联网思维和技术手段实现体系成员间、体系成员与社会机构及个人间的沟通协作，提升管理水平，发挥体系建设的枢纽作用。中国数字科技馆在定位不断发展变化的同时，功能不断完善，内容建设、影响力和行业共建共享等各方面都取得了显著成绩，但也遇到一些问题。这些问题主要是数字馆在从面向公众提供广泛科普服务向成为体系建设枢纽转变过程中，还不能迅速适应新的需求而出现的。

中国数字科技馆进入体系服务阶段以来，逐步进行转型，围绕实体馆、流动科普设施提供了不少服务，但依然存在与其他网络泛科普平台的同质化问题。围绕展品、展览和教育活动的数字化和网络化服务还不能满足体系成员快速增长的迫切需求，权威科学教育平台的建设还处于起步阶段，数字化展览展品资源的入库标准与入库流程、科学教育课程的建设标准与共建共享体制机制等还需要深入探讨和完善。此外，平台功能建设不够完善，移动端应用建设稍显薄弱，都影响了中国数字科技馆作为科技馆建设枢纽的作用发挥。

所以中国数字科技馆的发展建设重心要进一步从科普内容建设转向为体系成员及全社会提供开放平台，实现用户细分、资源共建、交互体验、智慧服务，为体系成员创造学习、展示、交流的机会，成为科技馆体系智慧化发展的重要载体。同时，运用互联网思维和技术手段实现体系成员间、体系成员与社会机构及个人间的沟通协作，发挥体系建设的枢纽作用。主要可以从以下几方面着力谋划。

一是依托中国数字科技馆平台，为社会公众及科技馆体系的管理者提供智慧化的科普服务。着力做好科普资源数字化工作，使展品、展览、教育活动等线下优质科普资源变为更易于传播和复用的网络资源。不断发掘精准化、智能化、个性化的科普服务功能，提升科技馆体系智慧化服务整体能力。

二是顺应互联网应用开发趋势，完成数字馆"平台化"转型。各体系成员迫切需要建设并完善相应的信息化平台，以支撑其业务工作的顺利开展，提高流程效率和工作成效，能够更好地发挥资源、功能等在体系内的流转和共建共享。因此，以科普资源建设为主要输出方式已经不能满足数字科技馆的功能定位，强化数字馆在体系中的枢纽地位，发挥其搭平台的作用，成为数字馆未来发展的新目标。将重心由科普内容建设转向为科技馆体系乃至社会公众搭建资源建设、共享、交流的科普平台，完成"平台化发展"转型任务。

三是适应移动互联网发展的新形式，提升移动端智慧服务水平。在充分利用中国数字科技馆已有网站、微平台、虚拟现实集群等数据的基础上，围绕服务实体馆观众这一核心，优化已有信息服务系统，开展数据整合、集中和共享，建立大数据收集、分析平台，推动技术融合、业务融合，打通数字科技馆本身存在的信息数据壁垒，建立以手机 App 服务为主，融合轻应用、网站、新媒体等多种模式相结合的互联网融合平台，为观众和网民提供 AR/VR、AI、H5、物联网等新技术产品与服务，让中国数字科技馆的数据融合于手机服务平台，让静止的数据服务变成可交互、可互动的学习体验中心，同时为信息化建设不足的其他科技馆提供数据开放接口、应用接入姿口，实现开放平台。

参考文献

李璐、任贺春、卢志浩：《中国数字科技馆发展报告》，载殷皓主编《中国现代科技馆体系发展报告（No.1）》，社会科学文献出版社，2019。

"数字科技馆发展研究"课题组：《数字科技馆发展研究报告》，载束为主编《科技馆研究报告集（2006~2015）》（上册），科学普及出版社，2017。

B.9
"十二五"以来中国基层
科普设施发展报告

王洪鹏　白　欣*

摘　要： 基层科普设施是指建设在我国县（市、区、旗）及县以下各级行政区划范围内用于开展科普活动科普场馆、科普宣传栏等科普设施的总称。作为我国基础性的科普资源，基层科普设施为开展基层科普活动提供保障。加强基层科普设施建设是贯彻落实党和国家科普政策法规，提升国家科普能力的迫切要求，是保障公民科学素质持续提高的重要手段。本报告对我国基层科普设施建设与发展做了历史性的分析研究，反映其存在问题和发展趋势，并从加强领导、统筹规划、大力发展硬件和积极建设软件等方面提出了建议。

关键词： "十二五"　科普设施　科普场馆　体系建设

基层科普设施是我国科普工作的基本细胞，是科普服务广大公众的基本保障，也是实现公共服务均等化、体现科普公益性和群众性的基本手段。基层科普设施发展状况直接关系我国科普的效果和公民科学素质的提升。

---

* 王洪鹏，中国科学技术馆副研究员，研究方向为科技馆教育和科学技术史；白欣，首都师范大学初等教育学院科技教育中心教授，研究方向为科普研学、科学教育、科技史。

一 加强基层科普设施建设的目的和意义

（一）加强基层科普设施建设是贯彻落实党和国家科普政策法规，提升国家科普能力的迫切要求

基层科普体现公共文化服务均等化要求，直接体现了"人民至上"和"以人民为中心"的发展理念。科普政策法规是开展科普工作的保障和推动力量，在科普事业发展的不同阶段都发挥着重要作用。中华人民共和国成立以来，党和政府高度重视科学普及工作。在各个不同的历史时期，从中央到地方颁布了一系列激励和保障科普事业发展的法律法规和政策文件，确保了我国科普事业在继承中发展，在发展中创新，推动科普事业永葆生机。

党和国家领导人高度重视科普工作，再加上科普政策法规的不断完善，为我国基层科普设施建设创造了良好的社会环境。2002 年公布实施的《中华人民共和国科普法》从组织管理、社会责任、保障措施等方面为科普设施建设提供了法律保障，其中第 24 条规定："省、自治区、直辖市人民政府和其他有条件的地方人民政府……可以利用现有的科技、教育、文化等设施开展科普活动，并设立科普画廊、橱窗等。"

我国第一部地方性科普法规是《河北省科学技术普及条例》，由河北省人大常委会于 1995 年 11 月审议通过。其中规定"设区的市应当建立具有一定规模和功能的科技馆；县（市、区）也应当积极创造条件逐步建立科普设施和场所"。《湖北省科学技术普及条例》2006 年 10 月 1 日正式实施。《湖北省科学技术普及条例》要求湖北省各级政府必须把科普事业经费列入本级财政预算，以政府投资为主建设的科普场馆和设施应当常年对公众开放……不得改变其用途。根据相关条款，湖北省政府将设立科普奖励项目，纳入湖北省科学技术进步奖励范围。2015 年 5 月 1 日起，杭州市施行《杭州市科学技术普及条例》。该条例共五章三十七条，分为总则、组织实施、社会责任、保障措施、附则。2020 年，四川省为提高立法质量，就《四川省科学技术奖励办法（修订草案）》公开征求公众意见。

党中央、国务院颁布的一系列政策文件和习近平新时代中国特色社会主义思想的提出，为我国基层科普设施建设进一步指明了方向。1993年颁布了《中国教育改革与发展纲要》；1994年发布了《中共中央、国务院关于加强科学技术普及工作的若干意见》，提出了科普设施概念，并明确科普场馆是科普设施的一种主要类型；1995年发布了《中共中央、国务院关于加速科学技术进步的决定》；1998年颁发了《中共中央、国务院关于深化教育改革，全面推进素质教育的决定》；2003年，中国科协、国家发改委、科技部、财政部、建设部五部委印发了《关于加强科技馆等科普设施建设的若干意见》。这是我国第一个专门指导科技馆等科普设施建设的政策指导性文件。该文件虽然重点是科技馆，但是科普设施也开始涵盖自然博物馆等科普场馆和相关科普基地。2006年颁布的《国家"十一五"科学技术发展规划》规定："研究制定《科普法实施细则》和促进科普事业发展的一系列配套政策。积极推进全民科学素质行动计划""实施科普能力建设工程"。

2006年1月，中共中央办公厅、国务院办公厅印发了《关于进一步加强和改进未成年人校外活动场所建设和管理工作的意见》（以下简称《意见》）。《意见》规定："各级政府要把未成年人校外活动场所建设纳入当地国民经济和社会发展总体规划……为农村未成年人就近就便参加校外活动提供条件。"

2007年1月，科技部、中宣部、国家发改委、教育部、国防科工委、财政部、中国科协、中国科学院联合颁发了《关于加强国家科普能力建设的若干意见》。《关于加强国家科普能力的若干意见》规定，国家重大工程项目、科技计划项目和重大科技专项实施过程中，逐步建立健全面向公众的科技信息发布机制，让社会公众及时了解、掌握有关科技知识和信息。《关于加强国家科普能力的若干意见》把"加强基层科普场所建设"列入国家科普能力建设的重要内容。要求"通过新建、改建和扩建等方式，建设一批布局合理、管理科学、运行规范、符合需求的科普场馆"，并要求："加强基层科普场所建设。在县文化馆、图书馆和乡镇文化站、广播站、农民书

屋、中小学校、农村党员干部现代远程教育接收站点等基层公共设施建设中，增加和完善科普功能……将社区科普设施建设和开展科普活动情况作为文明社区评选的重要条件之一。"

2015 年 2 月，中共中央印发了《中共中央关于加强和改进党的群团工作的意见》。该文件强调："各地要统筹管好用好现有群众活动阵地和设施，整合用好社会资源，纳入现代公共文化服务体系，坚持公益属性，真正发挥作用。"中国科协于 2015 年 3 月及时出台《中国科协关于贯彻落实中央群团工作部署　加强和改进科协工作的意见》。该文件指出："争取政府加大对科协财政经费的投入力度，支持科协履行好'三服务一加强'工作职能，积极争取加强科普基本公共服务设施建设、加大对科协所属科技社团的支持和资助、将科技社团的学术活动纳入科技创新税收优惠政策范围，为科技社团提供有利工作条件。"

中国科协和财政部于 2017 年 7 月制定了《关于进一步加强基层科普服务能力建设的意见》。该意见有利于创新基层科普服务理念和服务方式，有利于提升基层科普服务的覆盖面、实效性和获得感。该文件要求"充分发挥现有设施资源和线上科普信息作用，建设完善科技场馆、科普示范基地、科普中国 e 站等基层科普新阵地，拓展和发挥科普功能。深入组织开展全国科普日、'科普文化进万家'等科普活动。鼓励经济发达地区对口支援公民科学素质薄弱地区科普服务能力建设"。

（二）加强基层科普设施建设是建设创新型国家、促进经济社会全面发展的紧迫要求

建设创新型国家，需要大力提高全民科学素质，需要有高素质的人力资源基础和人才储备。正所谓万丈高楼平地起，加强基层科普设施建设，为建设创新型国家提供必要的基础支撑。科学技术具有两面性，在大力促进经济社会发展的同时，也会因为误用而产生一系列的副作用，如资源破坏、环境污染、生态失衡等一系列威胁人类生存的严重问题，这在一定程度上激化了人与自然的矛盾。通过基层科普设施的宣传、展示、教育活动，有助于公众

充分了解我国在人口、资源、生态环境、防灾减灾等可持续发展问题上面临的严峻挑战，认识和理解可持续发展战略的基本内涵，掌握国家科技改革与发展的重大方针政策的基本要点等，从而自觉地保护生态环境，维护人与自然的和谐关系。大力发展基层科普设施，对提高公众的科学素质，促进经济社会的全面协调可持续发展，具有积极的作用。

在党中央、国务院的高度重视和各级党委、政府的大力支持下，我国各地顺应城乡经济社会发展的需要，逐步加大了基层科普设施建设的力度。例如，湖北省作为科教大省，在市县级科技馆建设方面，持续投入，形成了以科技馆为主体的、比较系统的基层科普设施网络。为完善和发展湖北省科技馆体系建设，夯实湖北科普事业阵地，按照中国科协对建设"中国特色的现代科技馆体系"的总体部署和要求，湖北省科协部署了"一大十中百小多专"的湖北特色科技馆体系建设。截至 2019 年底，湖北省有大小科技馆 57 座。随着湖北省科技馆新馆项目的建成，湖北省现代科技馆体系建设进入一个新阶段，将为基层科普设施提供有效的资源支撑和发展引领。

河北省正定县民营企业家秦瑞强，从 2000 年开始投资 2000 万元，创建了一个占地 1.8 万平方米、展览面积 1.1 万平方米、展品 3 万件的河北省正定县科技馆。该科技馆年接待观众 12 余万人次，开放 20 年来，共计接待观众 240 余万人次。20 年来，河北省正定县科技馆坚持探索、创新、科学、求实的精神，根据时代的发展和大众的需求，坚持不懈地进行科普资源的开发。河北省正定县科技馆被命名为"河北省科普教育基地""全国科普教育基地"等。河北省正定县科技馆先后赴全省和全国各地开展科普展教活动 300 余次，有力地普及了科技知识、传播了科学思想、弘扬了科学精神，获得社会各界的广泛赞誉。

2005 年以来，山西省面向农村组织实施了"科普惠农行动"，现已在全省 1400 个行政村中建有"科普活动站、科普信息栏、科普宣传员"，这一做法被中国科协推向全国。

山东省数字科普工程发源于科普村村通。山东省财政投入 2000 万元，实施了以建设科普宣传栏为内容的"科普村村通"工程。2013 年，山东省

科协与省财政部门正式确定实施工程的名称为"山东省数字科普工程",并发布了实施通知。

辽宁省沈阳市创建了我国最早的社区科普大学。社区科普大学根据居民的需求来设置课程,这也是其不同于老年大学之处。自 2006 年《辽宁省科学素质纲要》颁布实施以来,辽宁省逐步开展了针对五大重点人群的科学素质行动。截止到 2014 年 7 月,辽宁省已建成社区科普大学 1480 所,社区覆盖率达到 37.6%,发展学员 16 万名。

北京市社区科普大学是由北京市科学技术协会主办、北京市科学技术进修学院承办、依托社区和社区居民自治组织兴办的,面向社区居民,非学历、非正规、大众性的科普教育活动平台。社区科普大学活动掀起了社区居民学习科普的热潮,在社区吸引了一大批科普大学的忠实"粉丝"。2015年,北京市昌平区科协投入 50 万元科普经费,专门用于社区科普大学建设。2019 年北京市社区科普大学大兴分校、延庆分校、平谷分校累计完成专题科普知识讲座、科普互动体验课等共计 164 场次,受益人数 9400 人次,科普研学活动 32 场,受益人数 640 人次。

据中国科协全国科普教育基地网统计,截至 2016 年底全国共有科普教育基地 1081 家。北京市拥有科普教育基地 90 家,排第三,占 8.33%。人均科普教育基地数量,北京领先全国。

科普基地是科普工作的重要依托,也是支撑科学技术"普及"这重要"一翼"的核心力量。截至 2017 年底,北京市启动科普基地命名已经满 10 年。北京科普基地初步实现了科普基地建设常态化、管理规范化,形成了政府、企事业单位、高校、科研机构、社会团体等多方参与的可喜局面。截至 2017 年底,北京市科普基地达到 371 家,年参观人数达 8000 万人次。其中,科普教育基地 313 家,科普培训基地 10 家,科普传媒基地 31 家,科普研发基地 17 家。

近年来,中国科协面向全国县(市、区)推进科普画廊的建设,并制定了全国示范科普画廊建设标准。科普画廊是惠民工程,主要建在社区和人群密集和人口流动量大的区域,是宣传科学知识、弘扬科学精神、反对封建迷信、提高全民科学素质的重要平台。毋庸讳言，科普画廊建设很少有社会力量和公益组织参与，其维护资金需要尽可能争取市场支持，最终达到"政府主导、市场运作、企业参与、市民受益、共同发展"的互利共赢局面。电子科普画廊可以远程控制，实现由点及面的联动播放，是开展科普宣传的另一种形式。据统计，"十一五"期间全国电子科普画廊总播出时长超过 100 万小时。

2006 年，国务院发布《全民科学素质行动计划纲要（2006—2010—2020 年）》（以下简称《科学素质纲要》）。同年，中国科协和财政部联合启动实施"科普惠农兴村计划"。"科普惠农兴村计划"采取自上而下的组织下达与自下而上的申报推荐相结合的方式开展。2007 年，中央一号文件提出"扩大科普惠农兴村计划"的规模，表明中央对加强基层科普设施建设的重视前所未有。2012 年起，中国科协和财政部将科普示范社区纳入奖补范围，并将计划名称更改成"基层科普行动计划"。

（三）加强基层科普设施建设是实施《科学素质纲要》，促进人的全面发展，构建社会主义和谐社会的迫切要求

提高全民族的思想道德素质、科学文化素质和健康素质，促进人的全面发展是全面建成小康社会的重要目标，在小康社会的"四个全面"中，社会全面进步和人的全面发展是根本性的。小康社会是经济、政治、文化全面发展的社会，经济的发展并不意味着公民科学素质的自动跟进，而单有经济的繁荣也不可能全面建成小康社会。我国要在 21 世纪中叶建成世界科技强国，全面实现现代化，必须采取切实有效措施，提高全民族的科学文化素质，把人口大国转化成人才大国，为经济社会的协调可持续发展提供强大的动力。基层科普设施是社会全面进步的重要标志，也是促进人的全面发展的公益事业。作为建设科学文化的载体和支撑，基层科普设施是养成科学文明的生产和生活方式的基础保障，对提高公众的科学素质和构建和谐社会起着潜移默化的作用。

2006 年 2 月，国务院颁布的《科学素质纲要》明确规定"发展基层科

普设施。在城乡社区建设科普画廊、科普活动室、运用网络进行远程科普宣传教育的终端设备等设施；增强综合型未成年人校外活动场所的科普教育功能，有条件的市（地）和县（市、区）可建设科技馆等专门科普场馆"。

《科学素质纲要》是国家中长期发展规划的重要组成部分。政府推动不仅体现在政策引导、经费投入、制度保障，还体现在科普设施的建设与发展。全民参与的方式不仅是通过集体组织参加社会性、群众性的重大科普活动，更重要的是需要充分调动公众自身参与的积极性、主动性，使广大公众有机会、有场所、有设施、有渠道，经常性地得到科学技术的教育、传播和普及。基层科普设施正是直接面向各类重点人群进行科学技术教育、传播和普及的重要阵地和手段。这些科普设施通过展览、培训、实验、竞赛等线上线下形式，使公众自觉或不自觉地受到科学知识和科学精神的熏陶，对于满足人民对美好生活的向往，提高公众科学素质具有独特而不可替代的作用。

（四）基层科普设施建设是保障公民科学素质持续提高的重要手段，是《科学素质纲要》落地入户全面普惠的重要保证

改革开放以来，我国人民的生活收入水平不断提高（见图1）。人均可支配收入是衡量收入水平最直观的指标。据统计，我国城乡居民的人均可支配收入近20年增长迅猛，但城乡居民的可支配收入差距依然很大，存在不平等问题。随着生活质量的逐步改善，人民对美好生活的需求也日益增强，其中，对居住环境内的科普设施建设也有了新的更高要求。

基层科普设施作为社会事业和社会教育的一种重要载体，对提高全民科学素质有重要作用。人们在茶余饭后、休闲漫步和晨昏锻炼之时，可以随意选择自己喜爱的科普场所、设施和方式，自觉或不自觉地接受科学知识的熏陶。比如：上海市科协在创建"科普示范街道"过程中发现经常开展科普活动的街道，其公众科学素质水平明显高于全市公众科学素质的平均水平，而且基本没有"法轮功"练习者和其他封建迷信活动。河北省唐山市社区居民将科普画廊展示的科学知识视为家庭生活的"科学顾问"，年长的居民

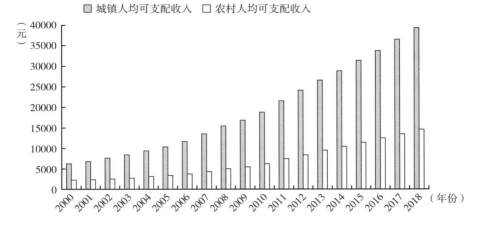

图1 2000～2018年我国城乡居民人均可支配收入变动对比

资料来源：严慧珍、徐晓婧：《我国城乡居民消费结构比较分析》，《商业经济研究》2020年第3期，第58～61页。

还把进入"社区科普大学"学习作为日常生活日程来安排，定期到社区科普大学参加活动，听听科普讲座、练习书法绘画、学习电脑知识、排练科普文艺节目等，老年生活质量得到有效提高。

北京市科协十分重视党建引领社区科协工作，通过印发《关于加强基层科普服务基层党建的意见》，明确了通过推动科协组织和科普工作融入基层党组织和党员"双报到"机制，融入"街乡吹哨、部门报到"基层治理体系，融入新时代文明实践中心建设，打造首都科普主阵地，加强市、区两级科普资源联动形成合力，扩大科协组织有效覆盖，延长科协组织手臂等，全面推动基层科普服务基层党建。加强对基层科普设施的管理和维护，采用多种方式为基层科协和基层科普工作提供人才支撑，做实基层，服务基层，把基层科协工作做好。

2019年7月，上海市委组织部、上海市科协联合发布《关于加强党建引领基层科协建设的意见》。该文件要求，以党建引领基层科协建设工作要以习近平新时代中国特色社会主义思想为指导，立足系统建设、整体建设，突出资源整合集成，优化科普服务供给，构建全域科普网络，推动基层科协

业务工作与基层党建工作相结合、运行机制与党的组织架构相适应、为民服务与政治引领相统一，助力提升基层党组织组织力，为上海深化社会治理创新、加快建设具有全球影响力的科技创新中心提供坚强组织保障、强大智力支撑和浓厚科学氛围。

二 基层科普设施的概念、类别和功能

（一）基层科普设施的概念

1. 定义

基层科普设施是指建设在我国县（市、区、旗）及县以下各级行政区划范围内用于开展科普活动的"有形"和"无形"科普设施的总称。"无形"的科普相关设施同"有形"的科普场馆、场所交叉综合，各显其能，相得益彰。

"有形"科普设施是指建立在基层的、固定的、长期开展科普活动的场馆、场所，包括利用公共场所开设的科普活动中心、科普活动室、妇女儿童活动室，也包括科普画廊、宣传展板等固定科普设施。"无形"科普设施主要是指基于大众媒体、互联网等进行科技传播的设施，例如信息网络终端设施、农村党员干部现代远程教育接收站点、电子大屏幕等。

2. 属性

基层科普设施建设的程度是一个地区科学技术普及程度和精神文明建设水平的重要标志之一。加强基层科普设施建设，应当作为国家和全社会的一项长期的战略任务。基层科普设施的属性主要体现在以下几个方面。

科学性。基层科普设施首先要具有科学性，并要尽可能地为更多的人普及科技知识、传播科学思想、倡导科学方法、弘扬科学精神和科学家精神。

公益性。一个地区的文明程度，既是由其经济发达程度和政治民主程度所标志，也是由其社会事业的发展和社会设施的丰富所显示。基层科普设施的科学性及其投资主体的多样性、管理服务的多重性和整体互动的共享性，

决定了它以易于广大公众理解、接受和参与的方式面向社会的公益属性，使其成为社会事业的重要组成部分。

普惠性。现代社会中，人们的职业和岗位变动更加频繁，休闲时间明显增加，对美好生活的需求越来越迫切，对生存与发展的需求越来越高。基层科普设施的建设和发展，不仅适应了经济社会和人的全面发展的需求，也体现了多主体参与、高层面影响和多形式展示、高频率活动的特点，有利于将科学技术的恩泽施惠于广大人民群众，增强广大公众学习的自觉性和积极性，实现自我教育、终生教育。

3. 定位

作为国家科普基础设施的重要组成部分，基层科普设施是面向广大公众进行科学技术教育、传播和普及的社会公益事业，是组织开展科普活动、提高公众科学素质的重要载体，是促进社会主义物质文明、政治文明、精神文明和生态文明建设的基础工程。

（二）基层科普设施的类别与数量

1. 基层科普设施的功能类型

基层科普设施按其自身功能划分，可以分为完备型、兼具型、主题型三种。

完备型。指建设的目的完全用于开展科学技术教育、传播和普及活动的基层科普设施。如科技馆、科学中心、科学宫，包括长期用于科学技术教育、传播和普及的科普活动中心、科技培训中心、青少年科技活动中心、青少年科学工作室、儿童活动中心、综合性未成年人校外活动场所等，也包括专门用于科普宣传的科普展板、科普画廊（橱窗）、科普宣传栏（电子大屏幕）等。

兼具型。指基层公用设施中兼有科普功能的基层科普设施。如利用城市社区科技文化设施开设的社区科普学校（大学）、科普活动室（图书室），利用村民中心、农村党员活动室、文化站、中小学校建设的科普活动站（室）、农村致富技术函授大学分校（函授点）、农民科普学校、农民科技书

屋，利用农村科普示范基地、科技示范园、职业技术学校、农业技术和水利畜牧兽医种子推广站等开设的技术培训中心（室）等，具有资源共享的特征。

主题型。指具有地方特色和鲜明主题的基层科普设施。近年来，我国部分地区结合当地实际，开创了适应公众提高科学素质需求、寓教于乐的主题科普园、农业观光园、绿色生态园等基层科普设施或科普基地。《科学素质纲要》颁布实施以来，有的地方还涌现出"全民科学素质教育中心""科普资源开发和服务中心"等基层科普设施。

2. 基层科普设施的基本种类及其功能与数量

科普场馆：指建筑面积在 500 平方米以上的科技类场馆。如科技馆、青少年科学宫、生命科学馆、标本馆、化石馆、海洋馆等。这类面向社会公众常年开放的、专门用于开展科普活动的骨干设施，主要是由财政投入建设的。其基本功能有两个方面：一是有既定主题的工作任务，如科技馆、图书馆、文化馆为公众提供科学文化等方面的服务；二是利用现有条件开展临时性和扩展性的科学普及宣传服务。科普场馆是公众了解科学知识的重要渠道之一，已经得到全国公民科学素质调查结果的印证。2005 年，公众参观过科技类场馆的比例为 9.3%，2010 年参观过的公众比例比 2005 年提高了17.7 个百分点。公众参与科普活动和参观科技场馆的意愿越来越高。

据《中国科协 2018 年度事业发展统计公报》统计，截至 2018 年底：各级科协拥有所有权或使用权的科技馆 909 个（见图 2），总建筑面积 502.6万平方米，展厅面积 205.3 万平方米，其中 133 个科技馆的建筑面积超过8000 平方米，848 个科技馆已经实现免费为公众开放；少年儿童参观人数3446 万人次，占科技馆全年接待参观人数 6972 万人次的 49%，这也印证了少年儿童是科技馆参观人群的主体；科普活动站（中心、室）4.7 万个，全年参加活动（培训）人数 3751.4 万人次；科普画廊建筑面积（宣传栏、宣传橱窗）241.7 万平方米，全年展示面积 457.9 万平方米。

科普场所：主要指公共场所中开设的具有科普教育功能的科普活动中心、科普活动站（室）、科技培训中心、青少年科技活动中心、青少年科学

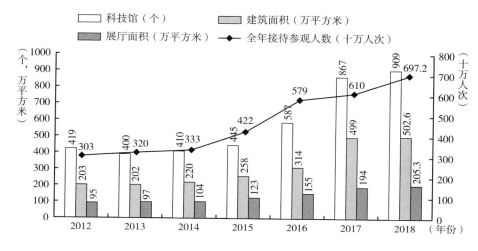

图 2　2012～2018 年我国各级科协科技馆建设基本情况

资料来源：https：//www.cast.org.cn/art/2019/9/13/art 97 101036.html。

工作室、儿童活动中心、社区科普学校（大学）、农村科普示范基地、农村致富技术函授分校（函授点）、农民科普学校、农民科技书屋，以及农村党员活动室（电教室）、文化站（室）、科普图书室、科技示范园、农业技术和水利畜牧兽医种子推广站等。这类设施一般为各单位、机构、企业甚至是个人所有。其基本功能是，结合各部门、团体和单位、机构的工作职责和任务，按照党委、政府的号召，组织开展有计划的或者临时性的、面向重点人群的科普活动。由于种类多、数量大、分散广、多部门管理，没有统一的规范和要求。其中的科普教育基地，是由有关部门单独或联合共同命名，用于面向广大青少年和公众开展科普教育活动；农村科普示范基地、科技示范园区，一般是由科协或科技部门命名，主要用于农业新技术、新品种的试验、示范、推广、普及和技术培训、技术服务等。

科普相关设施：指专门为开展科普活动建造的科普画廊、科普宣传栏、科普橱窗、科普大篷车、科普宣传车，以及信息网络终端设施、农村党员干部现代远程教育接收站点等。

科普画廊是由各级科协组织实施、以财政投入为主建设的专用科普宣传

设施，主要是以图文并茂的形式，面向公众开展经常性的科学知识、科学思想、科学方法、科学精神的普及宣传。

科普宣传栏、科普橱窗则是由各单位、机构、部门、学校根据工作需要自建、合建并统一使用的宣传设施，主要用来张贴悬挂科普挂图、科普报刊和自制的科普宣传内容。这是在基层分布最广、数量最大、种类最多的传统科普宣传形式。

网络终端设备、远程教育接收装置是进入 21 世纪以后迅猛发展的现代化科普设施。它的功能具有全方位、多视角、信息量大、传播速度快等特点，成为公民接受各种科技信息的重要渠道，还有很大的潜力尚待发掘。

为解决基层科普设施短缺的问题，在国家财政支持下，2000 年中国科学技术协会启动科普大篷车项目。科普大篷车是专门用于开展流动性科普宣传活动的车载工具，一般为省、市（地、州、盟）科协所有，但常年活动在县以下基层，被群众称为"流动的科技馆""科普轻骑兵"。科普大篷车是用特殊改装的运输车运载小型化、模块化的车载资源，为实体科技馆和流动科技馆未能覆盖的乡镇、农村地区的公众提供科学教育服务的公益性流动科普设施。比如在乡镇农贸市场，到之后车一停，展品搬下来，就可以很快地组成一个小型科技展览。科普大篷车极大地满足了基层公众的科普需求，有力推动了基层科普尤其是农村科普工作的开展。

科普大篷车具备机动灵活的特点，工作定位是乡村科普宣传车，把助力精准扶贫工作和服务乡村振兴作为重点任务。通过加大贫困地区的配发力度，加大车型和车载资源更新力度，加强运行管理，提升项目管理水平，扩大社会化运行范围，探索运行新模式，加强社会合作，开展主题科普活动等方式，使得各地科普服务基层能力不断提升。

从 2016 年开始，科普大篷车逐步引入了机器人、VR、无人机、裸眼3D 等高新技术展品，开展高科技和前沿科普，让老少边穷地区的乡村公众看到科技前沿、看到世界。截至 2018 年底，中国科协配发给地方科协用于科普活动的大篷车 1245 辆，科普大篷车全年下乡 3.5 万次。科普大篷车全年下乡行驶里程 824.6 万公里，受益人数达 2806.8 万人次。截至 2019 年 12

月，中国科协共向全国配发 1639 辆科普大篷车，累计行驶里程 4016.3 万公里，累计开展活动 23.9 万次，累计受益人数约 2.55 亿人次。截至 2019 年 9 月，全国 1600 多辆科普大篷车累计服务 2.66 亿人次，行驶超过 4000 万公里。

2010 年，中国流动科技馆项目开始立项，服务于县级城市。中国流动科技馆通过 7 个主题展区的 60 件互动展品，辅以科学表演、科学实验等形式，让公众"体验科学、启迪创新"。中国流动科技馆的展览内容根据公众科普服务需求的变化，不断创新发展。2017 年以后还新增了机器人、3D 打印机、VR 眼镜、充气式球幕影院及设备、互动电子显示屏等展项。截止到 2018 年底，364 套流动科技馆已经为近 9000 万名公众提供科学教育服务，覆盖了 1888 个县。

现在，互联网已经成为创新驱动发展的先导力量。为进一步解决科学传播"最后一公里"，提高基层科普服务能力，必须充分运用先进信息技术，以满足新时代公众日益增长和不断变化的科普服务需求。科普中国 e 站的主要工作力量是科普中国信息员。这些信息员扎根乡村，广泛开展线上线下相结合的科普活动。但是，检查也发现，不少地区在科普中国 e 站建设工作中存在重建设轻管理、重数量轻质量的现象，部分科普中国 e 站没有网络接入，长期闲置、落土积灰，部分地区甚至还存在建 e 站就是买电子大屏幕的错误思想。

截止到 2016 年 4 月，江苏、四川、浙江、福建、吉林、湖南、湖北、青海、西藏等省市近百家科协都建成了社区科普 e 站，为社区居民提供精准科普服务，加大了科普信息化落地应用力度。这些科协社区科普 e 站每天固定时间滚动播放内置的固定宣传内容，宣传消防知识、防诈骗常识、健康小知识等公益信息，拓宽科普宣传内容和范围。

（三）基层科普设施的分布状况

截至 2019 年底：各级科协拥有所有权或使用权的科技馆 978 个（见图 3）。总建筑面积 434.2 万平方米，展厅面积 231.1 万平方米。已实行免费开放的科技馆 870 个。科技馆全年接待参观人数 7479 万人次。流动科技馆 1773 个。科普活动站（中心、室）5.6 万个，全年参加活动（培训）人数 4078.3 万人次。科普画廊建筑面积（宣传栏、宣传橱窗）176.7 万平方米，全年展示面积 433.7 万平方米。科普大篷车 1057 辆，全年下乡 3.5 万次。科普大篷车全年下乡行驶里程 737.8 万公里，受益人数达 1834.3 万人次。

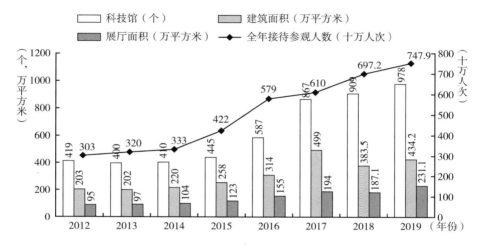

图 3　2012～2019 年我国各级科协科技馆建设基本情况

资料来源：https：//www. cast. olg. cn/art/2020/6/19/art 97 125455. html。

1. 地域分布

我国基层科普设施主要建设在县（市、区）的城市街道、社区及其所辖区域的企事业单位，农村乡（镇）、行政村的公共场所，以及农村专业技术协会、科技小院、科普示范基地、乡镇医院、乡村中小学之中。

2. 领域分布

在县（市、区、旗）党委、政府、群团组织机关、事业单位（机构）中，一般建设有专用的和利用公共活动场所共用的科普场所设施。在建有科协组织的企业、公司中也有一些科普场所设施，比如专业性科普活动室或者专业性的博物馆等。海尔科技馆、青啤博物馆、桥梁技术馆、上海石化科技馆、北京二锅头酒博物馆等企业博物馆，不但是科普工作的重要载体，也是企业展示自身形象的重要平台。

2018 年 11 月,《企业科协发展报告（2018）》正式发布。该报告首次全面展现了我国企业科协发展现状和主要特点,并为我国企业科协发展把脉问诊。

3. 部门分布

在教育部门的中小学、大专院校,科技部门的科研院所,农业农村部门的农技推广单位中,有的设有科普场所;在部门公用设施中兼有科普功能设施的还有体育、卫生健康等部门的宣传教育中心,宣传、文旅、广播电视部门的图书馆、文化馆（站）、影视制作中心、声像中心、融媒体中心,工会、共青团、妇联等部门的活动场馆。

4. 管理权属分布

从总体上说,我国基层科普设施属于财政投资、由科协管理的占相对多数。这种管理权属与投资主体有密切关系,既有政府部门、人民团体所有,又有企事业单位所有,也有少部分个体所有。为贯彻落实"普及科学知识,弘扬科学精神,提高全民科学素养"的要求,2015 年 5 月中国科协联合中宣部、财政部发布全国科技馆免费开放的通知,为县级（含）以上公益性科技馆的发展指明了方向,提供了巨大支持。

三 基层科普设施发展现状分析

（一）基层科普设施运行状况

1. 活动组织

基层科普设施服务于基层科普活动。而基层科普活动多是由科协、科技部门单独或牵头联合有关部门共同组织,或由学校、单位、机构、社区、乡（镇）、村按照上级要求自行组织。其通常包括三种情况:一是按照全国统一部署和要求安排,如全国科普日、防灾减灾日、中国航天日、科技活动周、重要时间节点科技成就展览,年度主题科普活动和全国科普示范县

（城区）创建活动等。二是根据形势需要和社会突发事件安排的临时性、专题性科普活动，如抗击"非典"、阻击禽流感、抵御自然灾害、科学家精神宣讲、全民科学素质大赛、农村妇女科学素质大赛、抗击新冠肺炎疫情等。三是根据本地区、本单位年度工作需要和群众要求进行的科普活动，如根据创建文明城市、科教进社区活动、科普示范乡镇和科技示范户评比、科普进农村文化礼堂、科普（科技）特色学校检查等需要进行的科普培训、专家讲座、科普脱口秀、科普音乐会等活动。

2. 活动形式

基层科普设施所提供的活动形式主要体现在以下几个方面。

（1）为基层社会人群参与科普活动和技能培训提供场所。基层社会人群的多主体，要求基层科普设施必须具有多样性，只有实现基层科普设施的多样性，才能适应和满足多主体参与和多种活动形式。

（2）为基层社会人群科普活动提供载体。包括科普展示、科普展览、科普宣传、影视播放、科技竞赛等，这些科普活动内容丰富，活动形式不拘一格。

（3）为信息传播和普及提供社会公益服务。双向互动是现代社会生活的必然趋势，要求在科普活动中强调科学传播主、客体之间的互动关系，重视公众的兴趣和反馈意见，以解决传统活动中单向流动的线性模式，包括信息检索和查询、资源浏览和反馈、科技项目洽谈、新技术新产品展示推介活动等。

3. 活动内容

基层科普设施所提供的活动内容旨在提高公众科学素质，促进公众养成科学、文明、健康向上的生产方式和生活方式。因此，一般是以面向广大公众普及科技知识、倡导科学方法、传播科学思想、弘扬科学精神和科学家精神为主要内容，包括科技政策、法律知识、现代新技术、新品种、新成果，自然科学和社会科学知识，科学生活和科学保健知识，以及优秀科技工作者的事迹和风采等。

4. 活动效果

基层科普设施为公众参与科普活动提供了经常不断、实际实用、公益普惠的条件，满足了广大公众提高自身科学素质的需要，因此深受广大人民群众的欢迎，也能得到各级党政领导的支持，社会反响良好。2018 年全国科普经费投入平稳增长、科普场馆规模不断扩大、参观人数持续增加，这些统计结果表明我国科普事业呈现稳定健康发展的良好势头。基层科普设施的发展为科普成就的取得做出了应有的贡献。

基层科普设施建设与全民科学素质提升的正向联系表明基层科普设施的建设对全民科学素质的提升发挥了推动作用。公民利用各类基层科普设施，学到很多科学知识和科学方法，提升了自身科学素质。全民科学素质调查等相关数据显示，我国基层科普设施的建设取得了较好的成绩，规模越来越大，从而提升了全民科学素质。

（二）基层科普设施管理现状

1. 管理模式

我国基层科普设施的发展既同社会主义经济建设、政治建设、文化建设、社会建设和生态文明建设的发展息息相关，又同从事科普工作的组织发展和科普设施的日常管理及活动开展有着紧密的联系。

中国科协 2018 年度事业发展统计公报显示：我国各级科协 3142 个，直属单位 1553 个。各级科协驻会领导班子人数为 6254 人；各级代表大会总人数为 272277 人，其中委员会委员总人数为 73032 人，常务委员会委员总人数为 28726 人。各级科协从业人员 39672 人，其中女性从业人员 17264 人。举办干部教育培训班 2208 次（期），共培训 39.5 万人次。各级科协本年度收入总额 117.8 亿元。各级财政投入建设的科普场馆、场所和设施，交由科协管理，相应管理制度比较完善，经费有一定的保障，规范管理也有一定的强制力。

对全国东部、中部、西部地区的县级科技场馆（活动中心）管理情况（见表 1）的统计表明，2004 年全国 413 个县级科技场馆（活动中心）中，

不隶属科协管理的有 253 个，隶属科协管理的有 160 个。中部地区的县级科技场馆（活动中心）数量最多，由科协管理的科技场馆（活动中心）所占比例也最大，超过 60%；其次是西部地区，比例高于 25%；东部地区的比例低于 25%。其实，科技场馆（活动中心）是否由科协来管理并不重要，重要的是各地是否拥有科技场馆（活动中心）、现有科技场馆（活动中心）是否能够发挥其应有的作用。因此，科协要采取大联合、大协作的方式，不求所有但求所用，引导其发挥作用。

表 1　2004 年我国县级科技场馆（活动中心）的管理情况

地区	总数（个）	由科协管理（个）	所占比例（%）	不由科协管理（个）	所占比例（%）
全国	413	160	38.7	253	61.3
东部	130	32	24.6	98	75.4
中部	146	90	61.6	56	38.4
西部	137	38	27.7	99	72.3

资料来源：中国科技专项研究组：《科普大篷车专题研究报告》，2007。

在基层科普设施中，有相当一部分设施是利用有关单位、机构、企事业单位或个人的场所，主要靠其自有资金投入，实行自我管理。各级科协只是对其开展科普活动给予相关业务指导，在管理上的约束力有限。由于管理归属和活动使用出现脱节的问题，以致存在有建设和管理者对其未能充分利用，而利用和活动组织者对其又没有管理权的现象。

2. 队伍状况

中国科协 2018 年度事业发展统计公报显示，在基层直接为公众提供科普服务的专职科普工作者（科普工作时间占其全部工作时间 60% 以上的工作人员）有 7.5 万人，兼职科普工作者达 80.9 万人，注册科普志愿者达 182.1 万人。这表明近年来我国科普专职人员发展较为稳定，主要原因是科普专职人员主要分布在学会、协会、研究会、高校和科研院所等单位，多属于体制内的工作人员。另外也说明，我国科普专职人员受到体制和编制的约束，很难实现快速发展。

我国注册科普志愿者 2006 年仅为 35.7 万人，增长速度比较快。这种可喜数据的变化，主要是志愿服务精神深入社会公众心中，得到社会公众的认可，大家乐意成为科普志愿者。同时，也有科普专职人员和志愿者的界限不够清晰明确，统计填报上容易造成混淆，还有科普志愿者与社会志愿者难以精确区分等原因。

实事求是地说，科研人员普遍有参与科普工作的意愿，还具有参与科普工作的先天优势。但从现实情况看，由于主要绩效评价体系等诸多方面的因素，科研人员真正参与科普工作的还是比较少，尤其一线科研人员的科普积极性并不高。

3. 投入状况

总体而言，我国基层文化建设主要是在政府主导下开展的，文化下乡、农家书屋和科普中国 e 站等公共文化建设，政府做出了巨大贡献。基层科普设施除图书馆、文化馆及科技类专业场馆和一些科普画廊等是由国家财政投入的以外，绝大多数是与单位、机构共用的资源。投入有两种方式：一是按照国家和地方政府科技文化等发展规划（计划），由国家财政以项目投入方式，科技、文旅、教育等部门牵头实施的科普场馆建设。二是各科普场所、设施的产权单位按照各自工作的需要或是按照科普工作的需要所进行的场所建设、改造投入，数量不大，经费有限，一定程度上存在无计划性和随意性。

（三）总体分析

1. 基本评估

随着我国经济社会的全面健康发展，科普事业也有了长足的进步。基层科普设施遍地开花，实现了从无到有，由少到多，由传统方式，点对点的科普，向利用媒体、信息网络技术，实施全方位、全时空传播转变，科普设施、终端基本遍布全国城乡社区、学校、农村乡镇村屯、企事业单位，在开展经常性、群众性、社会性的科普活动中发挥着重要作用，有效促进了公民科学素质的提高。

毋庸讳言，我国科普工作在总体上还存在许多不足，与经济社会发展的要求、与城市化进程、与人民群众日益增长的美好生活的需求相比，还有相当大的差距。我们科普工作中还存在不少难以解决的困难和问题，影响科普工作水平的进一步提高。总体上看，基层科普设施建设还处在发展的初级阶段，数量少、不均衡、不充分，基础薄、起点低，投入少、发展慢，管理弱、作用小，还不能适应公众提高科学素质的需要和建设创新型国家、构建和谐社会的要求。

2. 基本特点

据有关统计报告分析，当前我国基层科普设施从整体上看有如下特点。

（1）区域分布呈现差异性。由于经济发展水平和自然条件的差异，我国基层科普设施的分布数量、种类样式、作用发挥都存在很大的不平衡性，发展也不够充分。总体而言，基层科普设施建设与经济发展水平呈正相关，东部地区明显好于西部地区，城镇明显好于农村。

（2）种类结构具有多样性。基层科普设施除少部分由国家和各级财政投入建设的科技类场馆、图书馆、文化馆及文化、体育、卫生等公共设施外，绝大多数都是利用各单位、机构、部门及个人的现有场所、设施和设备，采取共建合用的。因此，名称繁杂，结构多样，涉及城市、农村，学校、机关、企事业单位等多区域、多部门。同是从事公益性科普事业，资源的产权、所有制、管辖都不同。这种千差万别的情况，一方面说明了社会参与公益性事业的广泛性，另一方面也为组织管理和工作协调带来了不少难度。

（3）管理标准缺乏规范性。基层科普设施的使用，一是按照各级科协或有关部门的要求开展科普活动使用，二是各有关单位结合自身工作职责定位，开展科普活动的时候使用。由于基层科普设施专用得少、共用得多，科协只是指导性管理，主要还是由产权所有者管理。这就形成用的管不着，管的给别人用，管、用分离，基本处于自我管理的自由状态，缺乏规范性的有效管理办法。

（4）经费投入渠道单一性。相当数量的县级科普设施建设还没有纳入经济社会发展的总体规划之中，基层科普设施建设投入主要依靠县级科技、科普经费投入，数量少、渠道单一，对于其他各单位、部门科普设施建设投入只有号召性的要求，没有强制性措施。

3. 存在问题

综合上述现状和特点，目前我国基层科普设施建设存在的主要问题有如下几点。

一是基层科普设施发展水平与人民群众对科学技术日益增长的需求之间，矛盾依然突出，科普设施的总量还不能满足人民日益增长的对美好生活的需要，难以满足公众对提高科学素质的渴望。

二是基层科普设施不仅数量少、水平低、质量差，发展也存在不平衡不充分的现象。其总体分布上呈现城镇与农村不平衡，东部与西部不平衡，部门行业之间不平衡。

三是社会资源远没有被充分挖掘利用，现有科普设施缺乏和资源闲置浪费同时并存，协调组织困难，管理不规范，部分县级科技馆"有名无实"，科普功能不健全，利用率低，没有充分发挥作用。

四是基层科普设施的建设和运行的经费保障不够。一些地方政府限于财政压力，没有将基层科普设施建设经费列入财政预算，投资渠道少，同时缺乏相应的优惠政策和激励措施。

五是产业化道路处于探索之中。长期以来，我国基层科普基础设施建设与运营经费主要依靠各级财政的支持。科普事业和科普产业两者应该相互促进、共同发展。我们应该完善科普基础设施经费筹集方式，构建由政府财政资金、社会捐赠资金与自营收入资金"三轮齐驱"的动力系统。

六是理论提升尚未实现。我国基层科普基础设施相关的学术会议，理论研究层面的交流少，主要停留在工作经验交流层面。同时，由于学术出版难以实现盈利，我国对其他国家基层科普基础设施的相关专著和学术论文引进翻译也不多。此外，由于体制机制和国情不同，国外好的经验和相关理论也不能直接拿来应用。

四 基层科普设施发展建议

我国要建设世界科技强国、实现中华民族伟大复兴的中国梦，离不开一个优质高效的科普基础设施系统为其提供有力支撑。我国科普基础设施建设要打破当前分散发展的格局，制定科普基础设施建设标准和人才队伍专业素质基准，打造一个全覆盖、均等化的科普基础设施体系。中国现代科技馆体系建设是解决中国公共科普资源服务，尤其是基层科普设施供应不充分、地区分布不均衡问题的有益尝试。

（一）大力发展硬件，积极建设软件，重点建设中、西部地区科普基础设施

全国基层科普设施的建设与发展遵循"资源共享、管理规范、运行有效、适应需求"的方针。贯彻落实国务院《科学素质纲要》，按照中央和国家8部委就加强国家科普能力建设提出的"整合共享，科学布局，长效发展，开放服务"的总要求，以整合拓展现有科普资源、细化基层科普设施建设的任务和思路为出发点，以建立长效机制、实现科普资源优化配置和高效利用为主线，提高基层科普设施的功能与水平，不断满足广大人民群众利用科普设施提高自身科学素质的需求。

基层科普设施建设与发展的总原则是：以人为本，公平普惠；转变机制，多元投入；全面普及，突出重点；整合共享，加强管理。具体需要把握好以下原则。

坚持政府主导和社会参与原则。基层科普设施是社会公益事业，必须强化国家和地方政府的主导力，要求政府在改革管理体制和转变职能的基础上，加强和完善基层科普设施建设与发展的规划、组织、管理、评价、投入等政策，并使之科学化和规范化。同时，注重调动社会各方力量广泛支持并投身基层科普设施建设实践中，形成合力，齐抓共管，发挥各类科普设施的整体效应。

　　坚持共享和普惠原则。我国支持鼓励公民参与基层科普活动并享受接受科学技术教育、传播和普及的权利。因此，基层科普设施的建设和发展，必须充分考虑公众能够分享科学技术的权利，使科学技术的成果惠及千家万户，这才是体现以人为本、为民服务的宗旨，才是代表最广大人民群众的利益所在。

　　坚持实际、实用、实效原则。基层科普设施建设与发展必须贯彻"与时俱进、创新务实"的精神，坚持实际、实用、实效的原则。"实际"是指结合当地经济条件，建得起、管得好，不贪大求洋，逐步发展；"实用"是指用得上，能够持续地向广大人民群众长期开放；"实效"是指充分发挥科普设施的功能，注重产生良好的社会效果，保证受众群体从中得到实惠。

　　加强贫困和民族地区的科普能力建设。在西部地区特别是贫困、边远及少数民族地区的少数民族自治县（旗）和全国 14 个集中连片特困地区，分批建设具有民族特色的专业或综合性科技博物馆，以提高这些地区的科普能力。

　　发展适应基层的流动性科普设施。重点研制和开发一批适应社会主义新农村建设需求的专用"科普大篷车"，并优先在国家级、省级扶贫开发县所在的地（市、州、盟）配发。根据工作需要，可制作一批"科普惠农服务车"，专门用于服务"三农"建设，分批配发县级科协掌握和使用。

　　鼓励各地创建新型科普基础设施。各县（市、区、旗）要结合当地新农村建设和文明城镇建设的实际，积极创建具有特色的、适应公众提高科学素质需求的主题科普园、农业观光园、绿色生态园、科技示范园等基层科普设施或科普教育基地、科普示范基地。县级图书馆和文化馆要拓展科学技术教育、传播和普及的功能，在图书馆中开辟科普图书阅览室，在文化馆中拓展科普文艺创作和组织开展群众性科普文艺演出活动等。

　　拓展现有基层设施的科普功能。利用所在地现有的、适合开展科普宣传的设施，可以在不大幅度增加经费的情况下缓解科普设施资源不足带来的困难。比如：利用现有的成人学校、基层党校、农村中小学等各类学校的设备和教室作为临时的科普学校开展基层科普活动；利用爱国主义教育基地、基层农技协、农家小院等各类教育基地作为开展科普活动的临时场所。

（二）加强领导、统筹规划、全域发展，为乡村振兴和新时代文明实践做出贡献

1. 加强组织领导

（1）国家及地方各级人民政府在制定国民经济和社会发展规划和科技发展规划时，要将基层科普设施建设列入重要内容，体现对基层科普设施建设总体目标的要求，并结合当地实际，根据国家《科普设施发展规划》的要求，认真研究制定贯彻落实的具体方案，明确目标、落实措施、分段实施、逐步推进，确保基层科普设施建设任务的全面完成和基层科普设施的有效运行。

（2）县级人民政府应当加强对基层科普设施建设的组织领导，将其纳入政府议事日程，纳入新农村建设和文明城镇建设的重要内容，纳入当地城乡基础设施建设整体计划。各地的旧城改造、合村并居、新建社区，应当将基层科普设施和城乡其他公共设施放在相等的位置，予以同时规划、建设和管理。要把基层科普设施的建设和运行，纳入县以下各级政府和领导干部工作目标的考核内容，纳入科技工作、科普工作、文化工作和文明创建等考核内容。

（3）要在整体布局上努力解决我国城市和农村、西部与东部之间发展不平衡的问题。按照中央关于"今后每年新增教育、科技、卫生、文化等事业经费，主要用于农村"的要求，各级人民政府科技、文化投入要重点向农村倾斜。中央及省（自治区、直辖市）、市（地、州、盟）、县（市、区、旗）人民政府每年增加的文化事业经费主要用于发展农村科技文化事业。要抓住推进社会主义新农村建设、乡村振兴的有利契机，推进城乡之间、东中西部之间科普设施建设的协调发展。

（4）建立和完善基层科普设施建设的工作机制。基层科普设施建设和发展的日常工作由全民科学素质工作领导小组负责，领导小组加强检查督导，定期向上级报告工作。

2. 落实相关经费

（1）坚持以财政投入为主，不断提高保障力度。各级人民政府要将基层科普设施建设和运行所需的经费纳入财政预算，提供资金保障。中央财政根据财力状况，逐步加大对县级科普活动场馆、场所和设施建设的转移支付力度。在中央财政的财力性转移支付资金中，用于基层科普设施建设的经费要占有一定的比例。

（2）拓宽经费投入渠道，加大社会投入力度。进一步调动社会力量参与基层科普设施建设的积极性，逐步形成以政府投入为主导、社会投入为补充的多渠道、多元化的投入运行机制。各乡（镇、街道）、行政村（城市社区）要对基层科普设施建设和运行所需的经费，给予合理配套，多渠道筹措，因地制宜，妥善解决；企业内部的科普设施建设和运行经费由企业自筹；学校内部的科普设施建设和运行经费，原则上列入教育经费预算，鼓励有条件的学校自筹。

（3）中央和省（自治区、直辖市）、地（市、州、盟）、县（市、区、旗）4级财政应当建立基层科普设施专项资金，通过"项目审批、追踪问效"和"以奖代补、奖补结合"等形式，对重点地区、重点项目和经济欠发达地区、少数民族地区的基层科普设施建设和运行所需的经费给予扶持。

（4）在国家重大工程项目、重大科技专项等工程项目中明确科普经费。要进一步完善科普经费支撑，比如在重大项目的预算里设立一定数量的经费，由科学家用于科普讲座、临时展览等科普活动。

3. 探索全域发展的有效途径

（1）采取改建、扩建、共建和新建相结合，充分挖掘和利用社会现有资源，在县图书馆、文化馆和乡镇文化站、广播站、农民科技书屋、中小学校、农村党员干部现代远程教育接收站点、新时代文明实践中心等基层公共设施建设中，增加和完善基层科普设施的科学技术教育、传播和普及功能，实现资源整合、资源共享、优势互补、效益共赢。《关于落实发展新理念加快农业现代化　实现全面小康目标的若干意见》指出"整合基层宣传文化、党员教育、科学普及、体育健身等设施，整合文化信息资源共享、农村电影

放映、农家书屋等项目，发挥基层文化公共设施整体效应"。该意见的出台，为我们借助其他资源做好基层科普工作提供了政策支撑。

（2）积极探索多部门特别是承担科学技术普及任务的相关部门，采取一家牵头、几家共建、共管、共用、共享等有效途径和机制，强化基层科普设施建设。要利用中小学校的科学教育基础设施，科学教育实验室的仪器、设备、实验材料和工具，以及中小学图书室、科技活动室等，增加和拓展科学教育及科普活动内容，解决中小学校特别是边远农村学校科普设施严重不足的现状。

（3）通过引入市场机制和授予荣誉称号等措施，充分调动社会各界参与基层科普设施建设、承担基层科普设施日常管理的积极性。要积极鼓励县辖范围内的企事业单位、科研院所、高等院校等，为基层科普设施建设提供捐赠和资助；努力吸引各种资本投资兴建、改建基层科普设施建设。

4. 加强政策引导

（1）不断完善修订基层科普设施建设的有关政策法规。要根据《科学素质纲要》和《科普法》的相关规定，对现有政策法规进行修订、补充和调整。要根据形势发展的需要，结合基层科普设施建设、运行和发展的实际问题，研究和制定新的优惠政策，包括企业对基层科普设施建设的资助、捐助和捐赠，允许其资助、捐助和捐赠的金额在企业年度所得税额的5%以内抵扣。

（2）不断加强有关基层科普设施建设的制度建设。对基层科普设施建设进行资助和捐助、捐赠数额较大的，要给予大力宣传和及时表彰。中国科协等部门实施的全国科普教育基地的考核命名要向基层延伸；要认真修订完善全国示范科普画廊的标准，适当加大科普宣传资料的支持力度；农村行政村"一站一栏一员"的建设规划要持之以恒地加以落实，其建设标准和管理办法要在发展中逐步规范完善。

（3）设立有关奖项。人力资源和社会保障部、科技部和中国科协等部门可以联合设立"中国科学技术普及奖"，奖励包括在基层科普设施建设与管理工作中做出突出贡献的专兼职科普工作者。各级人民政府也应设立相应的奖项，表彰奖励相关人员。

（4）各地要根据基层科普设施建设和运行的实际需要，出台相关实施办法和其他激励政策，为基层科普设施建设、管理和运行营造良好的政策环境和有利的工作条件。

（5）建议在全国文明城市、文明单位等创建工作中，纳入对基层科普设施建设的考核，明确考核指标。

5. 加强队伍建设

（1）建设一支基层科普设施工作人员队伍。根据基层科普设施建设和管理的工作需要，建立科普志愿者队伍，不断充实基层科普设施专职、兼职工作力量；加强科普设施运行管理方面的业务培训、工作交流和理论探讨，不断提高基层科普设施工作人员的业务素质和工作水平；妥善解决基层科普设施工作人员在工作、学习和职称评定、职务职级晋升等方面的相关待遇问题。

（2）各省（自治区、直辖市）要积极筹备和建立科普志愿者协会，建立由各类科技人员组成的科普讲师团、科普报告团、科学家精神宣讲团、专家服务团、科普工作小分队等，并组织他们深入基层科普场馆、场所，建立定点联系，定期指导和开展群众性、社会性科普活动，参与基层科普设施的管理和服务工作。

（3）积极培养和发展扎根农村和城市社区的基层科普宣传员队伍。省、市、县都应加大对基层科普宣传员的培训，帮助他们提高业务素质和科学素质。切实发挥好医院院长、学校校长、农技站站长等"关键人物"的作用，有效联系医务工作者、农技人员和教师人员，让科协组织有资源、有能力为基层群众服务。

（4）通过高等院校和有关研究机构，大量招生培养适应科普场馆运营的展教、设计、科研等诸方面人才；加快改革文博专业、科普硕士等高校学生的课程内容，为科普场馆培养一专多能型专业人才。

（5）号召全国广大科技工作者在科学研究的同时积极开展科学普及，进一步推动各地研究出台科技工作者从事科普工作激励机制，并结合"百城千

校万村行动"和"创先争优奖"评选等活动，加大对基层科普的倾斜力度，提高基层群众科学素质，为全面建成小康社会厚植公民科学素质沃土。

6. 建立监测体系

（1）根据国家《科学技术馆建设标准（建标 101 – 2007）》，制定并不断完善县级科技馆管理办法，为规范县级科普场馆的建设与管理提供可操作性强的衡量尺度和指导意见。

（2）根据国务院《科学素质纲要》，制定并不断完善县级"科学素质教育中心"建设管理办法，对其建设规模、内部设施、管理和活动制度等方面，做出相应的要求，提出规范性指导意见。

（3）针对基层科普设施的复杂性，分类提出宏观指导意见。逐步建立和完善县（市、区、旗）科普活动（服务、培训）中心、乡（镇、街道）科普活动室等各类基层科普设施的使用管理办法和监测指标体系，加强对基层科普设施建设和运行工作的监督评估，促进基层科普设施规范管理，提高经济效益和社会效益。

（4）建立基层科普设施数据库，加强数字化管理。要将基层科普设施建设统计指标纳入全国和地方科普工作统计指标体系之中，定期或不定期地对基层科普设施建设情况进行统计调查，对所得数据进行分析处理，作为制定全国和地方基层科普设施发展规划的重要依据；采取"四不两直"等有效方式，适时检测科普设施的运行情况和使用效果，制定改进措施，不断提高基层科普设施的管理水平。

当然，我国基层科普设施发展评估体系的建立是一项创新性的工作，没有多少成功经验可供借鉴参考，因此其建立不可能一蹴而就，需要一个不断完善的过程，需要政府、科协和科研院所专家学者的共同努力。

参考文献

李朝晖：《新中国科普基础设施发展历程与未来展望》，《科普研究》2019 年第 5 期。

周建强、马明草、包明明等：《科普基础设施服务能力评价与科普产业发展研究》，载中国科普研究所编《中国科普理论与实践探索——第二十三届全国科普理论研讨会论文集》，科学普及出版社，2016。

陈珂珂：《中国科普基础设施建设的成就、原因与预测》，《科普研究》2014 年第 3 期。

陈珂珂、任福君、李朝晖：《中国科普基础设施发展评估体系的比较》，《科技导报》2014 年第 11 期。

中共中央党史和文献研究院编《十八大以来重要文献选编》（下），中央文献出版社，2018。

参考网址：https：//www. cast. org. cn/art/2017/7/19/art_ 97_ 316. html。

参考网址：https：//www. cast. org. cn/art/2020/6/19/art_ 97_ 125455. html。

《中共中央办公厅、国务院办公厅印发〈关于进一步加强和改进未成年人校外活动场所建设和管理工作的意见〉》，载新华日报社编《时政文献辑览（2006. 3~2007. 3)》，人民出版社，2007。

《八部委出台加强国家科普能力建设若干意见》，《学会》2007 年第 4 期。

《中共中央关于加强和改进党的群团工作的意见》，《科协论坛》2015 年第 8 期。

《中共中央　国务院印发〈国家创新驱动发展战略纲要〉》，《中华人民共和国国务院公报》2016 年第 15 期。

参考网址：http：//www. gov. cn/jr29/2006－03/20/content_ 231610. htm.

《中华人民共和国宪法》，《人民日报》2018 年 3 月 22 日，第 1 版。

孙久文等：《走向 2020 年的我国城乡协调发展战略》，中国人民大学出版社，2010。

《中共中央　国务院关于落实发展新理念加快农业现代化实现全面小康目标的若干意见》，《中华人民共和国国务院公报》2016 年第 6 期。

Abstract

Blue Book of Science Popularization: *Report on the development of science popularization infrastructure in China (2020)* is organized and implemented by the science popularization infrastructure research team of the China Research Institute for Science Popularization with the participation of relevant researchers. The objective of which is to implement the spirit of the meeting of the Standing Committee of the Political Bureau of the CPC Central Committee to "accelerate the construction of new infrastructure". Strengthening the construction of science popularization infrastructure is the practical need of high-quality development of science popularization under the guidance of new development concept. The book analyzed the current situation of China's science popularization infrastructure, and put forward countermeasures and suggestions for the comprehensive and sustainable development of science popularization infrastructure in the future.

Blue Book of Science Popularization: *Report on the development of science popularization infrastructure in China (2020)* analyzed the current scale, development degree, management and effect of science popularization infrastructure in China by means of field research, case study, data analysis, etc. Specifically, this book is divided into three parts: general report, special report and case study report. The general report mainly analyzed the overall situation of China's science popularization infrastructure, pointed out the current development obstacles, future development trends and future development countermeasures and suggestions. The special reports mainly analyzed the development scale of China's science and technology museum, Beijing science and technology education base, emergency science popularization facilities, and the construction of Modern Science and Technology Museum System in China during the 12th Five Year Plan period, and gave relevant development suggestions. The case study reports focued on the future development trend of museums, the study of popular science elements in botanical gardens, the development of digital science and technology museums, and the grass-roots popular science facilities, and analyzed specific typical cases.

The construction of a perfect science popularization infrastructure system is a basic and guarantee work which can greatly improve the science literacy of our citizens. As the essential material carrier of science popularization in China, science popularization infrastructure is an important platform to provide science popularization services for the society and the public, a crucial basic element of national science popularization capacity construction, and a vital part of national public service system. The book shows important theoretical and exploratory significance for the sustainable development of science popularization infrastructure in China.

Keywords: Science Popularization Infrastructure; High-quality Development; Service Platform

Contents

I General Report

Abstract: As a very important science popularization resource, science popularization infrastructure is the main carrier for implementing and development of science popularization in China, and affects the improvement of national science popularization capacity. The science popularization capacity of science popularization infrastructure shows its comprehensive strength in providing science popularization products and services to the society and the public. Developing science popularization infrastructure is to continuously meet the needs of different persons to improve their scientific literacy. On the basis of an overview of the development status of science popularization infrastructure in recent years, this report analyzes the main problems and reasons in the development process of science popularization infrastructure. At the same time, it points out the future development directions and proposes some countermeasures and suggestions based on the current hot issues.

Keywords: Science Popularization Infrastructure; Science Popularization Resources; High-quality Development

II Special Reports

B.2 China's Science and Technology Museum Construction and
Development since the Twelfth Five-Year Plan

Yu Jie, Liu Ya and Zhao Xuan / 032

Abstract: In this paper, by referring to the category of science and technology museums and their statistical data defined in " China Science Popularization Statistics" issued by the Ministry of Science and Technology of China, the development of science and technology museums in China since the "Twelfth Five-Year Plan" (2011 − 2017) were analyzed from the aspects of resource construction, business development, and operational effectiveness. In general, all-round progresses and great achievements have been attained in the area of Chinese science and technology museums. Additionally, the science and technology museums have become to be important platforms for the public to elevate their scientific literacy. Nevertheless, the further development of Chinese science and technology museums have been restricting by some contradictions and problems, including insufficient supply and unbalanced development of science and technology museums resources, irrational talent team structure, relative single source of funding for science popularization, lagging in the construction of informatization and intelligence, etc. Therefore, it is recommended to deepen the supply-side structural reform of Chinese science and technology museums, innovate the mode and mechanism on their operation and management, accelerate the standard systems construction for the science and technology museums, improve the evaluation systems for the talent team, etc.

Keywords: Science and Technology Museum; Science Popularization; Funding for Science Popularization; Popular Science Activities; Talent Team of Science and Technology Museum

B.3 Science Popularization Resources Classification of Science
Popularization Education Base in Beijing (2018)

Jiang Cheng, Zhan Yan / 090

Abstract: Science popularization bases, as primary components of the national science education infrastructure, provide important approaches and platforms for the implementation of science popularization. Aiming at providing the data foundation for the further researches on the construction of science popularization education bases in Beijing as well as the function and social effect of science popularization resources, this paper summarized the resource distribution status of science popularization education bases in Beijing in 2018 from the perspectives of current scale, operation status of science popularization resources and so forth.

Keywords: Science Education Base; Science Popularization Resource; Beijing

B.4 Research on the Development of Emergency Science
Popularization Facilities in China since 2000

Yang Jiaying, Zhao Han and Zheng Nian / 110

Abstract: Emergency events contains the natural disasters, the accident disasters, the public health events and the social security incidents. Science popularization facilities, such as emergency science popularization education base, emergency science popularization museum and so forth, are important basis to help the public prevent and deal with emergency events. Through the collection of official data and field research, this paper analyzed the emergency science popularization facilities since 2000 by means of data processing and case analysis. The results indicate that China's emergency science popularization facilities have been growing continuously. To be specific, the number of emergency science popularization education bases keeps increasing and the models are more diverse. The number and types of emergency science popularization museums exhibit an increasing trend and the comprehensive emergency science popularization education museums are gradually rising. The development speed of the above four types of emergency science popularization facilities are various and the emergency science popularization facilities for natural disasters correspond to the fastest development speed. Whereas, emergency science popularization facilities for the accident disasters are in their infancy and emergency science popularization facilities for the public health events and social security events are relatively lagging behind. Overall, the situation for the development of emergency science popularization facilities is good, while further improvement are still needed.

Keywords: Emergency Science Popularization Facilities; Emergency Science Popularization Education Base; Emergency Science Popularization Museum

B. 5　Report on the Development of China's Modern Science and Technology Museum System in the New Era

Zhao Han, *Zheng Nian* / 127

Abstract: The Modern Science and Technology Museum System (MSTMS) is a public science cultural service system that supported by the physical science and technology museums. It coordinates the development of mobile science and technology museums, popular science caravans and digital science and technology museum. In addition, it radiates and drives the science and technology museums in rural middle schools and other relevant science popularization infrastructure. However, although the construction of the MSTMS has attained initial achievements since its development in 2012, there are still a series of problems including insufficient resources, uneven regional development, similar construction, imperfect information construction, lacking of talents for science and

technology museums, etc. By taking science and technology museums of China Association for Science and Technology as the research object, this report analyzed the data listed in statistical Yearbook of China Association for Science and Technology and the statistical data of China Science and Technology Museums over the past years. With respect to the construction of MSTMS in the new era, to realize the goals of science and technology museum service quality improvement, rational resource allocation, fair and universal benefits, more attention should be paid to the top-level design and planning, and the development mode of MSTMS should be studied and explored to meet the needs of people-oriented, comprehensive, coordinated and sustainable development.

Keywords: Modern Science and Technology Museum System; New era; Resource Allocation

Ⅲ   Case Reports

B.6   Trend and Strategy of Museum Development in the future

Feng Yu, Wang Chenwei, Ni Jie and Zheng Nian / 154

Abstract: The Museum is an important component of the science popularization infrastructure. In the past ten years, the number of museums in China has not only increased rapidly, but also the level of public cultural services has been significantly improved, which is due to the establishment and continuous improvement of Museum grading evaluation and operation evaluation standards. " Promoting construction by evaluation" has greatly improved the operation level of the museum, formed a good atmosphere for mutual learning among museums, and promoted the improvement of museum public service efficiency. Based on the analysis of the changes of Museum grading and operation evaluation standards, this research expounds the cases of national first-class museum operation and management, in order to provide reference for other museums and study the future development trend of museums. Finally, the report puts forward the suggestions to improve the level of museums. It is expected that museums across the country can achieve scientific development under the leadership of the Communist Party of China and the Chinese Government, so as to continuously enrich the public cultural life and improve the scientific and cultural literacy of citizens.

Keywords: Museum; Grading Evaluation; Operation Evaluation

B.7 Report on the Influencing Factors of Science Popularization in Botanical Gardens by Taking Four Botanical Gardens in Beijing, Xishuangbanna, Hangzhou and Shenyang as Examples

Mo Yang, Sun Ziqing and Ma Kui / 176

Abstract: In this work, by selecting four botanical gardens characterized by various administrations, regions, functionalities and features as examples, the influencing factors on science popularization in non-professional science popularization institutions were explored via field surveys. The surveys indicate that the input and output of the science popularization were resulted from the synergetic effect between the resource condition and the relevant supporting condition of science popularization. Furthermore, the dominating influencing factor on the science popularization of the selected botanical gardens was found to be the supporting condition rather than the resource condition. Concretely, the supporting condition of the science popularization includes the policy environment, the orientation of science popularization and the construction of organizational administration for science popularization.

Keywords: Botanical Garden; Science Popularization; Case Study

B.8 Report on Development of China Digital Science and Technology Museum (2010 −2019)

Ren Hechun, Zhao Zheng / 209

Abstract: By conducting science popularization employing digital technology

for 14 years, China Digital Science and Technology Museum has become to be a comprehensive service platform integrated with national science and technology infrastructure platform, the science popularization website, the hub of modern science and technology museum system, and the authoritative science and education platform since its initial construction in 2005. Besides, it is the largest public digitalized science popularization infrastructure in China. This report systematically summarized the three stages throughout the development process of Digital Science and Technology Museum in China future perspectives, the achievements, the existing problems and the, which may provide a reference to promote the digitalized science popularization facilities playing a better role in the science and technology museum system.

Keywords: Digital Science and Technology Museum; Service Platform; Systematic Construction

B.9　Report on the development of Grass-roots Popular Science Facilities in China since the Twelfth Five-Year Plan

Wang Hongpeng, *Bai Xin* / 223

Abstract: Grass-roots popular science facilities refer to the general name of science popularization facilities such as science popularization venues, popular science propaganda columns and other popular science facilities built in the administrative divisions of counties (cities, districts and banners) and below counties in China. Grass-roots popular science facilities are the basic popular science resources in China, which provide support and guarantee for the development of grass-roots popular science activities. Strengthening the construction of grass-roots popular science facilities is an urgent requirement to implement the party's and the state's science popularization policies and regulations, and to enhance the national science popularization ability. It is also an important means to ensure the continuous improvement of citizens' scientific quality. Therefore, this paper makes a historical analysis and research on the construction and development of grass-roots popular science facilities in China, reflects its existing problems and development trend, and puts forward suggestions from strengthening leadership, overall planning, vigorously developing hardware and actively building software.

Keywords: The Twelfth Five-Year Plan; Popular Science Facilities; Science Popularization Venues; System Construction

社会科学文献出版社

皮 书

智库报告的主要形式
同一主题智库报告的聚合

✢ 皮书定义 ✢

皮书是对中国与世界发展状况和热点问题进行年度监测，以专业的角度、专家的视野和实证研究方法，针对某一领域或区域现状与发展态势展开分析和预测，具备前沿性、原创性、实证性、连续性、时效性等特点的公开出版物，由一系列权威研究报告组成。

✢ 皮书作者 ✢

皮书系列报告作者以国内外一流研究机构、知名高校等重点智库的研究人员为主，多为相关领域一流专家学者，他们的观点代表了当下学界对中国与世界的现实和未来最高水平的解读与分析。截至2021年，皮书研创机构有近千家，报告作者累计超过7万人。

✢ 皮书荣誉 ✢

皮书系列已成为社会科学文献出版社的著名图书品牌和中国社会科学院的知名学术品牌。2016年皮书系列正式列入"十三五"国家重点出版规划项目；2013~2021年，重点皮书列入中国社会科学院承担的国家哲学社会科学创新工程项目。

中国皮书网

（网址：www.pishu.cn）

发布皮书研创资讯，传播皮书精彩内容
引领皮书出版潮流，打造皮书服务平台

栏目设置

◆ **关于皮书**

何谓皮书、皮书分类、皮书大事记、
皮书荣誉、皮书出版第一人、皮书编辑部

◆ **最新资讯**

通知公告、新闻动态、媒体聚焦、
网站专题、视频直播、下载专区

◆ **皮书研创**

皮书规范、皮书选题、皮书出版、
皮书研究、研创团队

◆ **皮书评奖评价**

指标体系、皮书评价、皮书评奖

◆ **皮书研究院理事会**

理事会章程、理事单位、个人理事、高级
研究员、理事会秘书处、入会指南

◆ **互动专区**

皮书说、社科数托邦、皮书微博、留言板

所获荣誉

◆ 2008 年、2011 年、2014 年，中国皮书
网均在全国新闻出版业网站荣誉评选中
获得"最具商业价值网站"称号；
◆ 2012 年，获得"出版业网站百强"称号。

网库合一

2014年，中国皮书网与皮书数据库端口
合一，实现资源共享。

中国皮书网

权威报告·一手数据·特色资源

皮书数据库
ANNUAL REPORT(YEARBOOK)
DATABASE

分析解读当下中国发展变迁的高端智库平台

所获荣誉

- 2019年，入围国家新闻出版署数字出版精品遴选推荐计划项目
- 2016年，入选"'十三五'国家重点电子出版物出版规划骨干工程"
- 2015年，荣获"搜索中国正能量 点赞2015""创新中国科技创新奖"
- 2013年，荣获"中国出版政府奖·网络出版物奖"提名奖
- 连续多年荣获中国数字出版博览会"数字出版·优秀品牌"奖

成为会员

通过网址www.pishu.com.cn访问皮书数据库网站或下载皮书数据库APP，进行手机号码验证或邮箱验证即可成为皮书数据库会员。

会员福利

- 已注册用户购书后可免费获赠100元皮书数据库充值卡。刮开充值卡涂层获取充值密码，登录并进入"会员中心"—"在线充值"—"充值卡充值"，充值成功即可购买和查看数据库内容。
- 会员福利最终解释权归社会科学文献出版社所有。

社会科学文献出版社 皮书系列
SOCIAL SCIENCES ACADEMIC PRESS (CHINA)

卡号： 864436521439
密码：

数据库服务热线：400-008-6695
数据库服务QQ：2475522410
数据库服务邮箱：database@ssap.cn
图书销售热线：010-59367070/7028
图书服务QQ：1265056568
图书服务邮箱：duzhe@ssap.cn

基本子库 SUB DATABASE

中国社会发展数据库（下设 12 个子库）

整合国内外中国社会发展研究成果，汇聚独家统计数据、深度分析报告，涉及社会、人口、政治、教育、法律等 12 个领域，为了解中国社会发展动态、跟踪社会核心热点、分析社会发展趋势提供一站式资源搜索和数据服务。

中国经济发展数据库（下设 12 个子库）

围绕国内外中国经济发展主题研究报告、学术资讯、基础数据等资料构建，内容涵盖宏观经济、农业经济、工业经济、产业经济等 12 个重点经济领域，为实时掌控经济运行态势、把握经济发展规律、洞察经济形势、进行经济决策提供参考和依据。

中国行业发展数据库（下设 17 个子库）

以中国国民经济行业分类为依据，覆盖金融业、旅游、医疗卫生、交通运输、能源矿产等 100 多个行业，跟踪分析国民经济相关行业市场运行状况和政策导向，汇集行业发展前沿资讯，为投资、从业及各种经济决策提供理论基础和实践指导。

中国区域发展数据库（下设 6 个子库）

对中国特定区域内的经济、社会、文化等领域现状与发展情况进行深度分析和预测，研究层级至县及县以下行政区，涉及省份、区域经济体、城市、农村等不同维度，为地方经济社会宏观态势研究、发展经验研究、案例分析提供数据服务。

中国文化传媒数据库（下设 18 个子库）

汇聚文化传媒领域专家观点、热点资讯，梳理国内外中国文化发展相关学术研究成果、一手统计数据，涵盖文化产业、新闻传播、电影娱乐、文学艺术、群众文化等 18 个重点研究领域。为文化传媒研究提供相关数据、研究报告和综合分析服务。

世界经济与国际关系数据库（下设 6 个子库）

立足"皮书系列"世界经济、国际关系相关学术资源，整合世界经济、国际政治、世界文化与科技、全球性问题、国际组织与国际法、区域研究 6 大领域研究成果，为世界经济与国际关系研究提供全方位数据分析，为决策和形势研判提供参考。

法律声明

"皮书系列"（含蓝皮书、绿皮书、黄皮书）之品牌由社会科学文献出版社最早使用并持续至今，现已被中国图书市场所熟知。"皮书系列"的相关商标已在中华人民共和国国家工商行政管理总局商标局注册，如LOGO（▨）、皮书、Pishu、经济蓝皮书、社会蓝皮书等。"皮书系列"图书的注册商标专用权及封面设计、版式设计的著作权均为社会科学文献出版社所有。未经社会科学文献出版社书面授权许可，任何使用与"皮书系列"图书注册商标、封面设计、版式设计相同或者近似的文字、图形或其组合的行为均系侵权行为。

经作者授权，本书的专有出版权及信息网络传播权等为社会科学文献出版社享有。未经社会科学文献出版社书面授权许可，任何就本书内容的复制、发行或以数字形式进行网络传播的行为均系侵权行为。

社会科学文献出版社将通过法律途径追究上述侵权行为的法律责任，维护自身合法权益。

欢迎社会各界人士对侵犯社会科学文献出版社上述权利的侵权行为进行举报。电话：010-59367121，电子邮箱：fawubu@ssap.cn。

社会科学文献出版社